玛珈山法政文丛

主编：汪全胜　张　铭

16

循环消费信用民法问题研究

周　颖／著

Research on Civil Legal Issues of Open-end Credit

知识产权出版社
全国百佳图书出版单位

图书在版编目（CIP）数据

循环消费信用民法问题研究/周颖著. —北京：知识产权出版社，2017.12

（玛珈山法政文丛/汪全胜，张铭主编）

ISBN 978 - 7 - 5130 - 5137 - 8

Ⅰ.①循… Ⅱ.①周… Ⅲ.①消费贷款—法律—研究—中国 Ⅳ.①D922.282.4

中国版本图书馆 CIP 数据核字（2017）第 225358 号

责任编辑：李学军　　**责任出版**：刘译文

装帧设计：刘　伟

循环消费信用民法问题研究

周　颖　著

出版发行：知识产权出版社有限责任公司		网　址：http://www.ipph.cn	
社　址：北京市海淀区气象路 50 号院		邮　编：100081	
责编电话：15611868862		责编邮箱：752606025@qq.com	
发行电话：010 - 82000860 转 8101/8102		发行传真：010 - 82000893/82005070/82000270	
印　刷：三河市国英印务有限公司		经　销：各大网上书店、新华书店及相关专业书店	
开　本：787mm × 1092mm　1/16		印　张：13.25	
版　次：2017 年 12 月第 1 版		印　次：2017 年 12 月第 1 次印刷	
字　数：212 千字		定　价：59.00 元	

ISBN 978-7-5130-5137-8

总　序

山东大学（威海）法学院是年轻的法学院。说它年轻，一是成立的时间很短，比不上动辄百年或者少说几十年历史的法学院，如果从1994年山东大学威海校区筹建法律系招收经济法专科起算，2014年才迎来它的20年诞辰。如果说有“法学院”名称，那也就是不到10年的时间。2004年，威海校区院系整合，设“法学院”，将原马列部的行政管理专业、社会工作专业并到法律系，建法学院，由谢晖教授出任法学院首任院长。二是师资队伍年轻，平均年龄据我估算，可能也就是40岁左右吧。目前，法学院教职员工70余人，除原有师资以外，对学院师资引进作出贡献的有两位人物：一位是从河南大学来山东大学威海校区任法律系主任的陈金钊教授，学科初建、专业方兴，陈金钊教授引进了不少人才；另一位就是谢晖教授，2004年及其后几年，其广纳国内高校的青年才俊。法学院的人才引进不仅引起了国内的注目，更是成效显著。自2004年始，科研产出占整个威海校区文科学科的一半甚至还多，是山东大学威海校区乃至山东大学的增长点。年轻，不等于没有资历。在这20年的发展过程中，一些学科、一些学者在国内渐有声望，法律方法论研究中心2006年被批准为山东省人文社会科学重点基地，逐渐形成了一支职称结构、年龄结构、学历结构、学缘结构都比较合理的学术团队；陈金钊、谢晖、焦宝乾、桑本谦等学者在国内学术界的影响日显，陈金钊、谢晖被称为著名法学家也不为过。山东大学（威海）法学院的声誉、影响力并不比那些有一定历史的法学院低或小，说起山东大学（威海），至少在法学界，会让人联想到山东大学（威海）法学院吧。

学院的发展离不开人才，学科的发展也离不开人才，没有人才或者没有很好的人才成长平台，发展从何谈起?! 山东大学（威海）法学院一方面继续延揽人才，为他们创造良好的成长环境，另一方面对于现有人才也想方设法给他们成长的空间，让他们在威海生活得开心、舒心、放心。威海是最适宜人居的城市，但是仅有这样的自然环境还是远远不够的。这几年，一些人追求更高的平台、更大的发展空间，离开威海。先有主张“华夏多元学术文化格局”，不赞成“大家者流，争聚京华皇城脚下”的谢晖教授北上京城；再有为法律系初建、迎着重重困难顶着种种阻力而发展学科、提升层次的陈金钊教授南下华政；还有如罗洪洋教授、桑本谦教授、谢维雁教授、董学立教授、苗金春教授诸君，或东奔，或西走。诚然，人才流动是一种正常现象，但是对我们山东大学（威海）法学院来说未尝不是一种损失，甚至是巨大的损失。

人才、学科是山东大学（威海）法学院发展的着力点。法学院现已形成了法律方法论重点学科、刑法学科、国际法学科、政治学科、立法学科、行政管理学科等学群，一些青年才俊也迅速成长。2013 年，山东大学威海校区启动学科建设资金，对法律方法论学科给予重点扶持。自 2014 年始，法律方法论作为一个专业，将独立招收博士研究生，这是一个很好的发展机遇，也是我院学科发展的良好平台。法律方法论学科（基地）有了学校的支持，有了该学术团队的精诚合作，我相信，该学科还有更大的发展空间。学校学科政策扶强不扶弱，但对于学院来讲，除了重点学科之外，还有更多其他的学科，也需要有一定的政策与经费支持，不能发展一个学科，其他学科就不再考虑了。目前，除了法律方法论学术团队以外，我院其他各专业、各学科人才成长也很快，每年都有教师博士毕业，或主持省部级以上课题。随之，博士论文或课题成果的出版也面临问题。如何扶植这些成长的学科，如何扶持这些年轻才俊，让他们尽快成长，更重要的是，将这些成果推向社会，扩大法学院的影响，这些问题亟须规划与考虑。在这样的背景下，法学院学术委员会经过商议，决定设立“玛珈山法政文丛”，资助年轻教师学术著作的出版，以振兴法学院的学术，继续保持或扩大法学院的发展强势。

这里我首先要感谢知识产权出版社的李学军编辑，因为他的促成与努力，我们才能够将出版文丛的想法付诸实施。法学院与知识产权出版社共同策划、出版“玛珈山法政文丛”，每年计划出版3~5本，为我院青年才俊提供成果展示的平台。我相信，“玛珈山法政文丛”的出版，一方面会为我国学术研究增加些许色彩，另一方面也为学界同仁了解山东大学（威海）法学院、山东大学（威海）的学人，提供一个很好的窗口。

本文丛的出版，得到了知识产权出版社特别是李学军编辑的大力支持与帮助，也得到了山东大学（威海）学科发展经费的资助，在此，特表示诚挚的谢意！

汪全胜
于威海玛珈山下枕涛书斋
2013年11月17日

序　言

刺激消费，以消费促进和拉动经济增长，已成为一个国家保持经济增长的基本经济政策。刺激消费的一个重要措施即是消费者的信用消费，其最初的形式是赊购商品，其高级的形式则是以信用卡支付，信用卡成为循环信用消费的载体或工具。随着支付电子化的发展，新的金融产品不断出现，各种授信形式的贷款不断出现，也成为循环信用消费的助推器。

循环消费信用是存在于消费信用领域的一种信用形式，有不同的类型。但不论何种类型，它在为消费者提前消费或者说超前消费带来便利的同时，也潜藏着各种法律风险，特别是导致消费者过度负债的风险。在各种循环消费信用关系中，消费者与信用提供者实质上地位是不平等的，在各种格式合同中消费者难有与信用提供者讨价还价的余地。

在现今社会条件下，循环消费信用已经有不可阻挡的快速发展之势，因此，如何从法律上规制循环消费信用关系，维护消费者的合法权益，是法律面临的现实问题。周颖博士的《循环消费信用民法问题研究》一书从民法的角度，对循环消费信用的法律问题作了研究，很好地回答了上述问题。本书首次明确界定了循环消费信用的概念并对其进行分类，提出循环消费信用的交易各方之间存在双层法律关系，并以此为基点阐释现实的交易过程，对现实中存在的套现责任的认定、第三人未经授权支取信用的损失负担等问题进行分析，提出了如何确定各方责任的观点。

本书既有理论上的创新，更有实务上的应用价值。一定意义上可以说，它为循环消费信用的信用提供者和消费者以及相关方维护自己的权益，防范法律风险提供了有效措施。

我对循环消费作用并无多少研究，但也了解一些现实生活中由此产生的纠纷。读过《循环消费信用民法问题研究》后，使我对相关纠纷的解决以及风险的防范有了更新的认识。我荣幸地先读过此书，颇有感触，也愿将此书推荐给大家。

郭明瑞

2017 年 10 月于烟台

目 录

导　论

一、问题的提出

我国商业银行真正开始大规模地发行具有循环消费信用功能的信用卡，即贷记卡，是在1999年中国人民银行颁发《银行卡业务管理办法》和《关于开展个人消费信贷指导建议》以后。该建议要求，商业银行应积极稳妥地开展包括信用卡消费贷款在内的消费信贷业务。这是1998年亚洲金融危机后，我国为了刺激消费以拉动经济复苏所采取的重要举措之一。在此之前，虽然中国银行珠海分行已于1985年发行了我国第一张人民币信用卡——珠江卡，四大国有商业银行也都陆续开展了自己的信用卡业务，但此时的信用卡还只是准贷记卡，且发卡量十分有限。依据1996年《信用卡业务管理办法》（已于1999年《银行卡业务管理办法》生效时被废止）的规定，申领此类信用卡须以向发卡银行交存备用金为前提；使用此类信用卡透支消费的最高限额为1万元，每笔消费均从记账日起单独计息、最长还款期限为60日。1999年《银行卡业务管理办法》参照国际主流信用卡对我国信用卡所提供的循环消费信用模式做了较大改进：无须交存备用金，无须提供担保；除信用额度可循环使用外，还包含免息还款期待遇、最低还款额待遇；发卡机构可与特约商户联合开展积分兑换、商品折扣等促销活动。这进一步增强了信用卡循环消费信用对消费的刺激作用。自此，我国进入了信用卡行业发展的快车道。从2002年全国仅有155万张信用卡，截止到2015年第二季度全国累计发行信用卡4.33亿张、授信总额6.40万亿元，短短十余年间实现了发卡量近300倍的增长，有效拉动了我国居民的消费需求。[1]

然而，借国家刺激消费的政策契机迅速发展起来的信用卡行业，并没有完善的法律法规为之提供秩序支撑与行为规范。以致近年来，随着信用卡行业规模的不断扩大，信用卡持卡人权益遭受侵害的新闻报道也越来越频繁地出现在各大新闻媒体上，信用卡纠纷层出不穷。根据北京市西城区人民法院自2011年起连续四年发布的《个人消费贷款审判白皮书》或《银行卡审判白皮书》的数据显示，该法院从2005年到2013年间共受理信用卡纠纷案件18545件；信用卡纠纷案件占商事案件的比例在2011年达到峰值62.3%，而在2005年这个比例仅为2.6%。不仅如此，在纠纷案件的处理上，由于缺乏具体的法律规范，法官、学者对于其中涉及的诸多法律问题尚存争议，各地法院对同类案件的处理结果也不尽相同。例如，信用卡未经授权使用所造成的损失由谁来承担，持卡人要求发卡人或者特约商户赔偿损失的请求权基础是什么；信用卡持卡人逾期还款，发卡机构诉请持卡人支付的利息和滞纳金属于何种性质的违约责任，利息、滞纳金计收至债务全部清偿之日的合同约定是否符合现行的民事法律规范，又如何从法律的角度界定其合理的限度；持卡人与商户之间发生消费或服务纠纷，持卡人能否依据关联合同的理论对发卡机构提出相应的抗辩；持卡人与特约商户联合进行套现，是否应当承担民事法律责任。此外还存在诸多不常以纠纷形式表现的问题，关乎持卡人权益的保护和信用卡金融风险的防控。例如，信用卡合同订立前、履行中发卡机构的信息披露义务包含哪些内容，法律是否应对记账错误的调查处理程序设定最长时限和持卡人保护规则，是否应对发卡机构主张合同变更的权利有所限制，又是否应对信用卡的发卡对象和促销手段有所限制，等等。

时至今日，在这些信用卡法律问题还未得到法律研究者的充分重视和深入研究，立法和司法还未对之作出统一的、有效的回应之时，信用卡本身的内涵、外延以及与信用卡密不可分的循环消费信用和支付结算模式，却已在国家再一次鼓励发展消费信贷的政策和科技进步的双重推动之下悄然发生了变化，并将在可预见的未来不断迎来创新。

---

[1] 参见张奎：“银行卡对消费促进作用的实证研究”，武汉大学2009年经济学博士论文，第12页。

长期以来，我国经济增长的动力主要来源于投资和出口，政府对于消费拉动经济增长这一路径并没有过分的热衷和依赖，对发展关涉金融风险的消费信贷的态度在经济平稳增长的时期也是谨慎和保守的。❶ 因而，西方国家在二战后经济复苏和消费主义兴盛的时期迅速发展起来的许多消费信用新形式，在我国并没有得到发展，例如，家庭资产净值贷款（home equity plan）、租购（hire－purchase agreement）以及发薪日贷款（payday loan）等等；我国提供消费信用服务的市场主体也相对单一，以信用卡行业为例，中国人民银行规定只有商业银行才能发行信用卡，而在美国，大型零售商发行的信用卡（department－store credit card）和独立信用卡公司发行的T&E信用卡（travel and entertainment credit card）与商业银行信用卡一样，都是信用卡市场重要的参与者。但着眼当下，对于正处于转型期、新常态的我国经济而言，投资和出口对经济的拉动作用将进一步减弱，这已是共识；消费作为拉动经济增长的第三驾马车，自然成为当下经济增长的“稳定器”。❷ 因而，在当下政府再次积极鼓励消费信用发展的政策引导下，我国消费金融市场正在通过逐渐放开市场准入、借鉴西方已有的消费信用形式或依靠科技创新消费信用形式，实现市场主体和消费信用形式的多元化。

在此背景之下，以“消费信用＋支付结算的载体”为本质属性的“信用卡”成了一个内涵和外延随时可能会被消费信用创新和支付创新所改变的概念；而源生于信用卡的循环消费信用则在逐步走出“卡形式”和银行信用的束缚，演变成为我国消费信用市场上的基础消费信用形式之一。该种发展趋势主要表现在以下几个方面（见表1）：其一，信用卡所提供的消费信用形式已不再仅限于循环消费信用。最有

---

❶ 数据显示，2000－2014年，我国消费需求对GDP的贡献率（贡献率指三大需求增量与支出与国内生产总值增量之比）由78.9%降至51.6%，而投资对GDP的贡献率由21.6%提高至41.7%。在消费需求中，居民消费占比由1978年的78.6%降至2014年的73.7%，同期政府消费占比则由21.4%提高至26.3%。参见中华人民共和国国家统计局编：《2015中国统计年鉴》，中国统计出版社2015年版，表3－19、表3－14。

❷ 参见“消费成经济增长‘稳定器’，国家大力发展消费信贷”，载http：//mt. sohu. com/20151112/n426219101. shtml，2016年2月23日最后访问；“2015年中国经济如何适应新常态”，载http：//business. sohu. com/20141221/n407133 519. shtml，2016年2月23日最后访问。

代表性的是信用卡分期付款，包括：分期偿还全部或部分账单欠款的账单分期和分期偿还某一次消费的借款的单次消费分期（包括分期付款购车）。账单分期是对《银行卡业务管理办法》规定的信用卡循环消费信用还款方式的突破；而单次消费分期在本质上则属于封闭式消费信用，并且信用的获取不能像其他信用卡交易一样与支付行为同时完成，需要辅之以其他业务程序。其二，信用卡的支付方式已远不只POS刷卡。从2002年1月中国银联股份有限公司正式成立，并建立全国第一个银行卡跨行信息交换网，到2004年以支付宝为代表的第三方支付机构开始兴起，开展线上交易业务，抢占银联线下交易市场，到2010年二维码支付等移动支付形式开始出现并迅速流行，线下交易线上支付的虚拟信用卡随即出现，再到2015年4月国务院印发《关于实施银行卡清算机构准入管理的决定》开放我国银行卡清算市场，信用卡支付的形式、涉及的市场主体以及形成的法律关系越来越多元化和复杂化。根据支付形式的不同，信用卡交易可能会涉及商户、发卡银行、收单银行、银联或其他清算机构、第三方支付、第三方支付代理等，其中二到六个不等的市场主体，所形成的法律关系也已不是三方法律关系说[1]、四方法律关系说[2]所能囊括的了。而若以信用卡是“消费信用+支付结算的载体”为视角，这可以被看作是循环消费信用与诸多支付结算新形式的逐一结合。其三，大型零售商提供循环消费信用的支付工具——京东白条、蚂蚁花呗——已经出现。例如，利用京东白条，京东客户可以在其申请到的信用额度内，在京东网先消费后付款，可享受最长30日的免息期，日利率0.03%，分期付款的收取分期付款手续费。[3] 不可否认，以循环消费信用和支付为主要功能的京东白条，本质上等同于美国一些大型零售商发行的赊账卡（charge card，是信用卡之一种，但其采用的循环消费信用运作模式与银行信用卡略有不同）[4]。但受限于《银行卡业务管理办法》对信用卡发行主

---

[1] 参见陈俐茹：“论信用卡交易制度及其法律关系”，载《比较法研究》2004年第5期；张德芬：“论信用卡法律关系的独立性与牵连性”，载《河北法学》2005年第4期。

[2] 参见侯春雷：“信用卡交易的民法分析”，武汉大学2008年法学博士论文。

[3] 参见“京东白条服务协议”，载 http：//help. jr. jd. com/show/helpcenter/288. html，2016年2月23日最后访问。

[4] See 12 C. F. R. 226. 2 (a) (15) (iii) .

体资格的限制，其暂且只能以白条为名。从另一个角度讲，京东白条没有被监管机构叫停是一个隐性的政策信号，再加之消费金融公司试点在全国展开、银行卡清算市场已然开放的市场背景，非银行信用卡将出现在我国消费金融市场上的预言并非无据。其四，试点消费金融公司均开展了循环消费信贷业务，信贷的获取以在信用额度内多次取现的方式实现，不与支付行为直接关联，让循环消费信用这种信用形式摆脱了信用卡的束缚。

表1　循环消费信用在我国消费信用市场上的具体存在形式

<table>
<tr><th colspan="3" rowspan="2">消费信息产品的名称</th><th colspan="4">循环消费信用</th><th colspan="2">固定数额（封闭式）消费信用</th></tr>
<tr><th>多次借贷混合记账，每期偿还最低还款额</th><th>多次借贷混合记账，分期还款</th><th>当期全额还款</th><th>每笔借贷单独记账，分期还款</th><th>分期还款</th><th>一次性还款</th></tr>
<tr><td colspan="3">不与消费支付直接关联</td><td>北银消费金融公司Mini循环消费贷、商业银行个人住房循环授信业务❶</td><td></td><td></td><td>蚂蚁借呗❷、微粒贷❸</td><td>银行信用卡（例如，信用卡分期购车）</td><td>普通消费借贷业务</td></tr>
<tr><td rowspan="2">与消费支付直接关联</td><td rowspan="2">线下支付（POS机）</td><td>银行收单、银联结算（银行或银联与商户签约）</td><td>银行信用卡</td><td>银行信用卡</td><td></td><td></td><td></td><td></td></tr>
<tr><td>第三方支付机构收单、结算（第三方支付与商户签约）</td><td>银行信用卡、非银行信用卡❹</td><td>银行信用卡</td><td></td><td></td><td></td><td></td></tr>
</table>

❶ 个人住房循环授信业务是指自然人以其名下自有住房作最高额抵押向商业银行申请循环授信额度，在授信有效期和信用额度内，可多次申请个人消费贷款，随借随还、信用额度循环使用的业务。我国工商银行、建设银行、招商银行、北京银行等商业银行均开展有此项业务。但由于个人住房循环授信业务涉及自然人自有住房的最高额抵押，自然人与商业银行间并非纯粹的金钱债权债务关系，因而其不在本书的研究范围内（原因将在本书第一章第二节详述）。

❷ 蚂蚁借呗是由蚂蚁微贷推出的循环消费信用产品，蚂蚁微贷属小额贷款公司。

❸ 微粒贷是由微众银行推出的，微众银行属于民营互联网银行。

❹ 非银行信用卡是指由大型零售商或独立的信用卡公司发行的信用卡。由于《银行卡业务管理办法》规定，只有经中国人民银行批准的商业银行才能发行信用卡，因而我国目前并没有严格概念意义上的非银行信用卡；但是在京东作为商户发行京东白条没有被叫停、国家政策允许成立消费金融公司以及小额贷款公司、银行卡清算市场已于2015年6月开放的多重背景下，实质意义上的非银行信用卡的出现已经具备了充足的客观条件。需要特别说明的是，因为无法准确预测非银行信用卡的业务范围，所以暂不将其在该表格的其他项目中列出。

续表

消费信息产品的名称			循环消费信用				固定数额（封闭式）消费信用	
			多次借贷混合记账，每期偿还最低还款额	多次借贷混合记账，分期还款	当期全额还款	每笔借贷单独记账，分期还款	分期还款	一次性还款
与消费支付直接关联	线上支付	通过商户维护的银行网银接口支付	银行信用卡	银行信用卡				
		通过商户连接的第三方支付平台支付	银行信用卡（实体卡）、虚拟信用卡[1]	银行信用卡				
		在商户虚拟账户中支付（关联的银行卡只用于还款）		蚂蚁花呗	蚂蚁花呗、京东白条	京东白条		

由此，一个以信用卡为出发点构建起来的正在不断发展变化的“消费信用 + 支付结算”的框架体系，可以带来三点启示。详述如下，并借此提出本书将研究的问题。

首先，上文所述的琐碎的信用卡（指目前我国商业银行发行的银行信用卡）法律问题实则可以被归为以下两类：单纯有关循环消费信用的法律问题、循环消费信用与支付结算相结合所产生的法律问题。而这两个问题，在循环消费信用和支付结算形式逐步多元化的今天，显然不是局限于信用卡的存在。其一，循环消费信用需要单独的法律规范。就循环消费信用而言，不论是银行信用还是商业信用，在经济上是消费者资金融通的手段，在法律上体现为消费借贷（相对于使用借贷而言），进而言之，金钱借贷、借款合同法律关系。大陆法系的传统民法均对消费借贷法律关系作了详尽的规定，我国《合同法》也在第十二章以有名合同的形式单独规定了借款合同。然而，循环消费信用是在20世纪50年代伴随着信用卡的产生方才产生的，与传统的

[1] 虚拟信用卡的特点在于，消费者支取循环消费信用不再需要通过实体卡，不论线上线下消费都可以实现线上支付。例如，阿里巴巴与中信银行曾于2013年拟发行虚拟信用卡，但最终被央行叫停。需要特别说明的是，因为无法准确预测虚拟信用卡的业务范围，所以暂不将其在该表格的其他项目中列出。

一次性借出、一次性偿还的金钱借贷形式相比，其有自身特殊的契约安排，属于继续性合同。我国民法中原有的对消费借贷法律关系的规范，无法完全适用于循环消费信用，已不能满足民法调节该种新型法律关系的需要。其二，虽然不同的支付结算形式会产生不同的法律关系，但其在与循环消费信用的获取直接关联时会产生一些共同的法律问题值得研究，例如，利用循环消费信用工具套现的问题、未经授权支取循环消费信用的损失负担问题、是否能就消费纠纷对信用提供方提出抗辩的问题等等。此外，不同的支付结算形式与循环消费信用相结合产生的不同法律问题，则需要进行细致的个别研究。

其次，如上文所述，“信用卡”目前在我国是一个内涵和外延随时可能为市场发展和科技创新所改变的概念。因此，以信用卡为直接规范对象的立法稳定性极弱，从法律位阶上来说应该是消费信用法律规范的特别法，从内容上来说应该是信用卡特有问题的法律规范。也即，信用卡提供不同的消费信用形式，应首先遵循该消费信用形式的基本法律规范。在世界范围内，专门以消费信用为规范对象的立法是十分常见的，例如，美国的《消费信用保护法典》(其下设《诚实借贷法案》)、英国的《消费信用法案》、澳大利亚的《信用法典》(下设《消费信贷保护条例》)以及德国的《消费信贷法》、欧盟的《消费信贷指令》等等。然而，我国目前没有专门的消费信用法，对于循环消费信用的基本规范仅存在于中国人民银行颁布的《信用卡业务管理办法》和银监会颁布的《商业银行信用卡业务监督管理办法》中。因此，从学术研究的角度讲，在我国缺乏对循环消费信用的一般性法律规范的背景下，对信用卡所涉及的法律问题展开基于现行民事法律规范的法教义学研究，所得出的结论必然不具有稳定性，研究的理论意义不大。而对循环消费信用法律问题的研究，则为研究信用卡法律问题的必要前提、解决信用卡法律问题的有效途径。

最后，在循环消费信用和与之关联的支付结算形式日渐多元化、复杂化的背景下，应当跳出信用卡法律问题的局限，将信用卡作为主要实例，研究循环消费信用的法律问题，以求得出更具普遍适用性和一定前瞻性的研究结论。

二、文献回顾

“循环消费信用”是在20世纪90年代，作为消费信贷新形式、商业银行新型中间业务，出现在我国学者的研究成果中的。在经济领域，范剑平、向书坚（1998）在考察我国应当创新发展的消费信贷品种时，列举并简单介绍了循环信贷，认为循环信贷是“由零售商店提供给消费者可在一定时期和一定信贷额度内随意选购商品的信贷形式”；与此同时，信用卡信贷也并列其中，被认为是不同于循环信贷的另一种消费信贷品种。[1] 此后的两到三年间，彭雷清、王明华、黎明等也在其文章中再次提出或认可了以上观点。[2] 此外，研究英美消费信用发展历程和现状的学者，也对循环信贷有所关注，但同样只是简单的列举，对其认知也仅局限于零售商所提供的信用，明显缺乏对已经明确界定了循环消费信用（open - end credit , running - account credit）的英美消费信用法律的研读。[3] 同一时期，詹学真、汪渝（1998）则从商业银行中间业务、表外业务的角度了解到循环信贷的存在，根据巴塞尔委员会的分类，其属于商业银行四大类中间业务之一的银行贷款承诺。[4] 法学领域，沈达明、郑淑芳（1992）在对英国银行业务法的介绍中首次提及，在英国信用卡被认为是发卡人提供给持卡人的循环信贷。[5]

自21世纪初我国商业银行大量发行信用卡开始，相关法律问题随即涌现，因而近年来关于信用卡法律问题的研究成果并不少见，其中当然地涉及对信用卡提供消费信用的形式——循环消费信用的研究。不仅如此，循环消费信用作为一种消费信用新形式，是以银行信用卡为载体进入我国的，并且长期以来仅有银行信用卡这一种表现形式。因此，截至目前，我国对循环消费信用法律问题的研究大都寄生在对信用卡法律问题的研究之中。

---

[1] 参见范建平、向书坚：“论当前经济增长中的消费需求”，载《经济学家》1998年第3期。

[2] 参见彭雷清：“消费信贷与扩大内需”，载《消费经济》2000年第1期；王明华：“个人消费信贷发放模式考察报告”，载《财贸经济》2000年第11期；黎明、杨翠玉：“市场主体的观念变革与扩大内需”，载《江汉论坛》2001年第5期。

[3] 参见黄小军：“美国消费信贷的发展历史和现状”，载《国际金融研究》1999年第5期；英航：“英国银行消费信贷业务及风险评定介绍”，载《国际金融研究》1999年第5期；朱仁友、朱淑蓉：“对美国消费信贷形式发展历程的考察”，载《商业研究》1999年第11期。

[4] 参见汪渝：“论商业银行的中间业务”，载《经济问题》1998年第7期；詹学真：“对商业银行经营表外业务的思考”，载《商业经济与管理》1998年第5期。

[5] 参见沈达明、郑淑芳：《英法银行业务法》，中信出版社1992年版，第238页。

关于“信用卡提供循环消费信用”这一观点，首先在经济学者对我国以及其他国家和地区的信用卡产业的考察、研究中得到了明确并达成一致。[1] 但同中存异，各学者对“循环消费信用”这一概念本身的理解并不完全相同。例如，胥莉、陈宏民（2004）认为，持卡人只有在仅清偿当期账单的部分欠款时，方为使用了信用卡的循环信用功能，而全额清偿当期账单或申请分期付款的则均与循环信用无涉；[2] 何建奎、李军峰、文启湘（2005）认为，循环信用是零售商将分期付款与赊销账户相结合的产物；[3] 林其屏（2009）则将循环信用总结为“部分还贷以支撑继续借贷”，并未将信用卡分期付款排除在循环信用之外。[4] 在对信用卡法律问题的研究中，陈俐茹（2004）指出，信用卡具有循环信用功能，并由此提出发卡人与持卡人之间存在消费借贷法律关系。[5] 虽然其并未对循环消费信用在法律上的内涵、外延作出界定，也未关注其与固定标的额的消费借贷法律关系的区别；但这是我国法学研究者第一次明确，信用卡提供消费信用的形式乃循环消费信用。

此前，已有学者开始关注和研究信用卡法律问题，例如，信用卡交易的法律关系问题[6]和信用卡持卡人的抗辩权问题[7]，但均未提及循环消费信用。这并非因为信用卡法律问题与循环消费信用无涉，而是因为在我国循环消费信用并非一个有着确定的内涵和外延的概念，将

---

[1] 参见胥莉、陈宏民：“美国和日本信用卡产业的比较研究”，载《国际金融研究》2004 年第 8 期；刘林森“韩国信用卡：拔苗助长酿危机”，载《经济导刊》2004 年第 7 期；马腾：“商业银行信用卡业务经营战略研究”，载《金融研究》2004 年第 12 期；陈宝森：“美国消费信贷和金融工具创新——简介美国的支付卡行业”，载《世界经济与政治论坛》2006 年第 6 期；林其屏：“台湾家庭负债高的原因与影响”，载《亚太经济》2008 年第 4 期。

[2] 参见胥莉、陈宏民“美国和日本信用卡产业的比较研究”，载《国际金融研究》2004 年第 8 期。

[3] 参见何建奎、李军峰、文启湘：“美国信用消费方式、特征及启示”，载《经济纵横》2005 年第 5 期。

[4] 参见林其屏：“台湾家庭负债高的原因与影响”，载《亚太经济》2008 年第 4 期。

[5] 参见陈俐茹：“论信用卡交易制度及法律关系”，载《比较法研究》2004 年第 5 期。

[6] 参见张德芬：“论信用卡发卡银行与持卡人之间的法律关系”，载《金融理论与实践》1998 年第 1 期；王慧敏、周国元：“我国信用卡业务的法律关系”，载《中国信用卡》2001 年第 7 期；张宝亚：“对信用卡法律关系及相关问题的探讨”，载《统计与信息论坛》2001 年第 7 期。

[7] 参见覃有土、邓娟润：“论信用卡持卡人的抗辩权”，载《法学》2000 年第 7 期；陈洸岳：“信用卡交易中之抗辩的接续”，载《政大法学评论》2001 年第 3 期。

信用卡提供消费信用的形式用更具象的语言来描述不失为更优的选择。深究之，信用卡作为循环消费信用与支付结算相结合的载体，其所涉及的法律关系无一不与循环消费信用相关，具体而言，发卡人与持卡人之间系循环消费信用的提供者和使用者的关系，发卡人、收单机构与特约商户之间的法律关系乃循环消费信用与支付结算相结合的路径问题；而持卡人抗辩权的问题亦是因循环消费信用而起，其本质乃买卖合同与信贷合同是否构成关联合同的问题。进一步而言，信用卡法律问题，例如，法律关系的问题、消费者抗辩权的问题、未经授权使用的损失负担问题以及套现的问题等，都并非信用卡所独有，而是各种循环信用模式与不同的支付结算模式分别结合后可能产生的问题。但目前尚未有突破信用卡的局限对以上问题进行研究的成果，关于信用卡法律问题的研究成果也大都仅是以我国现有的银行信用卡为研究对象，具体综述如下。

其一，对信用卡交易法律关系的研究是信用卡法律问题的研究热点也是研究起点。由于在信用卡交易中需同时完成消费信用的提供和支付结算，必然涉及多方主体，而各方主体之间的法律关系历来就众说纷纭。在信用卡支付形式尚未迎来创新大潮之时，研究者均以信用卡线下 POS 交易为研究对象，多数研究者认为该交易涉及三方法律关系，持卡人与发卡人之间的法律关系、持卡人与特约商户之间的法律关系以及发卡人与特约商户之间的法律关系，而同样参与交易过程的收单机构仅是发卡人的代理人，不与信用卡交易中的其他主体发生独立的法律关系；侯春雷（2008）创造性地提出了四边形法律关系说，认为发卡人与收单机构之间并非简单的委托代理关系，与特约商户之间建立直接法律关系的并非发卡人，而是收单机构（详见表 2）。

表 2　关于信用卡交易法律关系的学说梳理

法律关系的主体	法律关系的类型
持卡人与发卡人	委托代理结算与消费信贷的混合法律关系说❶ 存款、委托代理结算、消费借贷的混合法律关系说❷
持卡人与特约商户	买卖合同或服务合同（又称消费合同）

❶ 参见陈俐茹："论信用卡交易制度及法律关系"，载《比较法研究》2004 年第 5 期；张德芬："论信用卡法律关系的独立性与牵连性"，载《河北法学》2005 年第 4 期。

❷ 参见侯春雷：《信用卡交易的民法分析》，法律出版社 2010 年版，第 18－34 页。

续表

法律关系的主体	法律关系的类型
特约商户与发卡人（三边法律关系说）	委托代理关系说——发卡人委托特约商户受理有关信用卡业务[1] 委托代理关系说——特约商户委托发卡人代为收取价金[2] 债权买卖关系说[3] 独立担保关系说——该担保付款关系独立于消费合同，发卡人对商户负有第一顺位的付款义务[4] 特殊金融服务合同关系与从属于消费合同的担保付款关系说[5]
特约商户与收单机构（四边形法律关系说）	存款、委托代理结算、垫付款项等混合法律关系[6]
发卡人与收单机构（其作为独立的法律关系的主张，仅存在于四边形法律关系说中）	委托代理关系说——收单机构是发卡人的代理人，不与信用卡交易中的其他主体发生独立的法律关系[7] 混合法律关系说——其合同内容除了委托结算外，还有身份识别的约定、收单机构先行支付款项的约定、传递授权信息的约定、手续费的约定等内容[8]

其二，在各交易主体之间的法律关系中，研究者对发卡人、收单机构与特约商户之间的法律关系尤为关注，如前文所述，此乃循环消费信用与支付结算相结合的路径问题，决定着持卡人在与特约商户之间发生纠纷时，能否对消费合同之外的发卡人行使其对特约商户所享

---

[1] 参见王慧敏、周国元：“我国信用卡业务的法律关系”，载《中国信用卡》2001年第7期；孟银芳：“信用卡发行及使用中的民事法律关系解析”，载《中国信用卡》2009年第11期。

[2] 参见马春峰：《商业银行信用卡业务运作》，中国财政经济出版社1998年版，第67页。

[3] 参见侯春雷：《信用卡交易的民法分析》，法律出版社2010年版，第38页；毛丕霞：“对信用卡合同中抗辩权切断与接续的考量”，载《成都行政学院学报》2011年第4期。

[4] 参见张宝亚：“对信用卡法律关系及相关问题的探讨”，载《统计与信息论坛》2001年第7期；沈飞：“信用卡法律关系及责任分担探究”，载《中国信用卡》2011年第9期。

[5] 参见张德芬：“论信用卡法律关系的独立性与牵连性”，载《河北法学》2005年第4期。

[6] 参见侯春雷：《信用卡交易的民法分析》，法律出版社2010年版，第42页。

[7] 参见杨淑文：《新型契约与消费者保护法》，中国政法大学出版社2002年版，第55页。

[8] 参见侯春雷：《信用卡交易的民法分析》，法律出版社2010年版，第52－54页。

有的抗辩权。在我国，发行信用卡的商业银行和颁布《银行卡业务管理办法》的人民银行，都是信用卡交易法律关系独立性，亦即持卡人抗辩权切断说的支持者。[1] 而此种观点和做法遭到了我国法律研究者的一致批判，例如，覃有土、邓娟润（2000）在逐一介绍了美国、英国、德国、日本关于消费者抗辩权可延伸至消费信用提供者的法律规定后，认为我国《银行卡业务管理办法》的相关规定与世界立法潮流背道而驰，主张信用卡持卡人因消费合同而产生的抗辩和索赔请求应均能对发卡人提出；[2] 杨青龙（2006）则在批判绝对的抗辩权切断说的同时，较为保守地主张借鉴法国的规定，即在规定持卡人不得因与商户的纠纷而拒绝向发卡人付款的同时，给予持卡人要求发卡人止付的权利；[3] 何颖（2009）认为，切断持卡人抗辩权的合同约定是发卡银行利用格式条款逃避责任的行为，应当认定此类条款无效，承认持卡人抗辩权可以延伸至发卡银行的效力。[4] 可见，虽然研究者无一例外地否定了持卡人抗辩权切断说，但对于持卡人抗辩权延伸这一制度的适用范围、适用条件却有着不同的主张。广而言之，循环消费信用的使用者在何种条件下才能依据其对接受信用支付的销售者享有的抗辩权拒绝向循环消费信用的提供者支付交易款项，这应当取决于立法者在交易效率与消费者权益保护之间的利益衡量。而目前尚未有研究者对与该利益衡量相关的问题进行研究。

其三，关于信用卡未经授权使用的损失负担问题，发卡银行大都在其拟定的格式合同中载明“挂失生效前所发生的经济损失均由持卡人承担”，但此约定之效力遭到了诸多研究者甚至是司法裁判者的否定。破旧必当立新，因此，就如何在持卡人、发卡机构、特约商户、

---

[1] 《银行卡业务管理办法》第 54 条规定，“持卡人不得以和商户发生纠纷为由拒绝支付所欠银行款项”；《招商银行信用卡（个人卡）通用领用合约》第 4 条第 1 项规定，“乙方与特约商户或办理预借现金机构发生交易纠纷由双方自行解决，甲方不负任何责任，乙方不得以纠纷为由拒绝偿还因使用信用卡而发生的债务”；《中国银行股份有限公司长城借记卡章程（2011 年版）》第 18 条规定，“持卡人与商户之间发生的任何交易纠纷，均应由双方自行解决，银行不承担任何责任，持卡人不应以此为由拒绝向银行支付交易款项”。

[2] 参见覃有土、邓娟润：“论信用卡持卡人的抗辩权”，载《法学》2000 年第 7 期。

[3] 参见杨青龙：“论信用卡持卡人在资金偿还中对发卡银行的抗辩权”，载《山东审判》2006 年第 5 期。

[4] 参见何颖：“信用卡冒用案件中特约商户赔偿责任承担的困境与出路”，载《政治与法律》2009 年第 12 期。

收单机构等信用卡交易主体之间分担因信用卡未经授权使用所造成的损失的问题，研究者们从民法基本理论出发提出了不同的解决方案。钱辉、蒲舟军（2005）认为，应分别考察持卡人、发卡机构和特约商户在交易中是否存在过错，依过错责任原则、按过错大小分配各当事人的民事责任，在各当事人均不存在过错时，采公平责任原则，全部损失由发卡机构承担；[1] 何颖（2009）提出了三项规范建议——将各当事人的合同义务上升为法定义务，对持卡人、特约商户、发卡机构分别适用过错责任原则、过错推定责任原则和无过错责任原则，用抗辩权的延伸取代抗辩切断——以打破持卡人在信用卡冒用案件中难以获得损害赔偿的司法困境；[2] 林辉芳、杨磊（2010）的主张最为保守，认为应当承认合同约定条款在发卡机构与持卡人之间分配风险损失的效力，但持卡人可突破合同的相对性，向未尽审核义务的特约商户主张侵权损害赔偿；[3] 侯春雷（2008）另辟蹊径，主张从考察未经授权使用信用卡这一行为是否构成表见代理入手，确定各当事人的民事责任；[4] 异曲同工，杨立新、王玲芳（2015）提出应当适用对债权准占有人给付效力的规则，确定发卡机构和特约商户的给付是否对持卡人发生债务清偿的效力。[5] 前三种研究路径的共同之处在于，不假思索地将持卡人视为信用卡未经授权使用所造成的损失的直接承担者，研究持卡人应如何向发卡机构、特约商户请求损害赔偿。然而，从持卡人的角度讲，恰恰是将其视为损失的直接承担者这个研究的起点，让持卡人成为此类纠纷中的被动方；并且，在各信用卡交易主体中，谁才是损失的直接承担者，尚值得探讨。后两种研究路径，依研究者之论述，在确定未经授权使用信用卡的行为是否构成表见代理或确定发卡机构的给付是否构成对持卡人的有效清偿之时，均仍需考察持卡人、

---

[1] 参见钱辉、蒲舟军："信用卡被伪造并刷卡消费后的法律分析"，载《上海金融》2005 年第 12 期。

[2] 参见何颖："信用卡冒用案件中特约商户赔偿责任承担的困境与出路"，载《政治与法律》2009 年第 12 期。

[3] 参见林辉芳、杨磊："论信用卡冒用损害赔偿的法律机理以交易流程和法律关系为视角"，载《法律适用》2010 年第 7 期。

[4] 参见侯春雷：《信用卡交易的民法分析》，法律出版社 2010 年版，第 93－127 页。

[5] 参见杨立新、王玲芳："债法视角下的信用卡冒用损害责任"，载《求是学刊》2015 年第 1 期。

发卡机构、收单机构及特约商户是否存在过错及其过错程度；对发卡机构是否善意且无过失的判定，还将涉及信用卡支付过程中被视为发卡机构代理人的其他参与者是否存在过错的问题。然而，应当考虑到，信用卡未经授权使用的风险来自于循环消费信贷可多次提供消费信用的特性及其与支付结算的直接关联，凡具备此种特征的信用支付工具都将面临同样的风险和因此而产生的法律问题。而不同的支付结算方式会有不同的参与者，要解决与之相应的未经授权使用的损失负担问题，不同参与者的过错应该如何认定，逐一认定他们的过错又是否是良策，还不得而知。

其四，信用卡的各项利息、费用以及持卡人的违约责任，对于持卡人来说一直是一笔只能逆来顺受的糊涂账。媒体和消费者关于取消信用卡全额罚息、禁止计收复利和高额滞纳金的报道与呼声，不可谓不多、不可谓不强烈。然而在学术界，仅有陈承堂（2009）、侯春雷（2008）提出滞纳金应属违约金，复利亦具违约金的性质，两者同时计收有失公平，[1] 杨梦梅、蔡士博（2015）认为，计收全额罚息有违等价有偿原则、显失公平，[2] 类似研究成果不可谓不鲜见。实则，对该问题的研究若不立足于信用卡提供的乃循环消费信用，其不同于固定数额的消费借贷这一前提，就实难找到有效的研究路径、进行有力的论证、给出令人信服的结论。

其五，由于信用卡提供的是循环消费信用，其合同履行具有继续性，因而发卡机构作为信用的提供者，其在信息披露上的义务亦应不同于固定数额消费信用的提供者。张德芬（2005）[3] 即在较为全面地介绍美国信用卡信息披露制度的基础上，指出我国信用卡信息披露制度的缺陷，主张发卡机构向持卡人进行信用卡信息披露的时间、内容和方式应当法定，并对违反信息披露义务的发卡机构课以相应的法律责任。然而，直到 2009 年美国《信用卡业务相关责任和信息披露法案》出台，新增了诸多针对信用卡发卡机构信息披露义务的规定，方

[1] 参见陈承堂："论信用卡滞纳金的性质及其治理"，载《法律科学》2009 年第 4 期。

[2] 参见杨梦梅、蔡士博："信用卡全额罚息相关法律问题探讨"，载《西南金融》2015 年第 7 期。

[3] 参见张德芬："论银行卡信息披露的法律规制"，载《当代法学》2005 年第 3 期。

使得信用卡信息披露这一问题得到我国更多研究者的关注。张倩、张云志（2009）将该法案的框架和部分重点内容译成了中文；[1] 郑伟（2010）则以该法案为借鉴，粗略地提出了以规范发卡机构信息披露义务为重点的信用卡消费者权益保护的立法建议。[2] 此外，更多的研究者是在对金融消费者保护的研究中，以该法案为切入点，简单提及了信用卡持卡人作为金融消费者应当享有知情权，适用消费者适当性规则和金融机构说明劝诱规则。[3] 但均未有针对信用卡这一循环消费信用工具所应适用的特殊的信息披露时间、内容和方式的论述。笔者认为，若只是停留在研究金融消费者权利的内涵和类型这一层面，而不落实到针对特定类型金融工具的制度设计的研究上，恐难实现对金融消费者权益真正的、有效的保护。

其六，研究者实证研究的结果表明，与循环消费信用相结合的支付工具，能够刺激消费者的消费欲望，对整个社会经济体的消费总量有拉动作用，甚而亦可能导致消费者过度负债、破产和波及整个经济体的金融危机。[4] 加之，我国香港地区、韩国、我国台湾地区、阿联酋、土耳其，的确分别于 2001 年、2002 年、2005 年、2010 年、2014 年发生了卡债危机。因而，在经济学界以信用卡风险防范为主题的研究成果数量颇多，但研究范式和研究结论都几近雷同：从商业银行防控信用卡业务风险的角度出发，主张通过健全银行内部风险管理体系、社会个人信用体系和专业化征信体系，加强信用卡担保业务、保险业

---

[1] 参见张倩、张云志："美国《2009 年信用卡业务相关责任和信息披露法案》节译"，载《中国信用卡》2009 年第 12 期。

[2] 参见张倩、张云志、席秉琼、洪郑冲："从美国信用卡新法案看金融消费者权益保护"，载《中国信用卡》2009 年第 8 期；郑伟："我国信用卡消费者权益保护研究——以美国《2009 信用卡业务相关责任和信息披露法案》为视角"，载《南方金融》2010 年第 9 期。

[3] 参见郭丹："金融消费者权利法律保护"，吉林大学 2009 年法学博士论文；曲一凡："金融消费者保护法律制度比较研究"，中国政法大学 2011 年法学博士论文；颜苏："金融消费者保护比较研究"，中国人民大学 2011 年法学博士论文；李沛："金融消费者保护制度研究"，复旦大学 2011 年法学博士论文；刘媛："金融消费者法律保护机制的比较研究"，中国人民大学 2011 年法学博士论文。

[4] 参见张奎："银行卡对消费促进作用的实证研究"，武汉大学 2009 年经济学博士论文；王婷婷："消费过度负债的治理对策研究"，载《河北法学》2013 年第 8 期。

务等方式防范信用卡风险。[1] 可谓有所创新者寥寥，例如，周德勇（2005）提出，在发行信用卡时应推定潜在的持卡人为善意，简化信用调查程序，而将信用卡风险控制的重点集中在对持卡人消费、还款等用卡行为的分析上，建立计算机自动风险监控系统；[2] 庞淑娟（2015）指出，应以大数据分析和挖掘为基础，建设新型信用卡风险管理体系。[3] 然而，走出经济学思路的束缚，从法学的视角来看，法律规范所能做的是限制、规范信用卡的功能和发卡银行的运营行为。例如，限定循环消费信用的还款规则、各支付结算参与者的成本收入分配以及发卡对象的范围等等。而这是否能够成为有效控制信用卡等循环消费信用支付工具对消费的刺激作用，防范金融风险的有效途径，还无人问津，有待考察。

其七，2009 年 12 月 16 日最高人民法院、最高人民检察院联合发布了《关于办理妨害信用卡管理刑事案件问题的解释》，这引发了学界对信用卡套现问题最热烈的一轮研究，甚至在套现行为是否具有危害性，是否应该禁止、入罪的根本性问题上产生了截然不同的观点。以柯建飞（2009）、侯艳蕾（2010）、陈宏卫（2013）、李峰（2014）等为代表的多数研究者均认为，信用卡套现行为违反了我国的现金管理制度、扰乱了正常的金融秩序，放大了银行的信贷风险，给洗钱、诈骗等信用卡犯罪提供了滋生的土壤，具有现实的危害性；并在分析信用卡套现行为发生原因的基础上提出了大致雷同的应对策略：立法明确对套现行为的行政处罚标准，严格管理信用卡发卡行为，强化对特约商户的资质审核，建立对信用卡交易的日常监控和巡查制度，为

---

[1] 参见杜士平：“银行信用卡风险管理初探”，载《国际金融研究》1996 年第 7 期；李新成：“对防范和化解信用卡业务风险的思考”，载《金融理论与实践》2000 年第 8 期；楼芳：“我国银行信用卡业务的风险管理”，载《上海金融》2004 年第 2 期；贾有姣：“信用卡业务的风险与防范”，载《征信》2009 年第 2 期；孙祥芳：“信用卡业务风险控制探析”，载《金融理论与实践》2005 年第 7 期；赵杰：“我国商业银行信用卡风险管理研究”，载《中国经贸导刊》2011 年第 2 期。

[2] 参见周德勇：“试论善意推定在银行卡风险防范中的运用”，载《南方金融》2005 年第 10 期。

[3] 参见庞淑娟：“大数据在银行信用风险管理中的应用”，载《征信》2015 年第 3 期。

资金需求者提供更便捷的小额信贷获取途径等。[1] 在刑法领域，大多数学者，如卫磊（2009）、郭雳（2010）、刘宪权（2012）等亦认为，信用卡套现行为具有社会危害性，赞同2009年两高发布的《关于办理妨害信用卡管理刑事案件问题的解释》，对于情节严重的信用卡套现行为应以非法经营罪定罪论处；其中刘宪权（2012）对信用卡套现行为进行了细分，指出了两点例外，认为并未额外套现的“套现养卡”行为和不以营利为目的的套现行为，并不构成非法经营罪。[2] 然而，在实践中上述防范信用卡套现行为的对策却并非十分奏效。一方面，随着信用卡支付形式的多样化，信用卡套现的手段也在不断翻新，套现的效率和隐蔽程度同样在不断提高，正如邢振明（2014）、李峰（2014）所关注到的第三方支付平台套现、网络POS机套现、手机APP套现等信用卡套现新形式，监管机构和银行要对此类信用卡套现行为进行监控和巡查，可能即便付出不菲的成本也只是挂一漏万；[3] 另一方面，袁道强（2008）、任丽丽（2009）、陈靓（2010）等研究者还指出，信用卡套现行为涉及多方利益主体，利益博弈之下，发卡机构、收单机构对信用卡套现行为的监控、巡查实则并不十分执着。[4] 在此背景之下，吴晶妹、董晓辉（2009）提出了完全悖于主流的观点，认为信用卡套现行为反应的是消费者正常的资金需求，不具有社会危害性，持卡人选择套现系因为发卡机构对信用卡合法取现（即预

---

[1] 参见柯建飞：“中介机构信用卡套现问题研究”，载《金融论坛》2009年第11期；任丽丽：“如何防范信用卡‘套现’”，载《山西财经大学学报》2009年第2期；陈靓：“信用卡套现的成因与对策”，载《中国信用卡》2010年第6期；侯艳蕾：“对我国信用卡非法套现的理性思考”，载《现代财经》2010年第10期；陈宏卫：“浅析信用卡套现行为”，载《武汉金融》2013年第7期；李峰：“基于第三方支付平台的信用卡套现流程、特征及监管建议”，载《上海金融》2014年第4期；邢振明、罗东华：“防范信用卡网上套现”，载《中国金融》2014年第9期。

[2] 参见郭雳：“信用卡套现责任体系之完善”，载《法学》2010年第12期；刘宪权：“信用卡‘养卡’、‘套现’行为的刑法定性分析”，载《法学》2012年第7期；卫磊：“信用卡套现行为的罪名认定及其处理”，载《政治与法律》2009年第7期。

[3] 参见邢振明、罗东华：“防范信用卡网上套现”，载《中国金融》2014年第9期；李峰：“基于第三方支付平台的信用卡套现流程特征及监管建议”，载《上海金融》2014年第4期。

[4] 参见任丽丽：“如何防范信用卡‘套现’”，载《山西财经大学学报》2009年第2期；陈靓：“信用卡套现的成因与对策”，载《中国信用卡》2010年第6期；袁道强：“信用卡套现成本的博弈分析及其监管探讨”，载《金融理论与实践》2008年第12期。

借现金）的额度和成本的设定不尽合理，同时指出“在美国，信用卡套现不仅合法，而且被信用卡经营机构视作重要的收入来源”；[1] 此后，叶良芳（2010）对此观点表示了赞同，且更为激进地指出“除了发卡行不知道透支资金的实际用途外，套现实际上是个多方共赢的行为”，并在刑法教义学分析的基础上指出，将信用卡套现行为解释为非法经营罪的一种是司法“造法”。[2] 在信用卡领域，此两种观点孰是孰非，还无定论。而目前，本身并没有预借现金功能的其他循环信用支付工具，如蚂蚁花呗、京东白条等，其套现问题已成愈演愈烈之势。因此，即便确如吴晶妹、董晓辉、叶良芳等学者所言，禁止发卡银行对预借现金设定不同于刷卡消费的额度与成本，果真能够解决信用卡套现的问题，那么又当如何解答非金融机构提供的循环信用支付工具（法律禁止其提供预借现金功能）的套现问题？从民法的角度而言，还可以追问，套现行为究竟会给循环消费信用的提供者造成怎样的损失？消费者与商户在套现行为中的虚假交易或真实交易的效力分别该如何认定？各方主体应当承担怎样的法律后果？与循环信用提供者无直接合同关系的商户应当承担怎样的民事责任？由于在现实中，套现问题最终会转化为逾期还款或恶意透支的纠纷，套现的民事法律问题并未引起研究者的广泛关注。郭雳（2010）曾在《信用卡套现责任体系之完善》一文中简单提及，持卡人与特约商户之间的虚假交易乃恶意串通、损害第三人利益的合同，自始无效；持卡人应向发卡人承担违约或侵权责任，特约商户承担连带或补充责任。[3] 显然，利用信用卡或其他新兴循环消费信用支付工具套现的行为所涉及的民事法律问题，还值得进一步深入探讨。

此外，从民法角度单独研究信用卡问题的博士论文，截至目前共有四篇。分别是 2005 年中国人民大学韩国留学生张允祯的《信用卡法律制度研究》，2007 年北京大学来自中国台湾的留学生何桂梅的《台湾地区信用卡法律关系之管制》，2008 年武汉大学侯春雷的《信用卡交易的民法分析》，2011 年中国政法大学杨振东的《信用卡民商法律

---

[1] 参见吴晶妹、董晓辉：“基于中美立法比较的我国信用卡套现治理研究”，载《消费经济》2009 年第 6 期。

[2] 参见叶良芳：“将信用卡套现入罪是司法‘造法’”，载《法学》2010 年第 9 期。

[3] 参见郭雳：“信用卡套现责任体系之完善”，载《法学》2010 年第 12 期。

问题研究》。张允祯博士作为来自韩国的留学生，其论文侧重于介绍韩国、日本信用卡产业沿革以及现状；并基于对韩国信用卡债务危机的原因分析，针对我国信用卡产业的发展现状以及立法现状强烈呼吁在我国建立征信制度和信用体系。[1] 何桂梅博士从相关主管机关对信用卡法律关系进行管制的视角，对现实中分别出现在信用卡契约成立前、履行阶段、违约阶段的热点问题在论文的三个主体章目中分小节一一进行了探讨。介绍了台湾地区相关的“法律法规”、判决以及学者的“立法”建议，基本概括了台湾地区信用卡现行“法律规范”及其理论研究的全貌。[2] 侯春雷博士的学位论文以信用卡法律关系的研究为基础，以信用卡交易的民事责任为研究主体，以信用卡合同的法律规制为落脚点，内容涉及持卡人抗辩权的接续问题、多种信用卡纠纷的民事责任以及信用卡格式合同中诸多“霸王条款”的有效性等实践中出现的信用卡法律争议。[3] 杨振东博士则是从其专业——国际法的视角研究了信用卡的民商事法律问题，介绍了美国、欧盟、澳大利亚的信用卡法律、信用卡国际组织以及信用卡跨国使用的法律适用和管辖问题。[4] 以上四篇博士论文均不缺乏对信用卡及信用卡产业的背景介绍、信用卡法律关系的概括性研究以及对其他国家或地区的信用卡法律规范的介绍；对于实践中出现的各类信用卡法律问题仅分别以“信用卡诱发的问题”“信用卡新型民事法律问题”“信用卡交易的民事责任”为一章对几个热点问题进行了简单论述；且均未关注到支付方式和消费信用提供方式的创新即将带来的巨大变革，研究对象均未突破我国银行信用卡的局限，亦未从更广义的视角论及循环消费信用。

循环消费信用正在走出信用卡这个载体的束缚，与新的信用提供者和新的支付形式相结合，催生其他循环消费信用支付工具。因而，循环消费信用法律问题除了寄生在信用卡法律问题中而被研究之外，还包含于消费信用法律问题中，是其不可分割的一部分，亦应遵循其一般的法律原则。

---

[1] 参见张允祯：“信用卡法律制度研究”，中国人民大学 2005 年法学博士论文。
[2] 参见何桂梅：“台湾地区信用卡法律关系之管制”，北京大学 2007 年法学博士论文。
[3] 参见侯春雷：“信用卡交易的民法分析”，武汉大学 2008 年法学博士论文。
[4] 参见杨振东：“信用卡民商法律问题研究”，中国政法大学 2011 年法学博士论文。

在法学界，研究并呼吁消费信用立法始于20世纪90年代末，紧随我国首个消费刺激的经济政策而兴。凡研究者均认为，应当制定专门的消费信用法以调整消费信用法律关系，但由于研究者甚寡，加之我国对于消费信用的发展一直持较为保守的态度，此呼声并未引起更多的关注和重视。在这些本就为数不多的研究成果中，循环消费信用更是未能得到多少顾及：周显志、夏少敏（2000）在对英美消费信贷法律制度的介绍中提及，英国《1974年消费信贷法案》有将消费信贷划分为固定金额信贷（fixed - sum credit）和循环信贷（running - account credit）的分类方式，美国《诚实借贷法案》有对循环信用账户（open - end credit）的规定，但仅限提及而无他；[1] 曹诗权、龚瑞（2002）在介绍美国《诚实借贷法案》时，甚至直接省略了其中对于循环信用（open - end credit）的规定，而在该法案的实施细则《Z条例》（Regulation Z）中，"循环信用"是其七大下设部分（subpart）之一；[2] 张理（1998）曾指出，消费信用分为银行贷款购物和分期付款买卖，[3] 而李凌燕（2000）、夏少敏（2008）在认同消费信用应分为销售信用和贷款信用的同时，注意到消费信用出现了同时兼具销售信用和贷款信用性质的新形式，[4] 夏少敏认为信用卡所提供的消费信用即属于此种类型，[5] 李凌燕则在指出信用卡发卡人向持卡人提供的是循环消费信贷的同时，将循环信贷归为了分期付款信贷的一种。[6] 不难看出，循环消费信用在消费信用的分类体系中究竟应该处于什么样的位置，尚无定论。

这还体现在，关于是否应将信用卡、销售信用纳入消费信用法的调整范围这一问题，研究者之间还存在分歧。李凌燕（2000）主张借鉴英美消费信用综合立法的体例，将所有消费信用形式作为消费信用

---

[1] 参见周显志、夏少敏："英美消费信贷法律制度的历史考察"，载《消费经济》2000年第2期。

[2] 参见曹诗权、龚瑞："论消费信用中的消费者权益保护"，载《法商研究》2002年第4期。

[3] 参见张理："消费信用立法几个问题的探讨"，载《南京大学法律评论》1998年春季号。

[4] 参见李凌燕：《消费信用法律研究》，法律出版社2000年版，第21页；夏少敏：《消费信用法新论》，知识产权出版社2008年版，第15页。

[5] 参见夏少敏：《消费信用法新论》，知识产权出版社2008年版，第15页。

[6] 参见李凌燕：《消费信用法律研究》，法律出版社2000年版，第304页。

立法的调整对象；[1] 曹诗权、龚瑞（2002）则着眼于其研究时的现实状况，认为在我国真正具有循环消费信贷功能的信用卡几乎没有，非金融机构也不被允许开展此种融资借贷业务，因此，消费信用立法无须规范信用卡和卖主信贷；[2] 夏少敏（2008）虽然主张我国未来的“消费信用法”应该采取综合性的立法模式，但认为“信用卡透支所产生的债务与其他消费信贷债务有显著不同”，应当单独立法。[3]

即便如此，关于消费信用的研究成果还是对循环消费信用的研究有着重要的意义。例如，杨松才（1999）对美国消费信用制度的法律原则的研究，其总结的披露原则、真实原则、正当原则、平等原则对循环消费信用法律规范的研究有根本性的指导作用；[4] 周显志、陈小龙（2001）所研究的期限利益丧失条款、瑕疵担保条款、取回条款、免责条款等消费信用合同不公平约定条款问题，同样也会出现在循环消费信用合同之中；[5] 张理（1998）、周显志（2001）对于消费信用法律关系中消费者保护的具体制度的研究，如冷静期制度、违约责任的减轻制度等，也引人思考，这些长期以来在消费信用领域发展完善了的消费者保护制度是否也能够适用于新兴的循环消费信用支付工具。[6]

随着信用卡市场规模的不断扩大和国家对消费信用发展的支持，经济学领域对于循环消费信用的研究不再止于将其列举为消费信用的创新形式之一。杨军（2011）指出，西方对于信用卡消费金融理论的研究主要有两个路径，消费者行为理论与信息不对称理论。[7] 在我国，以从消费者行为的角度研究信用卡循环消费信用的研究成果居多。例如，张奎（2009）通过实证研究证明信用卡对消费具有强大的促进作

---

[1] 参见李凌燕：《消费信用法律研究》，法律出版社2000年版，第362页。

[2] 参见曹诗权、龚瑞：“论消费信用中的消费者权益保护”，载《法商研究》2002年第4期。

[3] 参见夏少敏：《消费信用法新论》，知识产权出版社2008年版，第267－275页。

[4] 参见杨松才：“略论美国消费信用制度的法律原则”，载《消费经济》1999年第4期。

[5] 参见周显志、陈小龙：“消费信用合同的不公平约定条款探论”，载《消费经济》2001年第6期。

[6] 参见张理：“消费信用立法几个问题的探讨”，载《南京大学法律评论》1998年春季号；周显志：“英国消费信贷法律制度探论”，载《国外财经》2001年第3期。

[7] 参见杨军：“我国信用卡消费金融运行的案例研究”，载《上海金融》2011年第10期。

用，并具体指出“当期新增信贷余额对消费有促进作用，对下期消费有抑制作用”；王大海、刘建华、申成霖（2012）对社会以及心理因素对消费者选择使用循环消费信用的影响进行了研究；[1] 陈岩、史建平（2013）在研究消费信贷对消费行为的影响机制时提及，循环信用和小额分期付款的滥用是导致消费者过度负债的直接原因；[2] 黄纯纯、吴元珍（2014）从行为经济学的视角指出了信用卡消费所蕴含的消费者的有限理性，用以解释难以从主流经济学理论那里获得解答的信用卡经济异象；[3] 樊刚（2015）指出，国内直接研究循环信用行为的很少，其在介绍和借鉴国外的相关研究成果的基础上，对影响循环消费信用使用行为的外界因素、调节外界刺激与循环消费信用使用行为关系的内在因素进行了探究。[4]

此外，消费信用市场上的新发展也在不断得到关注。曾任中国人民银行支付结算司司长、中国银联总裁的许罗德（2009）指出，应构建多元化的消费信贷供给体系，发展消费金融公司等非银行金融机构作为新的消费信贷提供者，尝试设立金融控股下的独立信用卡公司，专业从事信用卡业务。[5] 自2009年银监会颁布《消费金融公司试点管理办法》后，消费金融公司未来的发展更是引起了研究者的广泛关注；[6] 而对于独立信用卡公司，在京东白条、蚂蚁花呗等非银行发行的循环消费信用支付工具迅速发展、各信用卡发行银行开始注重信用卡业务集约化管理的当下，其倡导者也在不断增多。[7]

---

[1] 参见王大海、刘建华、申成霖：“信用卡信贷使用行为成因及营销策略研究”，载《软科学》2012年第3期。

[2] 参见陈岩、史建平：“消费信贷与消费者行为研究述评：基于多科学视角”，载《探索》2013年第1期。

[3] 参见黄纯纯、吴元珍：“有限理性与信用卡消费：一个一般性讨论”，载《教学与研究》2014年第5期。

[4] 参见樊刚：“外界刺激对循环信用使用行为的影响研究——信用卡态度和物质主义价值观的调节”，载《暨南学报》2015年第4期。

[5] 参见许罗德：“完善消费信贷服务体系，促进消费持续增长”，载《中国金融》2009年第12期。

[6] 参见谢世清：“我国消费金融公司发展的困境与出路”，载《上海金融》2010年第4期；卜强：“消费金融公司的国际经验及对中国的启示”，载《中国金融》2010年第17期。

[7] 参见高民：“信用卡业务的国际比较”，载《中国金融》2015年第2期。

三、研究思路

由文献综述可知，不论是在我国的现行法律法规中还是学术研究领域，循环消费信用这一概念的内涵和外延都未得到明确的界定。而在人们的日常经济生活中，具有循环信用特征的消费信用工具已十分常见，例如，银行信用卡、京东白条、蚂蚁花呗以及消费金融公司的循环信用类产品等。同时，这些消费信用工具在信用提供主体、信用周期以及支取方式、还款方式等方面又不尽相同。而哪些因素为循环消费信用概念的构成要素，尚需在梳理循环消费信用的历史演进过程、充分借鉴外国法的基础上，考察可予以统一规范的核心与可行性范畴后方可确定。因此，本书将首先以此为思路对循环消费信用的概念进行研究，给出循环消费信用的定义，明确研究对象。

在明确“循环消费信用”概念的基础上，通过分析不同类型的循环消费信用所涉及的法律关系、概括其共同的法律特征，进而得出研究具体循环消费信用民法问题的思路。首先，循环消费信用法律关系的一方主体是消费者，保护消费者权益、防止消费者过度负债，是研究循环消费信用民事法律问题应当秉持的核心价值。其次，循环消费信用的载体是信用提供者与消费者之间订立的合同，循环消费信用允许消费者在信用额度内小额、多次、不定时地循环支取信用的运作模式，决定了此类合同是格式合同、继续性合同，对其应予以不同于普通借款合同的特殊规范。但同时，循环消费信用实际涉及的法律关系，不仅限于循环消费信用合同。循环消费信用与支付有着密不可分的关系，在其关联支付工具时，即消费者通过使用与循环消费信用账户关联的支付工具完成消费支付时，如图 1 所示，商户、支付服务提供者的加入会直接导致这一复杂法律关系网的形成。而实践中因循环消费信用直连支付工具而产生的特殊法律问题，均需基于循环消费信用与支付服务的双层法律关系进行分析、研究。因此，本书将分别从循环消费信用合同的法律问题、循环消费信用直连支付工具所产生的特殊法律问题这两个层面，对循环消费信用所涉及的主要民事法律问题进行研究。具体如下：

其一，以循环消费信用与固定金额消费信用的区别为基础，以保护消费者权益为出发点，研究关于循环消费信用合同的特殊法律规范。

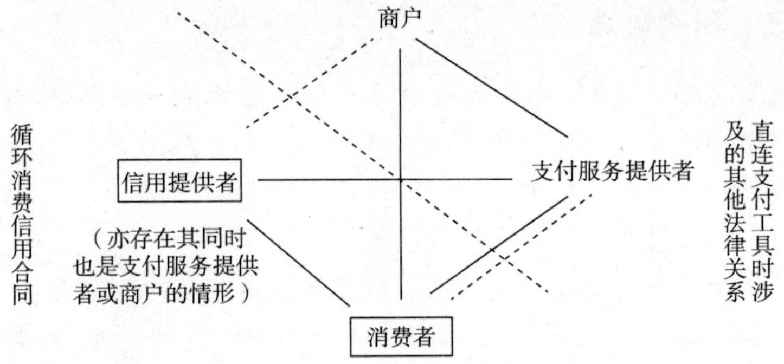

图 1　循环消费信用所涉及的法律关系图示

首先，消费者使用循环消费信用的成本除利息外，往往还包括其他费用，而利息和各项费用的具体数额是在合同履行的过程中依据当期的利率和费用计算方法（循环消费信用的提供者可能会通过合同变更的形式，改变原有的利率和费用计算方法）以及消费者的信用支取和还款情况确定的，这就决定了循环消费信用的提供者应当承担更多的信息披露义务和会计义务。其次，循环消费信用，特别是与支付结算直接关联后循环消费信用，能够刺激和促进消费者的消费行为，这潜藏着消费者过度消费进而导致过度负债的风险。国家鼓励发展消费信用，必当有控制金融风险的制度设计作为保障。本书将结合经济学研究者关于循环消费信用促进消费的作用机制的研究成果，探讨如何通过限制循环消费信用合同中相关的权利义务约定，来调控循环消费信用对消费刺激作用的大小，防范金融风险。此外，循环消费信用合同中逾期还款的违约责任涉及合同的中止、终止以及利息和费用的计算，数额畸高的违约责任让消费者不堪重负，如何对其进行合理的限制也是值得研究的。

其二，因循环消费信用具有只需一次申请即可在申请获批的信用额度内多次、循环获取信用的功能，其往往与支付结算直接结合在一起，使消费者能够在支取消费信用的同时完成消费支付结算。循环消费信用与支付结算的结合，直接导致了实践中一些特殊法律问题的产生；而支付结算形式的不断创新所带来的法律关系构成上的多样性又增加了这些问题的复杂性。其中最为典型的是：第一，利用循环消费信用支付工具套现的问题；第二，消费者能否就消费合同纠纷对循环消费信用提供者提出相应的抗辩的问题；第三，循环消费信用被未经授权的第三人通过支付工具支取，由此产生的损失应由谁负担的问题。因此，本书将在总结循环消费信用与不同支付结算形式相结合所形成的法律关系的基础上，对上述问题逐一进行研究。

第一章　循环消费信用概念的界定

循环消费信用是本书的研究对象，其概念应首先予以明确。但目前，不论是在我国的法律法规中还是学术研究领域，这一概念的内涵和外延都未得到明确的界定。相反，在人们的日常经济生活中，采用循环消费信用这一消费信用形式的金融产品却已十分常见，例如，银行信用卡、京东白条、蚂蚁花呗以及消费金融公司的循环信用类产品等。同时，这些消费信用产品在信用提供主体、信用周期以及支取方式、还款方式等方面又不尽相同。哪些因素方为循环消费信用概念的必备构成要素，尚需在梳理循环消费信用的历史演进过程、充分借鉴外国法的基础上，考察可予以统一规范的核心与可行性范畴后方可确定。

第一节　循环消费信用的起源、演变与创新

一、消费信用道德枷锁的解除

从人类社会的发展历程来看，信用是先于货币的存在。英国历史学家保罗·恩席希（Paul Einzig）在《原始的货币》(Primitive Money) 一书中就曾指出，“在货币经济到来以前，信用（credit）就已经广泛存在了”。有关信用的书面记载可以追溯到公元前 1750 年巴比伦王国的《汉谟拉比法典》，“如果自由民负有债务，将其妻子、儿子或女儿出卖或交出充作债奴三年，它们应在买者或者债权人家中服役，并在第四年被恢复自由”。[1] 可见在人类社会早期，负债往往是为维持个人

[1] Lewis Mandell, The Credit Card Industry: A History, Boston: Twayne Publishers, 1990, p. 12.

和家庭的生存而不得已的选择。并且在农耕经济时代，讲求自给自足，商品交易的规模有限，并没有“资本”一说，融通资金让本应用于消费的资金投入营利性事业的经济理念没有生长的土壤。

因而，消费信用在产生之初就被赋予了强烈的负面道德意味：负债消费是不节俭、穷困的表现，而提供信用的一方收取利息则是为富不仁、利息盘剥。例如，古希腊和古罗马均对利息的收取存有偏见，希腊哲学家柏拉图、亚里士多德就是反对利息收取的代表，其观点整整影响了罗马天主教会一千余年。《圣经》中即有多处强调“你若借钱给他，不可如放债的向他取利”。在中世纪（5－15世纪），在欧洲势力渐增的天主教会甚至将一切借贷行为均定性为高利贷而予以禁止，禁令不仅施于教士，而且扩及“俗界”。直到宗教改革（16世纪）以后，“高利贷”问题才得以回归“俗界”，成为欧洲各个民族国家内部的经济、法律问题。以英国为例，1545年英国以强制利率上限规则代替了利息收取的全面禁令，进而在1854年取消了对利率的所有限制，而这一举动在当时很快就得到了德国、荷兰、比利时等国家的效仿。但这种宽容乃至提倡仅仅是针对用于生产经营的生产性信用（productive credit）而言的，仍然无法使消费信用成为一个在道德上哪怕是中性的存在。据考证，在英文中消费（consume）一词产生于14世纪，系挥霍、用尽之意；16世纪出现的消费者（consumer）一词也仍没有摆脱负面之意。在我国，两千年农耕文明所积淀的文化传统更是始终提倡勤俭持家、量入为出，反对寅吃卯粮、入不敷出，“借债过日子”那当是家庭财政经营不善后的无奈和羞耻之举。

而到了20世纪中叶，在处于战后繁荣期的美国首先兴起了消费主义，消费信用作为促进消费的有效手段，为政府和市场所提倡，为广大消费者所接受，加之其上几千年的道德枷锁被最终解除。关于消费主义，波德里亚（J. Baudrillard）认为是一种生活方式，在这种生活方式之下，消费的目的不是为了实际需求的满足，而是不断追求被制造出来的、被刺激起来的欲望的满足。[1]马尔库塞（H. Marcuse）、弗洛姆（E. Fromm）（1998）指出，鼓励和扩大国民的消费需求，成了

---

[1] 参见［法］让·波德里亚：《消费社会》，刘成富、全志钢译，南京大学出版社2000年版，第67－69页。

资本主义良性运行的条件之一。为达此目的，消费者的欲望、需要和情感便成为资本作用、控制和操纵的对象，并变成一项欲望工程或营销工程。因此，今天的生产已经不仅仅是产品的生产，而同时是消费欲望的生产和消费激情的生产，是消费者的生产。❶ 与此同时，消费文化、消费社会等概念也纷纷被提出，成为社会学家关注和研究的热点。迈克·费瑟斯通（M. Featherstone）创造了消费文化一词，认为消费文化不仅仅是生产的必然结果，也是消费者的消费实践创造的结果，在狂欢化的消费实践中，每个消费者都在进行着自己的心灵体验，实践着自己的审美理想。❷ 弗雷德里克·詹姆逊（Fredric Jameson）将20世纪60年代后在世界各主要国家逐步形成的新型的社会生活和经济秩序称为后工业或消费社会、媒体及景观社会；并认为美国的消费社会开始于20世纪40年代末50年代初的战后繁荣时期。❸ 在全球化的浪潮中，消费主义迅速蔓延至世界各个国家，尽管期间不断遭到批判和抵制，但这并不影响社会对消费的认可——拉动经济发展的关键动力以及人心灵体验、审美的途径，至此消费已彻底摆脱了14世纪时挥霍、用尽这样的负面道德含义。而消费信用作为预支未来收入、超前消费以及资金融通的手段，对国家而言有刺激消费、拉动经济增长之功能，对个人而言，有享受生活、理财以及促进个人发展之利，已远不再是贫穷、羞耻之事。更甚之，美国1978年破产法将消费者破产纳入其中，为消费者提供了更为有效和宽容的破产制度；欧洲20世纪90年代经济衰退引发家庭债务危机，亦催生了此后欧洲各国消费者破产立法的潮流。由此，消费者摆脱债务泥潭、获得新生有了合法有效的途径，消费者破产已不再讳莫如深、不再有坏声誉，这体现了社会道德价值观念对消费者破产的逐渐宽容，对消费信用的充分接纳。可见，加诸消费信用之上的道德枷锁首先在美国被彻底解除，而与此相应，消费信用形式的创新和发展也首先在美国迈开了步伐。

---

❶ 参见［美］马尔库塞、弗洛姆：《痛苦中的安乐：马尔库塞、弗洛姆论消费主义》，陈学明等编译，云南人民出版社1998年版，第3－25页。

❷ 参见［英］迈克·费瑟斯通：《消费文化与后现代主义》，刘精明译，译林出版社2000年版，第35－36页。

❸ ［美］弗雷德里克·詹姆逊：《晚期资本主义的文化逻辑》，陈清侨等译，三联书店1997年版，转引自李娟："迈克·费瑟斯通后现代消费文化思想研究"，兰州大学2011年新闻传播学硕士论文，第17页。

二、消费者支付便捷性需求的推动

支付从来就与信用的产生和发展有着密切的联系。在商品流通中延期支付商品对价，在交易主体之间产生债权债务关系，是信用关系最初的存在形式之一。虽然，信用是先于货币的存在，但是货币出现后，其支付手段的功能使之很快成为借贷的主要对象，极大地推动了信用关系的发展，使信用形式实现了从实物借贷、商品赊销向货币借贷的演变。而循环消费信用也恰恰是为满足人们对于支付便捷的需求而不断发展和普及的。

早在19世纪初，具有循环特征的消费信用形式——往来账户赊欠（open book credit），就已存在于美国的农村地区了，但此种信用形式得到广泛的应用是在20世纪初，众多零售商为满足客户对支付便捷性的需求而向其认为信用良好的客户发行零售赊账卡（retail card）。最早的往来账户赊欠是农户用承诺在秋收后兑现的白条来购买马、犁、马车、种子、钟表、家具等生产、生活用品。[1] 此白条可以多次用于购买，也没有具体的数额限制。与同时期也已经存在的分期付款销售不同，往来账户赊欠多用于购买需求量大且价格低廉的日常用品，而分期付款主要是在购买某件大宗商品时使用。[2] 到20世纪初，一些酒店、石油公司、百货商店开始向其认为信用良好的客户发行零售赊账卡（retail card），实质上是赊欠账户或信用账户（charge account）。该类账户的运作吸收了往来账户赊欠这种信用形式，允许消费者在向其发卡的销售者那里赊账消费，没有额度和次数的限制，只要在合理的时间内还清欠款即可，不收取任何利息和费用。到20世纪30年代，此类赊欠账户已经广泛存在，成为美国居民日常消费的必备工具。根据美国商务部的统计数据显示，1930年上半年全美百货商店的销售总额有47.4%系由现金支付，7%是分期付款，45.6%是通过往来账户

[1] See Lewis Mandell, The Credit Card Industry: A History, Boston: Twayne Publishers, 1990, p. 14.

[2] See Lewis Mandell, The Credit Card Industry: A History, Boston: Twayne Publishers, 1990, p. 15.

赊欠（open book credit）的形式完成支付的。[1] 在零售商向客户发行零售赊账卡之初，其面向的是信用良好的高收入群体：一方面，零售商并不向使用其零售赊账卡的客户收取任何费用；另一方面，信用良好的高收入群体并不真正需要通过获取消费信用来满足其当下的消费需求。换句话说，零售赊账卡的使用者更为看重的是，使用该卡可以省去现金支付的诸多不便，享受多次消费、一次支付的便利；而零售商发行零售赊账卡的目的也是通过给客户带来便利，培养客户的忠诚度，而非通过提供信用进而获取利息收益。因而，是消费者对支付便利的需要催生了零售赊账卡及其赊欠账户、创造了往来账户赊欠（open book credit），由此循环消费信用的初级形式得以被广泛使用。

此后，消费者对支付便捷性的需求仍一直推动着循环消费信用及其载体的形式创新和不断普及。1948 年，布卢明代尔百货、金贝儿兄弟百货、富兰克林·西蒙百货、萨克斯百货等美国主要百货公司在纽约成立“赊账牌联盟”（charga - plate group），从赊账牌的制造和使用技术上探索如何实现一牌多用（或一卡多用），以便利消费者的支付行为。赊账牌（charga - plates）是波士顿的法明顿制造公司（Farrington Manufacturing Company）在 1928 年制造出的刻印有持卡人地址的金属牌，系原有纸质的零售赊账卡的替代品，携带更加方便且不易损坏，更能配合压印机（imprinter）使用，实现签单支付消费。而赊账牌联盟的做法是，发行统一规格的赊账牌，在消费者持有的同一张赊账牌上刻印能够与不同零售商的压印机相契合的凹痕，从而使消费者只需持有一张赊账牌即可在不同的百货商店通过其赊欠账户进行消费。而在此之前，亦有通过其他途径实现循环消费信用在更广范围内的使用以便利消费者支付行为的尝试。1936 年，西雅图零售服务局（Retail Service Bureau of Seattle）与一千多家零售商签订了协议，使之同意接受在其他协议商户处有赊欠账户（charge account）的消费者的信用支付，而消费者每月仅会收到一份总账单，记录其在所有协议商户处的信用消费，亦仅需在下个月 10 日将该账单欠款做一次清偿即可。历史的发展总有其必然性，市场经营主体为满足消费者对于支付

---

[1] See Lewis Mandell, The Credit Card Industry: A History, Boston: Twayne Publishers, 1990, p. 17.

便捷性的需求而作出的有益尝试，必将会在适当的时机到来时得到市场的回应。1949 年，阿尔弗雷德·布卢明（Alfred Bloomingdale）、弗兰克·麦克纳马拉（Frank McNamara）与拉尔夫·施耐德（Ralph Snyder）在一次午餐中又偶然提出了与上述西雅图零售服务局所采取的方案大同小异的理念，并很快以此为基础成立了大来俱乐部（Diners Club，又称晚餐俱乐部），发行了大来卡（Diners card）。大来俱乐部作为第三方分别与商户和消费者建立契约关系，一方面，向消费者提供消费信用，消费者可持大来卡在所有签约商户处消费，月末向大来俱乐部清偿该月所有消费款项；另一方面，为商户提供客源，商户承诺接受消费者通过大来卡进行付款。这样一来，消费者可用同一赊欠账户（charge account）在不同的商家进行消费——大来卡也因此而被称为通用型信用卡（universal card）；而消费者仍仅需每期为一次支付（即还款），已经习惯于使用支票的美国消费者往往通过邮寄支票来完成每期一次的支付，这可谓彻底免去了在日常消费中使用现金支付的必要。自此，以大来、美国运通为代表的信用卡公司以及各商业银行，相继开始作为独立的第三方机构发行提供循环消费信用的通用型信用卡（universal card），带来了信用卡行业的极速繁荣和循环消费信用的迅速普及。此可谓消费者支付便捷性的需求对循环消费信用发展的又一次推动。

在电子支付时代尚未到来之前，通过循环消费信用而得以实现的支付便捷，被信用卡，尤其是独立信用卡公司和银行发行的通用型信用卡，发挥到了极致。1966 年，为降低向消费者提供消费信用和支付服务的成本，在满足消费者对支付便利的需求的同时进一步扩大市场份额，在那个美国尚不允许银行跨州经营的年代，美洲银行（Bank of America）便通过授予特许经营权的方式在全美范围内建立了一个统一的信用卡发行、受理系统，其发行的美洲银行信用卡（BankAmericard）可在全美各州通用。紧随其后，美国境内的多家大型商业银行亦联合建立了一个银行间信用卡组织（Interbank Card Association），以实现信用卡在最大范围内的通用性。上述两个组织分别于 1976 年、1980 年更名为维萨（VISA）和万事达（Master Card），即目前世界上最大的两个国际信用卡组织。1979 年，维萨（VISA）与杰西·潘尼百货（J. C. Penney）签订了关于杰西·潘尼百货同意接受维萨卡支付的协议，从此大型连锁百货不接受第三方信用卡的僵局开始被逐渐打破。到 20 世纪 80 年代末，通用型信用卡已成为每个零售商都不得不接受的支付方式，真正实现了在全美范围内“一卡通用”的支付便利。

而与上述过程相反的是，随着科技的发展，电子支付让账户之间的实时转账成为了可能，消费者所需要的支付便利已无须再通过循环消费信用来实现，正是因为如此，电子支付系统的逐渐普及明显限制了信用卡在消费支付市场的进一步扩张，开始回归消费信用的本职。1965 年，英国伦敦的德拉鲁公司（De La Rue Company）发明并制造出了第一台自动提款机（Cash dispenser），并于 1967 年在英国巴克莱银行首次得到应用，从此打开了电子支付时代的大门。不久，自动提款机传入美国，1969 年美国德州达拉斯市的 Docutel 公司也开始生产自动取款机，并向银行销售。最早设计生产的自动取款机，除可以识别支票以外，有的还可以读取磁条，因此，贴有磁条的银行信用卡就是自动取款机最早的“使用者”之一。到 1972 年，美国俄亥俄州哥伦布城市国民银行通过一项调查发现，该行有一半的客户并不在自动取款机上使用信用卡，而究其缘由，系有部分客户本身对自动取款机并不信任，但亦有相当一部分客户是因为没有资格申请信用卡而根本无法使用自动取款机。于是，以此项调查结果为依据，该银行创造性地向其客户发行了能够在自动取款机上使用的借记卡（debit card）。借记卡的诞生很快得到了整个银行业、信用卡行业的关注。1976 年已建立起覆盖全美的消费支付体系的信用卡组织维萨（VISA）、万事达（Master Charge）分别开始授权其会员银行发行 Entree 借记卡和 Signer 借记卡，其与信用卡一样可在维萨、万事达的特约商户处进行消费支付。但由于此时还无法实现账户之间的实时转账，借记卡用于消费支付的风险难以避免，万事达的 Signer 借记卡项目也正是因为如此而没有得到其会员银行的认同，最终不得不将其转为支票担保业务（check guarantee）。[1]所谓支票担保，亦即 20 世纪 70 年代在电子支付领域兴起的支票验证支付系统（check verification systems）：一方面银行向在其处开有支票账户的客户发行支票担保卡（check guarantee card），该卡

[1] See Lewis Mandell, The Credit Card Industry: A History, Boston: Twayne Publishers, 1990, pp. 120 – 126.

联通客户的支票账户，不提供消费信用；另一方面银行与零售商签约，在零售商处安装支票担保卡支付设备，零售商通过支票验证系统核验并借记消费者支票账户，消费者完成支付，零售商后凭单据向银行请款，消费者和零售商均需为每一笔交易向银行支付一定的费用。在这一时期，美国出现了数量颇多的支票验证支付系统，但均没有得到很好的发展。花旗银行甚至在 1978 年 10 月份关闭了其已经运行了 3 年、在纽约有 700 家签约商户的支票验证支付系统。其原因在于信用卡已经在美国消费者中得到了普及，用支票担保卡进行消费支付只是部分消费者退而求其次的选择，支票验证支付系统故而难以实现盈利。❶而这在信用卡尚未得到普及的其他国家则是另一番情景。例如，在欧洲发行有欧洲各国通用的“欧洲货币支票卡”（Eurocheque card），到 1977 年共发行 2750 万张，仅在英国就发行有 1100 万张。实际上，支票担保卡的发行在欧洲取得成功的原因与信用卡在美国得到广泛使用的原因是一致的，即支票担保卡与信用卡一样能够满足消费者对支付便利性的需求。与支票验证支付系统与支票担保卡一脉相承的是 POS 支付系统（point - of - sale system）与借记卡，其于 20 世纪 80 年代末被应用于实践，借记卡经由 POS 支付系统能够实现与零售商账户之间的实时转账。自此，消费者所需求之支付便利确已无须再通过循环消费信用来实现了。实践亦证明，能够在更大程度上实现支付便利的 POS 支付系统与借记卡的出现，的确极大地降低了信用卡在消费支付市场中已经占有及本应占有的市场份额。根据 2001 年的统计数据，在英国、加拿大、比利时、荷兰、瑞士等国借记卡的使用率均大大高于信用卡。❷ 即便在信用卡最为普及的美国，在 20 世纪 80 年代末——借记卡尚未能在最大程度上实现支付便利之时，据统计有一半的信用卡持卡人只是为了支付便利而使用信用卡进行消费支付，此部分信用卡持卡人正是借记卡的潜在客户群，❸ 而到 2001 年美国有近 35% 的卡消

---

❶ See Lewis Mandell, The Credit Card Industry: A History, Boston: Twayne Publishers, 1990, p. 133.

❷ See Ronald J. Mann, Charging Ahead: The Growth and Regulation of Payment Card Markets, New York: Cambridge University Press, 2006, p. 76.

❸ See Lewis Mandell, The Credit Card Industry: A History, Boston: Twayne Publishers, 1990, p. 139.

费交易是通过借记卡而非信用卡完成的。[1]

三、循环消费信用运作形式的精细化

虽然，目前在我国银行信用卡是循环消费信用最为常见的载体，但其所使用的循环消费信用的运作形式却是由美国的零售商在发行、运营零售赊账卡（retail charge card）的过程中不断创新的结果。

如前文所述，20 世纪初，美国的零售商开始向其客户发行零售赊账卡（retail card），其运作借鉴了在 19 世纪早期即已存在的往来账户赊欠（open book credit）这种信用形式——允许消费者在向其发卡的销售者那里赊账消费，没有额度和次数的限制，只需每期还清欠款即可。此种销售者授予其客户的可循环使用的信用，即为循环消费信用最初的也是最粗糙的运作形式。在这种运作形式之下，销售者虽然向其客户提供消费信用，但并不收取任何利息和费用。因为，发行零售赊账卡面向的是收入高、信用良好的客户群，在很大程度上是为了便利客户的消费支付、培养客户的忠诚度；且零售赊账卡的运营成本，销售者完全可通过提高商品售价而予以收回。到 20 世纪 30 年代，各大零售百货均开始通过连锁的形式进行大规模扩张，中低收入阶层成为了其最庞大的消费者群体。此时，是否应向中低收入的消费者同样发行零售赊账卡成了一个两难的选择：一方面，相比于支付的便利，中低收入者对消费信用的需求更为强烈，向其发行零售赊账卡能够提升其消费能力，增加销售量；另一方面，中低收入者在短期内的还款能力有限，在需每期还清欠款的运行模式之下，销售者势必将承担高额的债务催收成本，零售赊账卡的发行也可能会因此而陷入亏损。

在这样的市场背景之下，20 世纪 30 年代末，费城沃纳梅克氏百货（Wanamaker's of Philadelphia）对其发行的零售赊账卡所采用的循环消费信用运作形式作出了微小的改动——允许其客户将当期欠款在未来四期以内清偿，不收取利息。此后，类似的循环消费信用方案亦曾被包括波士顿的法林百货（Filene's of Boston）、纽约的布卢明代尔

---

[1] See Ronald J. Mann, Charging Ahead: The Growth and Regulation of Payment Card Markets, New York: Cambridge University Press, 2006, p. 76.

百货（Bloomingdale’s of New York）在内的多家零售百货公司所采用。到1947年，威廉姆·格尔曼（William B. Gorman）又提出了改进循环消费信用运行方式的新方案，并在纽约金贝儿兄弟百货（Gimbel Bros. of New York）得到了实践。在该方案中首次出现了信用额度、最低还款额、循环消费信用利息的规则设计，对于循环消费信用运作形式的发展有着里程碑式的意义。方案的具体设计为：消费者被授予一个固定数额的信用额度（credit line），可持零售赊账卡在金贝儿兄弟百货进行消费，但消费总额减去已还欠款的数额不得超过信用额度；消费者每月所需偿还的最低数额为欠款余额的1/6外加利息，利息为欠款余额的1%，当期欠款需在未来6期以内清偿完毕。这样的还款模式设计，延长了还款时间、降低了还款难度，并对所提供之消费信用收取一定的利息，从根本上讲这是在一定程度上为零售商向中低收入消费者发行零售赊账卡解除了亏损的后顾之忧，亦是为中低收入者获得消费信用提供了可能。1956年，目前循环消费信用经典运行模式的最后一个因素——免息期（grace period/ interest free period）也最终浮出了水面。底特律的哈德逊百货（J. L. Hudson’s）在1956年为持有其零售赊账卡的消费者设计了一套新的还款方案：在账单日结束后的30天内全额偿还欠款，无须支付利息；或偿还最低还款额，即未偿余额的1/4，并支付相应的利息。

上述因素开始被运用于银行信用卡最早是在1958年，以大通马曼哈顿银行（Chase Manhattan Bank）发行的信用卡为代表，其提供的循环消费信用就包含了信用额度、免息期、利息计收等内容。其实，早在20世纪50年代一些小型银行就已开始发行信用卡，其所提供的消费信用模式与大来俱乐部发行的旅行娱乐信用卡（T&E card）颇为雷同——需在每一记账周期结束之日全额偿还当期欠款且无须支付任何利息，唯一的区别是银行并不向持卡人收取年费。但是，这些银行很快发现，其仅有的收入，即向特约商户收取的折扣费（discount fee），远不能覆盖其信用卡的运营成本。到1958年，银行受零售赊账卡的启发，开始将免息期、最低还款额、利息计收等规则引入其信用卡消费信用的运行之中。以大通曼哈顿银行首次发行的信用卡为例，其规定持卡人在收到每期的账单后仍有10天的免息期，若在这期间未能全额偿还该期账单欠款则需支付相应利息，并不影响信用卡的使用，但每期欠款均应在此后 5 期以内清偿完毕。这样的循环消费信用运作形式，在消费者看来是为其提供了更多的优惠——追求支付便利的持卡人也乐于享受免息期，需要消费信用的低收入者则可通过免息期、最低还款额的规则设计争取尽可能长的还款期限；对于银行而言是拓宽了收入渠道，日后利息也确实逐渐取代了折扣费成为银行发行信用卡最主要的收入来源。可以看出，循环消费信用运作形式逐渐精细化的过程也是其逐渐适应市场需求的过程。正是这一过程，在电子支付已让循环消费信用所能带来的支付便利变得几乎一文不值的时候，使得循环消费信用仍然保有了巨大的应用价值和市场价值。

四、循环消费信用样态的多元化

近几年，在国家政策的支持之下，我国消费信用市场渐趋活跃。消费信用的提供主体不断多元化，消费信用的形式不断创新，即为其体现。具体而言，固定数额的封闭式消费信用，虽为各类消费信用提供者均有开展的传统、基础的业务类型，但因其形式固定且简单，针对其进行的创新并不多见；而循环消费信用，虽原一直局限于银行信用卡这一载体，但其形式复杂、可变通性强，为新兴消费信用提供主体所采用，应不同市场需求而改造创新，已呈现出多元化的样态。

其一，目前商业银行除发行传统意义上的信用卡外，还开展有“个人住房循环授信业务”，向个人消费者提供循环消费信用。该业务同于美国的“家庭资产净值贷款”（home equity plan），在我国系由招商银行在 2005 年 5 月 31 日于广州率先推出。目前，工商银行、建设银行、天津银行等商业银行也均开通有类似业务。概言之，此业务系消费者以个人住房做最高额抵押，银行授予其可循环使用的信用额度。以招商银行“个人消费贷款”之“个人住房循环授信”的业务细则为例，消费者在所获信用额度内，可通过申请借出现金，次数不限、随借随还、还后可再借；亦可申请开通“消费易”业务，把所获信用额度与银行卡相关联，用卡消费，有最长 50 天的免息期，不设最低还款额，免息期结束后，消费欠款转化为普通贷款计收利息。[1] 虽然个人住房循环授信业务具备循环消费信用的所有特征，但其相比于其他循环消费信用而言又有着明显的特殊性，即涉及自然人自有住房的最高额抵押，自然人与商业银行之间并非纯粹的金钱债权债务关系。美国《Z条例》“循环信用”（open - end credit）部分，即将“家庭资产净值贷款”（home equity plan）与其他循环消费信用区分开来，作了单独的规定。本书亦不将其作为研究对象，具体理由将在第一章第二节予以详述。

其二，消费金融公司开展循环消费信用类业务。消费金融公司是我国消费信用市场上的新兴市场主体，银监会根据其2009年颁布的《消费金融公司试点管理办法》，在2010年批准了3家试点消费金融公司的筹建，地点分别位于上海、北京、成都，到2014年修改并颁布新的《消费金融公司试点管理办法》后方将试点范围扩大至全国。[2] 依据管理办法的规定，消费金融公司不吸收公众存款，业务范围局限于为中国境内居民个人提供无担保、无抵押的消费贷款。因而，无担保、无抵押的循环消费信用类业务属其合法之业务类型，多家消费金融公司均有开展。以北银消费金融公司（我国首家消费金融公司，为北京银行全资子公司）的Mini循环消费贷为例：消费者仅需一次申请，即可获得可循环多次使用的信用额度，消费者可根据消费习惯选择将信用额度放入实体卡或虚拟卡中，可取现、可消费；所欠款项以日利万分之四点五按日计息，无免息期；可随借随还，且允许消费者每期仅偿还最低还款金额（信用额度内未还消费款的5%加各类其他应付款项），还款后信用额度即可恢复再用。[3]

其三，小额贷款公司、商业保理公司以及互联网民营银行等联合互联网平台，尤其是电商平台，为消费者提供循环消费信用，部分循环消费信用产品与网络支付工具直接关联。2013年阿里巴巴与腾讯微

---

[1] 参见“招商银行个人消费贷款业务介绍”，载 http://www.cmbchina.com/Personal/Credit/，2016年2月24日最后访问。

[2] 消费金融公司股权结构具有多元性，不仅包括商业银行，还包括家电制造企业、零售百货企业、电子商务企业等。

[3] 参见“北银消费金融公司Mini循环消费贷产品介绍”，载 http://www.bobcfc.com/bobhtml/ProductIntros.html，2016年2月24日最后访问。

信都曾计划与中信银行合作推出虚拟信用卡，但在 2014 年 3 月 14 日被央行同时叫停，央行发文表示“虚拟信用卡突破了现有信用卡业务模式，在落实客户身份识别义务、保障客户信息安全等方面尚待进一步研究”。但各大互联网企业并没有就此止步于消费信用市场的大门之外。

首先，2014 年 2 月京东以赊购业务的名义推出“京东白条”，规避了虚拟信用卡这一金融监管的敏感区域，但其背后的策划和掌舵者仍是有着小额贷款业务牌照、积极申请消费金融公司牌照的京东金融，其运作模式所体现的循环消费信用的特征也无可辩驳。[1] 具体而言，京东白条是京东根据消费者在京东网站购买商品的历史记录等因素授予消费者的信用额度，消费者可用白条在京东网站购买任意京东自营商品及部分第三方销售商品；最长可延后 30 天付款或选择分期付款，逾期未还需支付日利率万分之三的利息，分期付款需支付分期付款手续费；可随时还款，还款后信用额度立即恢复。从形式上而言，京东白条并非针对特定商品的偶然赊销，使用白条所完成的数次信用消费之间并非完全相互独立，其所形成的欠款和消费者日后的还款均计入同一个信用额度；从本质上而言，京东白条可以用于购买第三方在京东电商平台销售的商品，这意味着京东不仅向消费者提供销售信用还提供贷款信用，在两种信用形式下均与消费者形成纯粹的金钱债权债务关系。京东金融的高管在接受采访时也曾坦言，面对监管不能说京东白条是京东的信用卡，但其实所有的消费金融产品本质都不会有多大的改变。[2] 因此，京东白条实为循环消费信用产品，应接遵循消费信用法律规范、接受金融监管，若言其仅为赊销，笔者实难苟同。

其次，阿里巴巴在虚拟信用卡项目流产后，于 2014 年 12 月 27 日

---

[1] 针对京东以非金融机构身份介入金融业务，推出京东白条等创新性金融产品的经营行为，零壹财经研究院院长李耀东表示：“在传统金融和互联网金融互相促进、融合的当下……（对于京东白条）不宜简单归结为‘信贷类产品’还款不合规的问题，而应更多考虑它是不是能够提升消费者权益，是否带来了新风险，风险是否可控，怎么结合传统金融和互联网金融提供更加有效的风控手段。不论是传统金融还是互联网金融，其创新服务的落脚点都应该是给用户带去产品创新的优化体验，采用新技术、新工具解决相关的新问题，而不宜画地为牢。”参见“京东白条为何被信用卡封杀”，载《北京青年报》2015 年 11 月 10 日第 A－17 版。

[2] 参见“凤凰财经 iMoney‘大数据征信与新金融’下午茶（全实录）”，载 http：//finance. ifeng. com/a/20150727/138 66989_ 0. shtml，2016 年 2 月 24 日最后访问。

推出了“花呗”。与京东不同，阿里巴巴在《蚂蚁花呗用户服务合同》中明确告知，“花呗消费贷款由重庆市阿里巴巴小额贷款有限公司提供，花呗·天猫分期由商融（上海）商业保理有限公司提供”。从运作模式来看，“花呗”所提供的是典型的循环消费信用：根据对消费者的信用评估授予其一定的信用额度，消费者可通过支付宝在该信用额度内在淘宝或天猫网站进行消费；以月为记账周期，消费金额在商品确认收货后计入账单，每月1号为上期账单截止日，每月10号为上期账单还款日；消费者可以选择在还款日全额偿还该期欠款，亦可选择将部分或全部数额的账单欠款申请分期付款；可随时还款，还款后信用额度立即恢复。

最后，其他互联网平台亦有带有某些循环特征的消费信用产品的推出。例如，2015年4月28日，上海百度小额贷款有限公司、重庆百度小额贷款有限公司联合北京百度网讯科技有限公司等其他关联公司在百度平台上推出了“百度有钱”系列信贷产品。其中，“有钱额度”业务即有循环消费信用的特征，所授予百度用户之信用额度可循环使用；而“度学金”等业务，虽也有信用额度之授予，但在信用额度内部仍采用单笔专项贷款的模式，额度并不循环，此并非循环消费信用，应予以区分（详见本章第二节）。再例如，2015年5月15日，微众银行（我国首家互联网民营银行）通过腾讯微信、QQ等社交软件平台推出了“微粒贷”，授予用户一定的信用额度，用户可在该信用额度内多次借款；微众银行将根据用户的借款申请，通过“财付通”支付平台将用户所借款项转入用户银行账户或支付给商品、服务提供商；可随借随还，但与上述其他具有循环特征的消费信用形式略有不同的是，需待一笔借款全额还清以后该笔借款所对应的信用额度才可恢复。由本节内容可以看出，在历史或当下经济生活层面所言之循环消费信用形式复杂多样，法律当如何界定循环消费信用之内涵尚需详辨之、细析之。

第二节　循环消费信用内涵之辨析

一、“信用”之内涵：消费信贷与消费信用之辨

在现有的研究成果中，混用“消费信贷”与“消费信用”这两个

概念的现象十分普遍。[1] 而若依多数学者的观点——消费信用分为贷款信用和销售信用，区分“消费信贷”与“消费信用”本应并非难事，即消费信贷包含于消费信用之中。反观研究者混用此两概念之情形，系多发生于对西方消费信用法律制度的研究中，如将英国 Consumer Credit Act 1974 译为《1974 年消费信贷法案》《1974 年消费信用法案》者兼而有之；对于美国《诚实借贷法案》（Truth in Lending Act）的规范对象，前文谓之消费信贷，后文谓之消费信用者亦不在少数。因而，消费信贷与消费信用概念的辨析，首先是 credit 这一英文单词的理解与翻译问题，进一步而言是消费信用（或信贷）立法规范对象的范围问题。就本书而言，本书研究对象范畴之划定需以可给予统一立法规范为实质标准，与此范畴相对应之概念当为循环消费信用抑或循环消费信贷，尚需辨明“消费信贷”与“消费信用”。

（一）消费信贷、消费信用与 consumer credit 的对应关系

从经济学以及银行业务的角度而言，信贷并非“信用贷款”的缩写，而是包含贷款、贴现、承兑、保函等业务的综合业务类型。其“信”乃“以信为本”之诚信之意。狭义之信贷应为信用贷款，是指不提供担保，而单纯凭借信用从贷款人处取得现金借款。显然，“消费信贷”之信贷应采狭义，系消费者从贷款人处取得现金用于个人消费，是具体的现金借贷行为。与信贷不同，信用是一个抽象且多义的概念。一则，可为信守诺言的道德品质；二则，可指在经济交易和社会交往中可被信任之程度；三则，可指在一段限定的时间内获得一笔钱的预期，等等。而英文中的 credit 一词若作为一般用语，其亦具有多重含义。《布莱克法律辞典》列举了 credit 的四种含义：（1）信任；（2）一个人的借款能力，即其偿还债务能力的可信任度；（3）卖方向买方提供的延期偿还债务的时间；（4）从金融机构或者信用证项下获得资金的可能性。由此来看，信贷与 credit 的含义相去甚远，而信用应该是汉语中与 credit 含义最为契合的词语。那么为何我国研究者会将英国 Consumer Credit Act 1974 译为《1974 年消费信贷法案》，将美国 Truth in Lending Act 中的 open - end credit 译为循环信贷？要对该问

---

[1] 参见夏少敏、陈真亮：“消费信用法研究的回顾、反思与展望”，载《时代法学》2009 年第 4 期。

题作出合理的解释，就必须考察我国研究者对“信用”一词在学理上的解释，以及各国消费信用立法对“信用”（credit）这一概念的界定。

在我国，研究者对“信用”一词的解释并非众口一词。其一，有研究者认为，信用可以“付款承诺”的形式作为交易之媒介，具有一定的货币属性；其作为交易媒介的可接受程度，取决于信用提供方的可靠性。[1] 就此，一些概念可以获得较为妥当之理解。例如，信用销售，系指卖方仅得付款承诺即为商品之交付；信用消费，乃消费者仅以付款之承诺即获得商品和服务。在此，付款承诺的提供方即为信用提供方。进而，根据信用提供方的不同，可将信用分为个人信用、商业信用、银行信用、国家信用等。其二，也有研究者指出，信用是以偿还和付息为条件的价值单方面转移的借贷行为。[2] 以此为根据，消费信用可以被理解为，销售者或金融机构，以消费者在将来的某个时间对其进行偿还、付息为条件，单方面向消费者提供商品、服务或货币。有学者将其进一步总结为，销售者或金融机构对消费者进行信用供给。[3] 据此理解，信用供给行为，成为销售者或金融机构向消费者单方面转移商品、服务、货币的行为。而此时，依据信用供给主体、内容的不同，将消费信用划分为销售信用和金融机构消费贷款信用(即消费信贷)，顺理成章。

显然，对于信用的两种不同解释产生了两种不同的信用分类方式。究其原因，应在于此两种解释对于信用交易过程的关注点截然不同：前者关注的是交易从买方到卖方，即支付价款的过程，而后者关注的是同一交易的相反过程，即从卖方到买方、标的物交付的过程。且此两种解释均把其自身的关注点当作了信用之本质。然而，从信用交易最终形成的法律关系上来看，不论是消费者以付款承诺为媒介完成交易，还是销售者、金融机构为单方面的价值转移，都是消费者获得了债务延后清偿的权利，在消费者与销售者或金融机构之间形成了金钱债权债务关系。而这恰是美国、英国、澳大利亚等英语国家的消费信用立法对信用（credit）的定义。具体说明如下：

---

[1] 参见钟光正：“如何构建个人信用体系”，载《亚太经济》2003 年第 1 期。

[2] 参见方虹主编：《货币银行学》，人民邮电出版社 2007 年版，第 26 页。

[3] 参见李凌燕：《消费信用法律研究》，法律出版社 2000 年版，第 8 页。

首先，将信用（credit）定义为消费者延期偿还债务的权利，并没有限定信用供给主体的身份，不作销售信用与贷款信用的区分。澳大利亚《信用法典》（National Credit Code）第3条规定，如果合同有如下约定则认为该合同提供了信用（credit）：（1）一方（debtor）欠另一方（creditor）的债务被允许延期偿还；或（2）一方与另一方之间产生了可延期偿还的债务。美国联邦储备系统管理委员会关于实施《诚实借贷法案》（Truth in Lending Act）的《Z条例》（Regulation Z）中规定，信用（credit）是指延期偿还债务的权利或者发起可延期偿还的债务的权利。[1] 澳大利亚与美国的消费信用立法对信用的定义基本一致，强调的是无须即时清偿债务的期限利益。而销售信用和消费信贷的区分，强调的则是单方为价值转移这一行为的主体和内容的不同。就澳大利亚与美国立法所定义的消费信用而言，赋予消费者延期偿还债务的权利的交易主体，或者说接受信用付款（付款承诺）的交易主体即为信用供给方（creditor），并无销售信用与消费信贷的区分。

其次，强调消费者与信用提供者之间因消费者延期偿还债务而形成纯粹金钱债权债务关系[2]，销售者所提供的信用亦是如此，这使得区分消费信贷与消费信用失去了意义，同时这也是我国研究者混用消费信贷与消费信用两个概念的根源所在。Dee Pridgen教授在对美国《诚实借贷法案》（Truth in Lending Act）的释义中指出，该法案所指的信用交易（credit transaction），必然存在信用的供给，也就是说，消费者必须负担一定形式的欠款。[3] 很多法官在案件判决中亦指出，如果租购协议能够因消费者单方意愿而随时终止，且消费者无须就此接受任何惩罚，就意味着消费者并没有负担等同于商品总价值的欠款，因而在该租购协议中就不存在信用的供给。[4] 此后，通过修法该观点被纳入了《Z条例》关于信用销售（credit sale）的定义之中，即能够因消费者单方意愿而随时终止，且消费者无须就此接受任何惩罚的租

---

[1] See 12C. F. R. 226. 1（a）（14）.

[2] 本书所谓纯粹的金钱债权债务关系是指，法律关系双方当事人权利义务的标的仅为货币。

[3] See Dee Pridgen, Consumer Credit and the Law, Danvers: Thomson/West, 2006, p. 299.

[4] See In re Hanley, 135 B. R. 311（C. D. Ill. 1990）; Lemay v. Stroman's, Inc., 510 F. Supp. 921（E. D. Ark. 1981）; Dodson v. Remco Enterprises, Inc., 504 F. Supp. 540（E. D. Va. 1980）; Stewart v. Remco Enterprises, Inc., 487 F. Supp. 361（D. Neb. 1980）.

购协议不属于信用销售的范畴。[1] 而英国《1974 年消费信用法案》（consumer Credit Act 1974）对此有着更为灵活的规定。其第 9 条第 1 款、第 3 款规定，在本法案中信用（credit）包括现金贷款，以及任何其他形式的资金融通；将商品寄托或依据租购合同出租（在苏格兰）给他人的人，应当被视为向他人提供了固定数额的第 1 款所言的信用，该信用的目的是为此项交易进行资金融通，数额等于商品的价格减去定金（如果有的话）与费用之和。其中第 3 款规定系将租购协议赋予了信贷的本质，以使其满足该法案关于信用的定义。总之，在美国、英国的消费信用立法中，信用的供给必然形成金钱债权债务关系。而我国研究者正是看到了其定义的信用（credit）所强调的金钱借贷、资金融通的性质，方才将英国 Consumer Credit Act 1974，译为《1974 年消费信贷法案》而非《1974 年消费信用法案》，这并非完全不具有合理性。进一步而言，将消费信用划分为销售信用与消费贷款信用，正是要表明销售信用的授予并非销售者向消费者提供贷款。然而，英、美消费信用立法在定义信用（credit）时对金钱债权债务关系的强调，却使得此种区分至少是在消费信用法内部失去了意义。

因此，英、美消费信用立法中的 consumer credit 不论其提供者为金融机构还是作为非金融机构的销售者，其外延均构成纯粹金钱债权债务关系，与“消费信用”相对应；而消费信贷仅指消费信用之一种——以消费为目的的贷款信用。

（二）可予以统一立法规范的消费信用的范围

从英、美有关消费信用立法的变迁过程来看，其并非自始就对消费信贷与销售信用不作区分；其目前立法对消费信用之信用（credit）的定义方式（即上文所述）始于消费信用综合立法模式的实践，也正是此种定义方式为消费信用综合立法模式提供了合理性的基础并明确了规范对象的范围。

英国在制定试图囊括并规范所有消费信用形式的《1974 年消费信用法案》（Consumer Credit Act 1974）之前，尚有 1900 年与 1927 年的《贷款业法》，1938 年制定并分别于 1954 年、1964 年、1965 年修订的《分期付款销售法》和 1965 年的《租购法案》等，分别规范着消费信

[1] See 12C. F. R. 226. 1（a）（16）.

贷和不同形式的销售信用。同样，美国废除对消费信用的分割管理模式是 1968 年《消费信用保护法》（Consumer Credit Protection Act）的制定和颁布，而在此之前，美国亦有《利息限制法》《小额贷款法》《分期付款销售法》等立法的存在。

据前文所述，目前英、美、澳等国消费信用立法对信用的定义均强调在消费者与信用提供者之间形成纯粹金钱债权债务关系、不区分消费信贷与销售信用。采用此种定义的原因在于，对该定义范畴内的消费信用进行统一立法规范是可行且必要的。首先，不论是消费信贷还是销售信用，都是为消费者提供了资金融通。正如有研究者所言，"贷款购买商品（指消费品）的行为与分期付款销售行为，形式上是不同的，前者属于贷款信用，后者属于销售信用；但实质和功能是一样的，都属于消费信贷。对这两种交易行为，应由一部法律统一规范和调整"[1]；分期付款买卖作为一种销售信用，"标的物的所有权从合同成立时或标的物交付时起转移，所有权转移后，原来的买卖合同实质上变成了借贷合同，出卖人有权要求买受人按期支付价款"[2]。因此，虽然消费信贷与销售信用的信用提供主体并不相同，分别为金融机构和销售者，但实质上消费者均与之形成金钱借贷法律关系，法律对该类型法律关系予以统一规范有其合理性。

其次，金融机构与销售者同为消费信用市场的市场主体，为消费者利益之考量，统一其信息披露标准和应当承担的法定义务以促进其市场竞争之公平，实属必要。以信息披露为例，各国消费信用法均以有费用收取的消费信用为主要规范对象，而关于费用的收取，各国消费信用法亦均对所有信用提供者课以统一的信息披露义务。例如，美国《Z 条例》C. F. R. 226. 2（a）（17）在对 creditor 的定义中指出，本法所指的信用提供者（creditor）应满足以下两个条件：（1）提供消费信用具有经常性；（2）其所提供之消费信用收取一定的费用或以书面约定需分四期以上偿还。在英国《1974 年消费信用法案》所列举的不属于其调整范围的消费信用合同中包括"所收全部费用折合成的利率很低的合同"。[3] 因而，在各国消费信用法的所及范围内，消费者不论

---

[1] 周显志："英国消费信贷法律制度探论"，载《国外财经》2001 年第 3 期。

[2] 张理："消费信用立法几个问题的探讨"，载《南京大学法律评论》1998 年春季号。

[3] 参见夏少敏：《消费信用法新论》，知识产权出版社 2008 年版，第 72 页。

是从金融机构还是销售者处获取消费信用，都需要为资金之融通，亦即延期付款的权利支付一定的对价。就消费信贷而言为利息，就分期付款销售而言为分期付款手续费，就零售商发行并提供信用的信用卡而言则为年费、利息等，各不相同。以方便消费者选择、促进充分市场竞争为目的，的确应当以统一的标准计量、披露不同消费信用的成本。就如，美国《Z条例》附件H－1信用销售合同范本，就明确规定此类合同应当列明商品总价、应付款总额、信用数额（融资数额）、费用、年利率诸项。

综合以上两点，从信贷乃金融机构特有的业务类型这一角度出发，消费信贷确为消费信用之下位概念；消费信用综合立法模式下定义的信用（credit）对信用提供主体的性质不作区分，其中所包含的销售信用却又与消费信贷一样，在消费者与信用提供者之间形成纯粹金钱债权债务关系，使得消费信贷与消费信用的区分在一定程度上失去了意义；然将英、美相关立法中的consumer credit译为消费信贷仍不免产生其仅为金融机构贷款信用之歧义，因而，笔者主张应将其译为“消费信用”，并进而从可予以统一立法规范的范围角度，将“信用”限定在消费者与信用提供者之间形成纯粹金钱债权债务关系的范畴内，排除所有权保留销售、寄托租赁销售等涉及复杂法律关系之信用。而本书之研究对象循环消费信用之信用，亦应采此意。从而使本书所言循环消费信用，一则涵盖由金融机构提供的循环消费信贷以及由大型零售商等非金融机构提供的循环消费信用；二则具备得予以统一立法规范的首要基础——消费者与信用提供者形成纯粹的金钱债权债务关系。

二、“循环”对信用之界定：信用额度循环与未偿欠款循环之辨

在我国，循环消费信用目前还并不是一个法律上的概念，在学界也尚未有研究者对其作出规范的且得到广泛认同的定义。“信用卡提供循环消费信用”，这是研究者们就循环消费信用能够达成的共识。关于信用卡的消费信用功能，《银行卡业务管理办法》第6条规定，“发卡银行给予持卡人一定的信用额度，持卡人可在信用额度内先消费、后还款”；第20条规定，持卡人非现金交易应享受免息还款期待

遇和最低还款额待遇。此当为我国唯一有关循环消费信用的官方解释。然而，信用卡的分期付款业务以及新出现的京东白条、蚂蚁花呗等消费信用工具，均仅符合该办法第 6 条规定，但不满足该办法第 20 条规定的具体还款规则，那么，其是否属于循环消费信用或循环消费信用工具的范畴呢？申言之，循环消费信用之特性，关键在于“循环”二字，而“循环”定义的是信用的提供和使用方式，还是所生欠款的偿还方式，抑或两者兼而有之呢？此即为关于循环消费信用内涵的信用额度循环与未偿欠款循环之辨。

若“循环”仅是对信用提供和使用方式的界定，则其应指，信用提供者给予消费者的信用额度是可以循环使用的，还款后信用额度即可恢复并再次使用，与还款方式无涉。即无论是合同明确约定了还是消费者自主选择了何种还款方式，均不影响循环消费信用性质的判定。此乃信用额度循环说。有研究者即指出，“由零售商店提供给消费者可在一定时期和一定信贷额度内随意选购商品的信贷形式，如在 30 天内全部还清可不付利息，否则要支付偿还期余额的利息”[1] 即为循环信贷；循环信贷是零售商将分期付款信贷与 30 天赊销结合所创造的；[2]“只要信用卡持有人选择了分期付款，就是选择了循环信用”[3]；信用卡业务中，“额度内分期与循环共同构成广义循环信贷业务”[4]。在信用额度循环说之下，循环消费信用是一个较为宽泛的概念，将囊括银行信用卡、消费金融公司循环信用类产品以及信用提供者联合第三方支付、社交或电商平台推出的借呗、微粒贷、京东白条、蚂蚁花呗等，授予消费者可循环使用的信用额度并允许消费者在信用额度内多次获取消费信用的消费信用工具或产品。

用“循环”所定义的欠款偿还方式应为，每期仅偿还部分欠款，未偿欠款循环计入下一期账单的欠款数额之中。对于循环消费信用的

---

[1] 范建平、向书坚：“论当前经济增长中的消费需求”，载《经济学家》1998 年第 3 期。

[2] 参见何建奎、李军峰、文启湘：“美国信用消费方式、特征及启示”，载《经济纵横》2005 年第 5 期。

[3] 陈燕、曹文涛：“国家助学贷款回收方式研究”，载《技术与创新管理》2009 年第 1 期。

[4] 章希：“商业银行信用卡业务在利率市场化背景下应对策略研究”，载《上海金融》2014 年第 7 期。

概念界定而言，未偿欠款循环需以信用额度循环为前提方有意义。因为，固定金额消费信用，亦可设定每期应还的最低还款额、采取未偿欠款循环的还款方式，但信用数额固定，因而利息上限明确，亦不存在未经授权使用、多次套现以及消费记账错误的问题。因此，未偿欠款循环说，并非仅以未偿欠款循环作为界定循环消费信用的要件，而是在认可信用额度循环的同时，强调循环消费信用之“循环”亦是对其还款方式的定义。持有此种观点的研究者认为，在到期还款日前全额清偿当期欠款或选择分期付款的信用卡持卡人其实并未使用信用卡的循环消费信用功能，只有持卡人选择只偿还当期账单的部分欠款才算动用了循环消费信用；[1] 信用卡具有循环消费信用和分期付款两种功能或者说消费信用形式；[2] 而循环消费信用的实质应为“部分还贷以支撑继续借贷”。[3] 依据未偿欠款循环说，循环消费信用的外延将被局限在一个很小的范围之内，就目前我国的消费信用市场来看，只有银行信用卡（不包括其分期付款业务）可以被明确涵盖其中，而本身就有多种还款方式供消费者选择的循环消费信用产品，均只能以采用未偿欠款循环的还款方式为筛选标准，部分地被归入循环消费信用之中。

信用额度循环说与未偿欠款循环说之辨，应考察此两种定义方式何者能从对其进行立法规范的角度，给循环消费信用界定一个更为合理的范畴。这首先应当对其他国家的消费信用立法进行考察。首先，周显志、夏少敏在介绍英国消费信用法律制度时，将《1974 年消费信用法案》（Consumer Credit Act 1974）中的 running - account credit 译为了循环信用。[4] 在该法案中，循环信用与固定金额信用（fixed - sum credit）是相互对立的概念，是该法案对消费信用的一种分类。其第 10

[1] 参见陈俐茹：“论信用卡交易制度及其法律关系”，载《比较法研究》2004 年第 5 期；胥莉、陈宏民：“美国和日本信用卡产业的比较研究”，载《国际金融研究》2004 年第 8 期；刘林森：“韩国信用卡：拔苗助长酿危机”，载《经济导刊》2004 年第 7 期。

[2] 参见谢世清：“我国消费金融公司发展的困境与出路”，载《上海金融》2010 年第 4 期；王大海、刘建华、申成霖：“信用卡信贷使用行为成因及营销策略研究”，载《软科学》2012 年第 3 期。

[3] 参见林其屏：“台湾家庭负债高的原因与影响”，载《亚太经济》2008 年第 4 期。

[4] 参见周显志、夏少敏：“英美消费信贷法律制度的历史考察”，载《消费经济》2000 年第 2 期。

条规定，循环信用是信用协议项下的一项附加服务，通过该项服务，消费者（债务人、借方）本人或他人可以不定时地多次从信用提供者或第三方那里获取现金、商品和服务（或其中任何一项），其数量或价值在减去消费者已经偿还或已获贷记的数额后不得超过信用额度，例如，信用卡。其次，在美国《诚实借贷法案》（Truth in Lending Act）中信用卡所提供的消费信用被归为 open - end credit，与 closed - end credit 相对应，我国有学者将其译为“不定期信贷”。[1] 从语言翻译的角度看，open - end credit 还可被译为“无固定限额信用”“开口信用”“开放型信用”，且循环信用在美国还有 revolving credit 这一完全直译的概念。从《Z 条例》C. F. R. 226. 7（b）（12）（F）（2）（iii）的表述来看，revolving credit 的还款方式应为每期偿还最低还款额，未还欠款循环计入下一期账单的未偿欠款循环模式。然而，《布莱克法律辞典》对 revolving credit 的定义仅为“参照 open - end credit”；并且从《Z 条例》对 open - end credit 的定义来看，其与英国《1974 年消费信用法案》（Consumer Credit Act 1974）中所定义的 running - account credit 实为同义概念；且 closed - end credit 亦与 running - account credit 的相对概念 fixed - sum credit 在内涵上相一致。因此，open - end credit，应为我国研究者所言之循环信用；而 revolving credit 仅是狭义的循环信用，专指采用最低还款额还款这一还款方式的循环信用。[2] 详言之，《Z 条例》C. F. R. 226. 2（a）（20）规定，循环消费信用（open - end credit）是指信用提供者按以下设计向消费者提供的信用：（1）信用提供者有完成多次交易的意思（即延期付款的交易或产生可延期偿还的债务的交易）；（2）信用提供者可对欠款余额定时计收融资费用（finance charge）；（3）根据该安排，可以向消费者提

---

[1] 参见夏少敏：《消费信用法新论》，知识产权出版社 2008 年版，第 75 页。

[2] 需要进一步说明的是：从名称上来讲，让开放型信用做循环信用的上位概念，使其将各“信用额度循环”的信用形式囊括其中，同时让循环信用特指“未偿欠款循环”的信用形式，确实更为合适；但是，反观我国的现实，不论是研究者还是消费信用提供者都更倾向于使用循环信用一词，例如，凡有“信用额度”“随借随还”作介绍词汇的消费信用产品均被信用提供者冠以循环信用之名，实际上在这一过程中汉语中的循环信用一词的内涵已经被扩大化了；并且各国法律中所使用的 open - end、running - account 以及 continuing 等概念亦确皆有“循环”之意，即信用额度循环。因此，将“循环信用”对应外国法中的 open - end credit 其实并无不妥，反而能使这一新的概念更好地融入中国的语言环境，更容易被消费者理解和接受。

供的信用的数额（即信用额度）在任何未偿欠款被偿还后即可得到相应数额的恢复。其中虽有“信用提供者可对欠款余额定时计收融资费用”这一要件，但美国国会在1974年对《诚实借贷法案》中“信用提供者”（creditor）的定义进行了修改，扩大了循环消费信用的提供者的范围，“不计收融资费用亦不要求四期以上偿还的信用卡发卡人”也被囊括其中。[1] 因而，该要件实质上并非必备，例如，提供免息还款期的信用卡发卡人即无法向在免息还款期结束前全额清偿当期欠款的持卡人计收融资费用，但信用卡仍属于《Z条例》中open - end credit的范畴。再次，在澳大利亚《信用法典》（National Credit Code）中亦有与running - account credit、open - end credit内涵一致的概念——continuing credit。该法典Section 204（1）中规定，continuing credit contract是指满足以下两个要件的信用合同：（1）考虑多次提供信用；并且，（2）可获得的信用的数额随信用欠款的减少而增加。此当为澳大利亚消费信用立法中对循环消费信用的界定。而且，澳大利亚《2010年消费信用保护条例》（National Consumer Credit Protection Regulations 2010）第一章在定义信用卡合同时，即明确指出“信用卡合同是一种循环信用合同（continuing credit contract）”。

综上，可初步得出如下结论，循环消费信用乃是英国《消费信用法案》（Consumer Credit Act）中的running - account credit、美国《诚实借贷法案》（Truth in Lending Act）中的open - end credit、澳大利亚《信用法典》（National Credit Code）中的continuing credit contract。虽然在各国立法中有不同的称谓，但其概念内涵高度一致：（1）可多次提供消费信用；（2）可获得的信用数额，以信用提供者设定的信用额度为上限，依据欠款的偿还数额相应增加（即恢复）。

由此可见，各国消费信用立法中循环消费信用的定义，都只是对信用的提供和使用方式的界定，与还款方式无涉，即均采用了信用额度循环说。例如，签账卡（charge card）与信用卡（credit card）均被规定在美国《Z条例》的第二部分（subpart B）循环消费信用（open - end credit）之中，而签账卡与信用卡最大不同即为持卡人不享有最低还款额待遇，需全额清偿当期欠款，不存在未偿欠款循环计入下

---

[1] See C. F. R. 226.2（a）（17）（iii）.

一期账单的情形。进一步而言，从各国消费信用立法对循环消费信用的规范内容来看，采用信用额度循环说系立法的必然选择而非无心之举。诸如信息披露、合同变更、账单错误处理、未经授权使用、套现等，消费信用立法针对循环消费信用作出了特别规定的问题，均是由信用额度的循环这一特性所引发的。因此，就各国的立法经验和立法规范的必要性而言，应采信用额度循环说——信用提供者给予消费者一定的信用额度，消费者可在信用额度内多次获取信用且还款后信用额度即可恢复、循环使用——来界定循环消费信用，而不去讨论其还款方式是否满足未偿欠款循环这一特征。

三、“消费”对信用之限定：使用目的与数额

循环信用作为一种信用形式，不仅存在于消费信用领域，其亦是金融机构、供应商甚至是物流公司向企业尤其是中小企业提供资金融通的一种模式。例如，美国为支持科技型小企业的发展而开展的小额贷款计划，该计划向企业提供额度为 1 万 -5 万美元的开放式循环信贷，企业按月付息，本金到期（一般不超过 6 年）一次还清；[1] 美国物流公司 UPS 与零售商沃尔玛进行供应链金融的合作，在此供应链中 UPS 向中小供应商提供一定额度的循环信用，有效期为 5 年，以帮助其规避沃尔玛收到货物后拖延付款的风险，[2] 等等。因此，要明确界定循环消费信用的内涵，还需考察“消费”二字对循环信用的限定作用，即消费信用的范畴。

首先，消费信用之英文表述为“consumer credit”，直译即为消费者信用。顾名思义，该信用应为向消费者提供，为消费者所用。其一，消费者为自然人。我国《消费者权益保护法》并未对消费者作出明确的界定，仅在第 2 条规定“消费者为生活消费需要购买、使用商品或者接受服务，其权益受本法保护”。因此，消费者是否仅限于自然人，一直以来都是我国研究者争论不休的问题。目前，多数学者倾向于将消费者限定为自然人；国家工商总局 2009 年 11 月 20 日公布的《消费

---

[1] 参见曹荣、赵建玲：“美国支持科技型小企业融资模式及对我国的启示”，载《河北大学学报》2013 年第 2 期。

[2] 参见谢世清、何彬：“国际供应链金融三种典型模式分析”，载《经济理论与经济管理》2013 年第 4 期。

者权益保护法》（修订征求意见稿）亦曾建议将该法第 2 条修改为“本法所称的消费者，是指非为生产经营目的购买、使用商品或者接受服务的自然人”。[1] 但该问题在消费信用领域并不成为问题，消费信用（consumer credit）之消费者只能是自然人。因为，法人和其他组织并不能以获得生活消费需要为由获得贷款或其他信用，即便法人、其他组织所获之信用确被其成员用于或部分用于个人生活消费，也不能使该信用具有消费信用的性质。英国《1974 年消费信用法》（2006 年修订）第 8 条将消费信用合同（consumer credit agreement）定义为需有一方主体为个体社会成员的个人信用合同（personal credit agreement）。美国《诚实借贷法案》C. F. R. 226. 2（a）（11）亦将消费者定义为自然人；且 C. F. R. 226. 3（a）（2）将向包括政府机关或组织在内的非自然人提供信用的行为排除在该法案的适用范围之外。

其二，消费者获取信用进行交易的主要目的需为其个人、家人或家庭的生活需要。我国《消费者权益保护法》仅对“为生活消费需要购买、使用商品或者接受服务”的消费者提供特别保护；欧盟 87/102/EEC 号指令（有关协调成员国消费者信用的法律、条例和行政规定的指令）在第 1 条 2（a）中指出，“出于自己的贸易或职业以外的目的”而交易者方为消费者。国内外立法和国际公约，或如我国法之肯定性描述、或如欧盟指令之否定性描述，都从限定交易目的的角度对消费者进行了定义。然而，在消费信用领域，信用之申请、取得与使用（即利用所取得之信用进行的交易）往往是分开的，且一次信用的申请可能会对应日后的多次交易，而交易之目的当交易实际发生之时方能确定，因此，实际之交易目的全部或部分异于信用申请时向信用提供者所申明的交易目的的情况并非罕见。例如，《银行卡业务管理办法》规定信用卡为持卡人提供消费信用，但持卡人将信用卡的信用额度取现，用于生产经营的短期融资的情况亦有之。因而，以交易目的为生活消费需要或非生产经营、职业需要这样的绝对标准，来判定用于交易的信用是否为消费信用的做法，在实务中并不可行。那么，应如何通过限定消费者的交易目的来界定消费信用？美国《诚实借贷

[1] 参见钱玉文、刘永宝：“消费者概念的法律解析——兼论我国《消法》第 2 条的修改”，载《西南政法大学学报》2011 年第 2 期。

法案》以及大量的相关判例已给出了较为合理且实用的标准，值得借鉴。在《诚实借贷法案》中，消费信用（consumer credit）是指，“向消费者提供的，主要用于为其个人、家人或家庭目的的交易的信用”。因此，交易目的对消费信用的限定并非是绝对的，而是强调“主要”二字，即所获信用之主要交易目的决定着该信用是否为《诚实借贷法案》中所指的消费信用。具体而言，美国 Dee Pridgen 教授在总结大量判例的基础上提出了以下几种以主要交易目的判定是否为消费信用的情况：如果申请、取得信用的主要目的是用于生产经营，仅取其一部分用于个人日常生活消费，其仍非消费信用；如其主要目的是用于个人、家人或家庭消费，但将小部分用于生产经营，则仍为消费信用；如果原本系以日常生活消费之交易目的申请并获取了信用，但临时起意将交易所获之商品用于生产经营活动，亦仍为消费信用；对于循环信用，则应当考察其最初申请并开通循环信用账户时的主要目的，即若主要目的是用于个人、家人或家庭消费，即便消费者将某一期的信用额度全数都用于了生产经营，该循环信用也仍属于消费信用的范畴。[1]

其次，大额信用不应归入消费信用之列，即超过一定数额的信用不应适用消费信用的法律规范。因能取得大额信用之人，必不会是交易的绝对弱势一方；其交易目的也必非单纯为日常生活之需要。故而，法律并无对其进行特别保护之必要。英国《1974 年消费信用法案》第 8 条第 2 款规定，消费信用协议（consumer credit agreement）是指贷方向借方提供信用的数额不超过 5000 英镑的个人信用协议；2006 年《消费信用法案》修改以后，该数额上限被调整为 25000 英镑。对于循环消费信用，信用额度不满该数额上限的，即属于该法案所规范的消费信用的范畴。美国《诚实借贷法案》亦有类似的规定。C. F. R. 226. 3（b）（1）（i）将超过一定数额的信用之提供排除在该法案的调整范围之外，具体为“所提供的或者以书面形式承诺可以提供的信用之数额超过该法案可适用性的上限数额的”不属于本法案的调整范围；C. F. R. 226. 3（b）（1）（ii）进一步规定，前款所言之上

[1] See Dee Pridgen, Consumer Credit and the Law, Danvers: Thomson/West, 2006, pp. 319 – 322.

限数额应每年一调整，以反映城市工薪阶层和文职人员消费者价格指数（Consumer Price Index）的增长。而其中“以书面形式承诺可以提供的信用之数额”应指循环消费信用之信用额度，即循环信用之信用额度超过一定数额的则不属于法律特别规范之消费信用的范畴。

综上，对于消费信用与消费信贷之辨，笔者主张采消费信用，即指循环消费信用不仅包含金融机构所提供的消费贷款信用，还包含大型零售商等非金融机构提供的、与消费者之间形成纯粹金钱债权债务关系的销售信用。信用额度循环与未偿欠款循环之辨，笔者主张采信用额度循环说，这意味着只要所授予之信用额度能循环使用，即还款后信用额度即可恢复并再次使用，此即为循环信用，而无须论及还款方式具体为何种形式；这也就将更多的消费信用形式囊括进了循环消费信用的范畴，使之不再仅限于信用卡所提供的消费信用；这不仅符合立法规范循环消费信用所带来的特殊法律问题的需要，亦符合目前消费信用市场发展、创新的总趋势。在循环消费信用这一概念中，“消费”亦应对信用有所限定，循环消费信用应当提供给消费者，主要用于其个人、家人或家庭日常生活消费的信用；并且授予消费者之信用额度不应超过一定的上限，该上限应根据居民消费价格指数具体予以确定。简言之，循环消费信用是指，金融机构或大型零售商等非金融机构授予消费者不超过一定数额的信用额度，消费者可在该信用额度内多次获取信用，主要用于其个人、家人或家庭的生活消费，信用的支取行为形成消费者与信用提供者之间的纯粹金钱债权债务关系，消费者可随时还款，还款后信用额度将得到相应数额的恢复的信用形式。

第二章　循环消费信用的分类及其共同法律特征

在第一章得出的循环消费信用的概念中，并没有限定信用的支取方式、记账与还款方式，因而从这两方面而言，循环消费信用就有着多种形式，而并非全都如出一辙。这亦表明，循环消费信用具有多样性的可能，是市场主体对其进行改造、创新的突破口。而从法律规范的角度而言，一般规范应基于循环消费信用的共同法律特征，包括以禁止性规范的形式限制某些多样性要素的创新；未被禁止之多样性要素则应以具有规范之必要性为限，对其作出特别规范。此为构建循环消费信用所适用之法律规范层级体系之基础。

第一节　循环消费信用的分类

一、按信用支取方式分类

就目前我国消费信用市场上的循环消费信用产品而言，依信用支取方式不同，可以分为以现金形式支取的循环消费信用和直接通过消费支付支取的循环消费信用。据上文概念之界定，循环消费信用产生纯粹的金钱债权债务关系，因而所谓信用的支取方式本质上应为资金的流向。现金支取——资金从信用提供者直接流向消费者，再由消费者自由支配所获得的现金（包括纸币和电子现金）用于消费；消费支付支取——资金从信用提供者流向商户，消费者直接获得商品或服务。英国《1974 年消费信用法案》即有此种分类：与消费支付直接关联的消费信用系其第 11 条所言之“用途限定型信用”（restricted - use credit)，与之相对者则为“用途非限定型信用”（unrestricted - use credit)。直接通过消费支付支取循环消费信用，又可作以下细分：一则，信用提供者与商户为同一主体，资金之流动乃其内部资金融通；二则，信用提供者与商户相互独立，但共同处于一个支付系统之中，例如银联、支付宝等，资金之流动乃信用提供者为消费者垫付资金。

从循环消费信用发展的历史脉络来看，直接通过消费支付支取是循环消费信用最早出现的也是一直以来最主要的支取方式，而以现金形式支取信用对于循环消费信用而言则是较为晚近之事。因为，要让以现金形式小额、多次、不定时地支取循环消费信用达至消费者可接受的便利程度，当属非依靠科技创新不能解决之难题。不得不说，纯粹以现金形式支取的循环消费信用在我国骤然兴起，如蚂蚁借呗、微粒贷等，即得益于近年来电子现金与互联网支付的发展和迅速普及所带来的资金转账、结算便利。从 20 世纪初期到该世纪 70 年代，循环消费信用被迅速推广的原因在很大程度上在于其满足了消费者对消费支付便利的需求——多次消费、一次支付，相比之下，到银行柜台取现的循环消费信用支取方式是必然没有市场的；不仅如此，当时循环消费信用的提供者以大型零售商为主，提供信用只是其销售的手段，若以取现为信用支取方式则可谓缘木求鱼。因而，在该阶段，与消费支付直接关联无疑是消费者支取循环消费信用最为主要的方式。到 20 世纪 70 年代，自动提款机的问世方才催生了银行信用卡支取现金的业务，但该业务很快就为随即出现的借记卡所垄断。而目前，银行信用卡对预借现金欠款采用远高于刷卡消费欠款的计息、收费标准已成为惯例；且多数银行都对单笔、单日取现金额以及取现方式（例如仅限本行转账）有着严格的限定，以取现方式支取信用卡所提供的循环消费信用仍非普遍。银行的此种做法，除有基于成本收益之考量外，其中亦有鼓励消费者直接通过消费支付支取循环消费信用之意图。与运作形式陈旧且渐趋僵化的银行信用卡不同，我国新出现的循环消费信用工具有不少都采用了取现的信用支取方式。此种方式能在当下得到市场的认同，系源于电子现金与互联网支付所实现的电子现金实时转账、在线支付以及线下消费线上支付等功能，使得以现金形式小额、多次、不定时地支取循环消费信用具有相当的便捷性。

（一）信用支取方式不同则计息、收费标准不同

在此两种不同的信用支取方式之下，循环消费信用的计息、收费标准有所不同。这种不同正是消费者不选择以取现方式支取信用，而

是选择以虚假交易套取现金（简称套现）的行为动机之所在，同时也是商户为之提供套现服务的盈利点之所在。通览我国当下经济生活中不同循环消费信用工具的合同约款，信用提供者一般作如下安排：直接通过消费支付支取信用，享受免息期待遇；以取现方式支取信用则不享受免息期待遇。此种安排背后是不同信用支取方式下信用提供者不同的盈利模式。以银行信用卡为例，商户享受信用卡支付系统的支付服务需缴纳“折扣费”（discount fee），即以交易额为基数计算的交易手续费，而银行作为发卡机构将获得商户所缴纳的折扣费的分成（在银联信用卡支付系统下，发卡银行、收单机构、银联之间的分成比例为7：2：1）。也就是说，若消费者以消费支付的形式支取循环消费信用，信用提供者除向消费者收取利息和费用之外，还将从商户处获得一定的收入。这部分收入能在一定程度上填补其为消费者提供免息期所付出的资金成本。[1] 但若通过取现的方式支取循环消费信用，信用提供者则没有商户支付的交易手续费这部分收入。没有用以填补成本之收入，这在一定程度上能够解释，为何信用提供者不为以取现方式支取循环消费信用的消费者提供免息期待遇。考察当下互联网支付平台上的循环消费信用工具，该推论仍然成立。以支付宝平台上的蚂蚁花呗与蚂蚁借呗为例，淘宝卖家每接受一笔花呗支付都需要向支付宝缴纳该笔交易额1%的手续费，而消费者若使用蚂蚁借呗取现，支付宝则无法获得该部分收入。与此相对应，使用蚂蚁花呗的消费者可享有免息期待遇而使用蚂蚁借呗的消费者则无。因而，以取现方式支取循环消费信用，消费者不享受免息期，这一被信用提供者普遍采用的合同安排应为其成本收益分析的结果。

（二）信用支取方式不同则形成的法律关系不同

在此两种不同的信用支取方式之下，循环消费信用所涉及的法律关系也有所不同。

其一，以现金形式支取的循环消费信用必为贷款信用，在信用提供者与消费者之间形成典型的借贷法律关系。

其二，直接通过消费支付支取的循环消费信用，若信用提供者与

---

[1] 商户会将其缴纳的交易费用加入商品的价格，最终将该部分费用转移给消费者承担；若支付形式不影响商品价格，则该部分交易费用将由现金支付的消费者与卡支付的消费者共同分担。

商户为同一主体，则该循环消费信用从信用属性上来讲为销售信用，为简单的双方法律关系；且依前文概念之界定，消费者与信用提供者（即销售者）之间为纯粹金钱债权债务关系。所有权保留销售、寄托租赁销售等复杂销售信用形式均非此处“销售信用”之所指。此外，销售信用作为一种古老的信用形式，各国法律都有对销售信用的规范，有些国家甚至有关于销售信用的单行法，例如日本的《割赋贩卖法》、德国的《分期付款销售法》。在销售者所提供的循环消费信用之中，虽然会发生多次信用的支取，但销售信用法律规范中的冷却期规则、分期付款期限利益丧失规则等可适用于纯粹金钱债权债务关系的规则，仍有适用的必要。例如，用销售者提供的循环消费信用购买价格超过一定数额的大宗商品或服务，消费者应享有冷却期；在冷却期内消费者可以解除该消费合同，而不必负违约责任；相对应的循环消费信用之支取亦自动被撤销，消费者无须支付任何利息和费用。

其三，直接通过消费支付支取的循环消费信用，若信用提供者与商户相互独立，则涉及多方法律关系：一方面，其中必然包含信用提供者与消费者之间的借贷法律关系；另一方面，消费支付形式的差异是否会影响多方法律关系的构成，还值得讨论。直接通过消费支付支取的循环消费信用，必然涉及信用提供者与商户之间的资金转移，即消费支付。由于循环消费信用提供者与商户根本无法同时出现在消费者每次消费的时空当中，该支付定然不是当面的现金支付。这就意味着该消费支付需要在一个支付系统或体系中完成，不论是信用卡早年压单、收单的纸质化支付结算过程，还是目前的电子化支付结算过程，皆是如此。而循环消费信用支付所使用的支付体系具有形式上的多样性，目前主要有三类（如图2.1）：一为，单一的循环消费信用提供者独立构建的线下或线上支付体系，例如美国的发现卡线下支付体系、我国各商业银行的信用卡网上银行支付体系（电商可以开通网上银行接入端口）；二为，由众多消费信用提供者共同参与运营而构成的线下支付体系，例如维萨、万事达、银联等信用卡组织；三为，独立的第三方支付机构构建的互联网支付平台，例如支付宝、财付通、Paypal（贝宝）等。

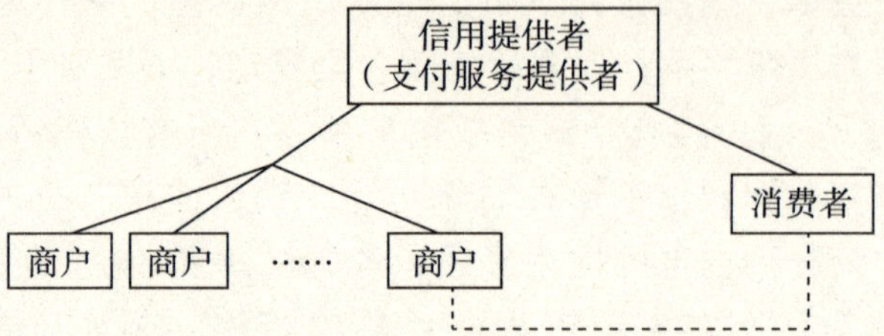

图 2.1 由单一的循环消费信用提供者独立构建的支付体系

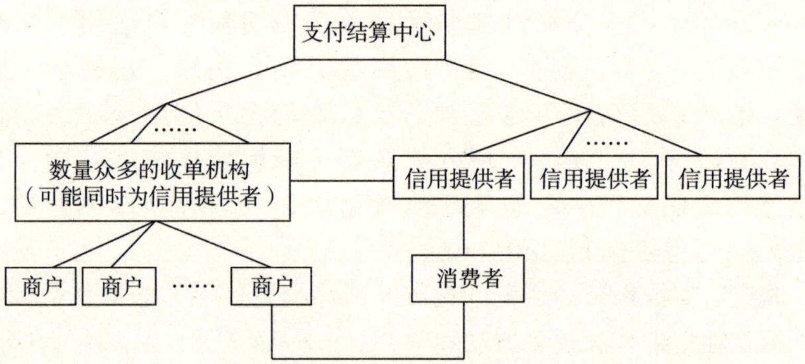

图 2.2　由众多循环消费信用提供者共同参与运营而构成的支付体系

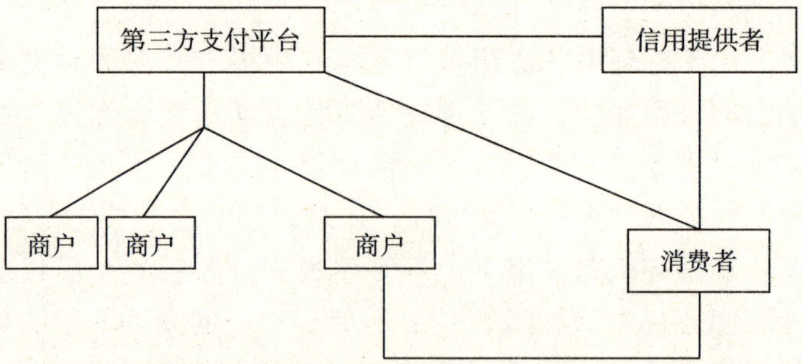

图 2.3　独立的第三方支付机构构建的互联网支付平台

传统的观点认为，在第一种支付体系之下，直接通过消费支付支取循环消费信用涉及三方法律关系，即信用提供者与商户之间的法律关系、商户与消费者之间的法律关系、消费者与信用提供者之间的法律关系。而在第二种支付体系之下，直接通过消费支付支取循环消费信用需要涉及五方主体——发卡机构（即信用提供者）、收单机构、银行卡组织、商户、消费者。形成的法律关系，有学者认为是发卡机构与消费者、发卡机构与商户、商户与消费者三方法律关系，其中收单机构是发卡机构的代理人，银行卡组织只是信息交换中心；有学者主张是四方法律关系，将上述观点中发卡机构与商户之间的法律关系拆分为发卡机构与收单机构、收单机构与商户之间的法律关系，否定了收单机构为发卡机构代理人的说法。对于在第三种支付体系中，直接通过消费支付支取循环消费信用涉及哪几组法律关系，学界尚未有明确的观点提出。

笔者认为，不论在哪种支付体系之下，以消费支付的方式支取循环消费信用所形成之法律关系的总体架构都是一致的——以消费信用为核心的三方法律关系和以支付为核心的其他法律关系，可称之为双层法律关系（如图3）。以消费信用为核心的三方法律关系为：信用提供者与消费者之间的借贷法律关系、消费者与商户之间的消费合同关系、商户与信用提供者之间的无因债务约束关系。其他所涉交易主体之间的法律关系则围绕消费支付展开，在不同的支付体系之下有不同的内容。详言之，在第二种支付体系之下，收单机构乃商户的代理人，代理商户发送交易信息、收取款项；收单机构与发卡机构之间系信用卡组织内部的法律关系，与消费者、商户无涉。在第三种支付体系之下，互联网支付平台是商户和消费者的代理人，分别为其提供代收、代付服务；互联网支付平台与循环消费信用提供者之间系以合作合同为基础形成的混合法律关系。

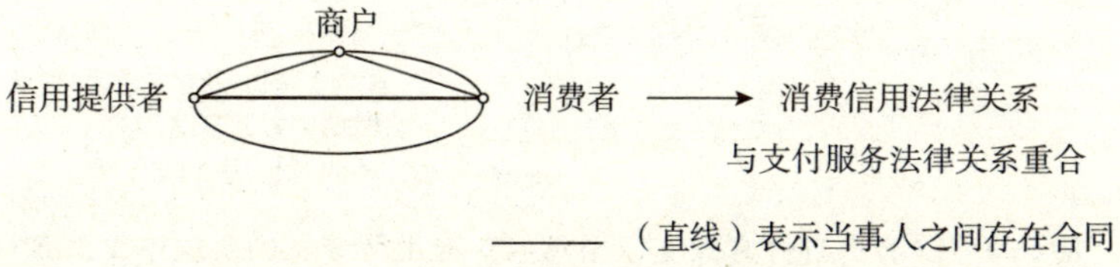

图3.1　以消费支付方式支取循环消费信用所涉及的双层法律关系（第一种支付体系）

对于上述结论与学界传统观点之间的不同之处，笔者作如下几点说明。首先，信用提供者与商户之间的无因债务约束关系。研究者们对信用卡发卡机构与特约商户之间的法律关系素有争论。从信用卡的交易过程来看，发卡机构一旦收到商户所发送的信用卡交易信息即产

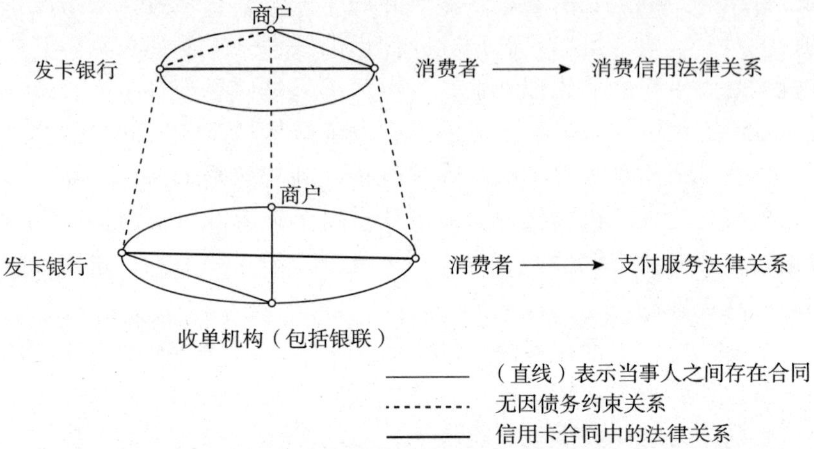

图 3.2　以消费支付方式支取循环消费信用所涉及的双层法律关系（第二种支付体系）

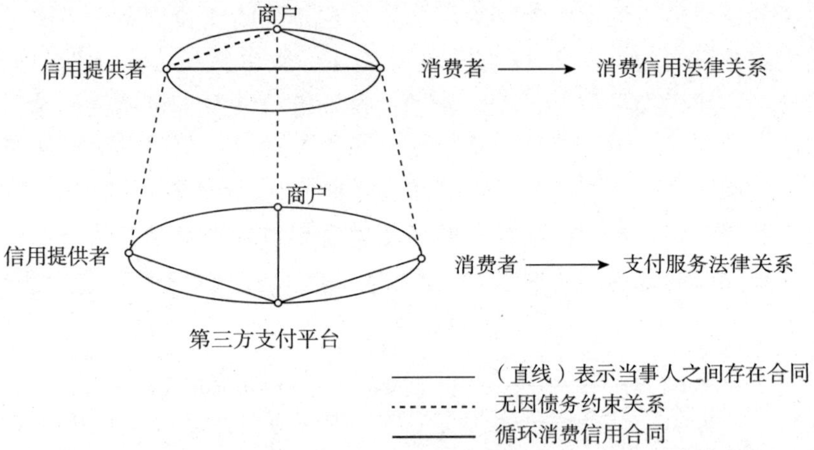

图 3.3　以消费支付方式支取循环消费信用所涉及的双层法律关系（第三种支付体系）

生对商户的第一性的付款义务，该付款义务一经产生即独立于消费者与商户之间的原因关系。债权买卖说无法对发卡机构对特约商户负有的付款义务独立于原因关系作出解释；发卡机构对特约商户所负有的付款义务并非对消费者不履行付款义务之救济，独立担保契约说之担保之义落空。[1] 而《德国民法典》第780条规定的无因债务约束，即“债务人对债权人承诺负担一定之给付义务，而且愿意将该给付义务独立于原因之外而存在”，[2] 恰能解释发卡机构对商户所负有的付款义务的第一顺位性与独立于原因关系这一特点。

其次，在互联网支付平台上以消费支付方式支取循环消费信用所涉及的法律关系。以蚂蚁花呗为例，消费者若要使用蚂蚁花呗以消费支付的形式支取循环消费信用，需要分别与支付宝（中国）网络技术有限公司（简称支付宝）和重庆市阿里巴巴小额贷款有限公司（简称阿里小贷）签订支付服务合同和循环消费信用合同。[3]《支付宝服务协议》规定，“买卖双方在交易时通过本服务支付，选择特定服务（包括但不限于蚂蚁花呗）作为资金渠道的，本公司将根据特定服务的约定提供款项的代收代付服务”。可见，支付宝向消费者提供的是代付服务、向商户提供代收服务，支付宝不管是对于消费者而言还是对于商户而言都是代理人，分别代理消费者和商户与阿里小贷之间进行资金转账。而由此也不难看出，以支付宝为中心的法律关系实质上仅涉及消费支付行为，其与循环消费信用，即《支付宝服务协议》中所言的“资金渠道”，可分属于两个不同层面的法律关系。支付宝亦可以基于其构建的同一个支付服务法律关系体系，与其他循环消费信用提供者达成合作；而循环消费信用提供者与商户、消费者之间的三方法律关系与网络支付平台并无实质关系，只是其交易目的的达成需以网络支付平台为渠道而已。

再次，在信用卡交易中，收单机构是商户的代理人，代理商户进入支付结算系统传递交易信息、完成收款。有不少研究者认为，收单机构是发卡人的代理人。其思路为，发卡人向消费者发行信用卡，信

[1] 参见金震华：“论独立担保的法律性质——以独立性与从属性为中心”，华东政法大学2004年法学硕士论文。

[2] 侯春雷：《信用卡交易的民法分析》，法律出版社2010年版，第47页。

[3] 虽然支付宝与阿里小贷均为阿里小微金融服务集团（又称“蚂蚁金服”）的全资子公司，但两者为相互独立的法人，并且不能排除支付宝日后吸纳阿里小贷以外的其他信用提供者在其支付平台上发行循环消费信用产品的可能。因此，应承认支付宝的独立性，而不应将其视为由循环消费信用提供者（阿里小贷）构建的线上支付体系。

用卡自身带有消费支付的功能，而消费支付功能的实现并非发卡机构独立完成，需由与商户直接签约的收单机构协助完成。因而，收单机构被认为是发卡机构为持卡人提供支付服务的代理人。但笔者认为，此种理论已与现实情况脱节。从上述蚂蚁花呗的案例可知，循环消费信用的提供者完全可以不为消费者提供支付服务，循环消费信用工具的支付功能直接由其他机构赋予即可。目前，信用卡的支付功能已经不仅限于POS刷卡，在互联网第三方支付平台上同样可以完成信用卡的消费支付，而该消费支付的完成系基于消费者、商户、银行与第三方支付平台的多方协议，难道还要说互联网第三方支付平台是发卡机构实现信用卡支付功能的代理人吗？因而可以得出两点结论：其一，信用卡的支付功能不是或不完全是由发卡银行向消费者提供的，支付服务已与循环消费信用可形成两个不同层次的法律关系；其二，在POS刷卡消费中，收单机构（包括银联、收单银行、第三方支付机构）应为商户的代理人，代理商户在支付体系中传递交易信息、完成收款。

二、按记账与还款方式分类

就目前我国消费信用市场上的循环消费信用产品而言，依记账与还款方式不同可分为：混合记账模式下的账单分期还款、当期全额还款与最低还款额还款的循环消费信用；单笔记账模式下的分期还款、当期全额还款的循环消费信用（详见图4）。

依上文循环消费信用概念之辨析，其“循环”应取信用额度循环，而非作未偿欠款循环之限定。未偿欠款循环是指，消费者每期仅需偿还该期账单中以最低还款额为下限的部分欠款，未偿欠款循环计入下一期账单的欠款数额之中的记账与还款方式。其并非循环消费信用的必备要素，仅是循环消费信用的记账与还款方式之一种，为目前的银行信用卡所普遍采用。但从历史上来看，这亦并非银行信用卡最初且一贯采用的记账与还款方式。在20世纪50年代，美国一些小型银行发行的信用卡是以大来卡（Diners Card）为模板安排其记账与还款方式的，即持卡人需在每一记账周期结束之日全额偿还当期欠款且无须支付任何利息。未偿欠款循环最初则是由威廉姆·格尔曼（William B. Gorman）在 1947 年为纽约金贝儿兄弟百货（Gimbel Bros. of New York）发行的赊账卡设计记账与还款方式时提出的。可以说，循环消费信用的记账与还款方式的多样性历来有之、始终存在。不同的记账与还款方式都是不同的循环消费信用提供者按照其自身利益需求设计的结果。例如，目前大多数美国大型零售商发行赊账卡并不以计收利息为目的，仍采取账单欠款当期付清的记账与还款方式，属于美国《诚实借贷法案》中所指的作为循环消费信用工具的赊账卡（Charge Card）。而且随着科技的发展，记账与还款的便利性已不再是信用提供者在设计循环消费信用的记账与还款方式时所需着力顾及的因素，这也的确带来了循环消费信用记账与还款方式的创新。根据对目前我国消费信用市场上存在的循环消费信用工具的考察，笔者认为，循环消费信用的记账与还款方式无外乎以下几种（详见图 4）。

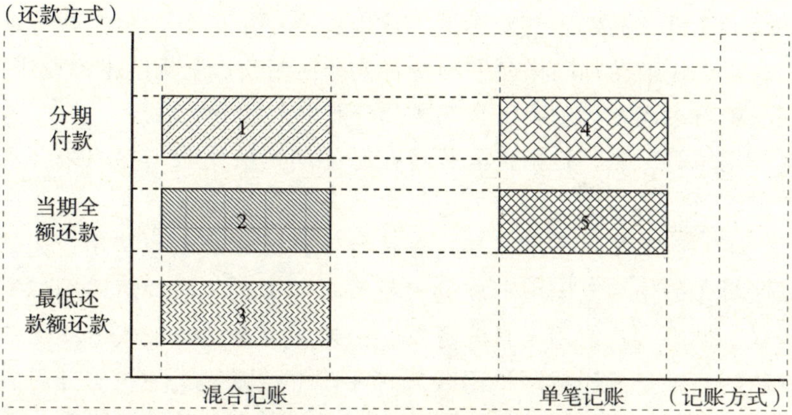

1 例如，银行信用卡（账单分期业务）、蚂蚁花呗（分期业务）；
2 例如，美国的赊账卡（charge card）、蚂蚁花呗（下月付业务）；
3 例如，银行信用卡、北银消费金融公司Mini循环消费贷；
4 例如，京东白条（分期付款业务）、蚂蚁借呗、微粒贷；
5 例如，京东白条（延后付款业务）。

图 4　循环消费信用按还款方式与记账方式的分类

所谓混合记账，是指将消费者在循环消费信用账户下的每一笔信用支出和还款入账汇总，用以计算消费者循环消费信用账户的每日余额、账单周期余额的记账方式。在该种记账方式之下，还款贷记消费者账户，[1] 账户余额减少，信用额度恢复，但无法辨明还款系针对哪次具体的信用支出所形成的欠款及其利息（若有的话）而为；每日余额或账单周期余额是计算利息、费用或逾期利息的依据，不对每笔信用支出单独计费、计息。与该记账方式相对应的还款方式有多种：其一，分期付款，将账单周期余额或账单周期余额的一部分作为本金进行分期付款，向信用提供者支付分期付款手续费；其二，当期全额还款，即消费者有义务在每个到期还款日全额偿还该期账单的全部欠款；其三，最低还款额还款，即前文所言之未偿欠款循环的记账与还款方式，消费者只需每期偿还最低还款额，该期未偿欠款作为下期账单的起始余额，继续计收利息。

此三种还款方式可以在混合记账模式下并行不悖，即在一个采用混合记账模式的循环消费信用合同中信用提供者可与消费者同时约定以上还款方式中的任意两种或三种，供消费者自由选择。对此，实践中最为典型的是银行信用卡，对于每期信用卡账单，持卡人均可选择当期全额还款、最低还款额还款，或申请全部或部分账单欠款分期还款；此外，蚂蚁花呗同样允许消费者选择在还款日全额偿还该期账单，或在账单日后还款日前申请全部或部分账单欠款分期偿还。

所谓单笔记账，是指将消费者在循环消费信用账户中的每一笔信用支出以及以其为偿还对象的还款均入账单列的记账方式。在该记账方式之下，每笔信用支出自其入账日始单独计算利息或费用；还款必与某次具体的信用支出所形成的欠款有对应关系。根据对采用单笔记账模式的循环消费信用工具的考察，上述在混合记账模式下使用的分期付款与当期全额还款两种还款方式在单笔记账模式下也同样可以使用，但目前并未有最低还款额还款这一还款方式与单笔记账模式的组合出现。具体而言，单笔记账模式下的分期付款以京东白条与微粒贷为例，对每一笔信用支出所形成的欠款都有独立的分期付款安排，虽可随时还款，但在还款时应选择其偿还对象为哪一笔欠款的哪一次分

---

[1] 消费信用为消费者之负债，消费者还款应贷记消费者账户，表示为消费者负债减少；消费者支取信用应借记消费者账户，表示消费者负债增加。相反其对于银行而言是应收账款，消费者还款应借记银行账户，表示银行资产增加；消费者支取信用应贷记银行账户，表示银行资产减少。以有借必有贷，借贷必相等为原则，消费者还款，应在贷记消费者账户的同时，借记银行账户。

期额，因而每两笔不同的欠款之间均不会在账单上出现混同。而单笔记账模式下的当期全额还款方式亦存在于京东白条之中，每笔信用支出所形成的欠款除均有其自身的记账日外，也有其自身特定的到期日，消费者需在该到期日前全额偿还该笔欠款，每笔欠款在账单上均不会与其他任何一笔欠款出现混同。

相对于混合记账而言，单笔记账模式的循环消费信用从形式上看更像是一系列互不相干的固定数额的消费信用。那么，其是否真正属于循环消费信用的范畴？这并非一个新问题，美国早在 20 世纪 70 年代就曾出现过对该问题的讨论。在 1973 年的一份案件判决中，法官指出“仅以合同明确表示其他消费也能够被计入该消费者账户这一事实，不能充分认定入户信用销售行为所提供的这一合同具有循环消费信用合同的特征”。[1] 1984 年 Wise Furniture v. Dehning 一案中，消费者在同一家家具公司先后进行了 4 次赊购，每次赊购所产生的债务均数额确定且互不影响，法官认为本案中交易双方意在完成多次固定数额的信用销售，而并非循环消费信用。[2] 采用类似观点的案件判决并不少见，但同时观点与此相左的法官也不在少数。例如，1995 年 Cincinnati Cent. Credit Union v. Harper 一案，法官认为消费者间隔数年两次从信用合作社借款购买二手车并计入同一账户的行为属于支取循环消费信用，因为信用提供者有在同一账户下向消费者多次提供信用的意图。[3] 关于该问题的争论随着传统固定数额的消费信用形式大量向循环消费信用形式转变而愈演愈烈。到 20 世纪 90 年代末，有文件表明美国联邦储备系统管理委员会已经注意到了这一趋势，并开始对循环消费信用（open - end credit）的认定标准问题给予重视。[4] 在众说纷纭之际，更多的观点是在指责《诚实借贷法案》以及联邦储备系统管理委员会制定的《Z 条例》给出的循环消费信用的认定标准主观性太强，缺乏可操作性；因而，有人极端地主张化繁为简，提出用简单

---

[1] Maes v. Motivation for Tomorrow, Inc. , 356 F. Supp. 47, 50 (N. D. Cal. 1973) .

[2] See Wise Furniture v. Dehning, 343 N. W. 2d 26 (Minn. 1984) .

[3] See Cincinnati Cent. Credit Union v. Harper, 70 Ohio Misc. 2d 80, 652 N. E. 2d 10 (Mun. Ct. 1995) .

[4] See Federal Reserve Board, Truth in Lending Official Staff Interpretation, 63 Fed. Reg. 16669, 16670 (April 6, 1998) .

的数学方法，即衡量重复交易次数是否达到一定数量的方法来判断是否构成循环消费信用。1998 年联邦第七巡回法院的 Posner 法官在 Benion v. Bank one 一案中明确拒绝采用机械化的数学方法作为判定循环消费信用的标准，但同时也写道："如果这是一个立法漏洞，就应该由立法者解决，而不是让各法院不同的判决把问题搞得更加复杂。"作为《Z 条例》立法者的联邦储备系统管理委员会也否定了机械化的数量判定标准，但保留了《Z 条例》中对循环消费信用的原有界定，只是更加强调应该客观地分析信用提供者是否真正具有多次提供信用的意图。[1] 在此基础上，笔者认为单笔记账并非循环消费信用的不相容因素，"单笔记账模式的循环消费信用"与"一系列固定数额的消费信用"之间的区别在于，其中每笔消费信用之间是否真的互不相干。而在单笔记账模式下的循环消费信用中，各笔信用支出之间的相互关联性不容否认，其体现在信用提供者提供多次信用的意图所赋予循环消费信用的共同法律特征之中，这将在下一节得到详述。

第二节　循环消费信用的共同法律特征

一、循环消费信用法律关系的一方主体为消费者

（一）信用提供者与消费者交易地位实质不平等

作为循环消费信用合同一方主体的消费者具有双重消费者的身份，是消费信用所介入的商品、服务交易中的消费者，也是购买并使用循环消费信用工具这一金融产品的金融消费者。相对于经营者，消费者在交易中处于弱者地位，传统民法对民事主体之间的平等以及契约自由的强调，可能成为经营者损害消费者利益的合法外衣，应通过法律对消费者给予倾斜性的保护、重新配置消费者与经营者的权利义务，以矫正两者之间的不平等关系、达至实质平等——这是现代法学界普遍认同的理论，已带来了消费者权益保护立法在世界范围内的繁荣。正如星野英一所言：现代民法中的人已经从对权利能力的抽象把握，

[1] See Federal Reserve Bank, Official Staff Commentary, 2 (a) (2) -3, 63 Fed. Reg. 16670 -71&16674 (April 6, 1998).

转变为坦率承认人在各个方面的不平等根据社会经济地位把握具体的人，对弱者加以保护的年代。[1] 与此认知与趋势相应，在金融产品逐渐深入消费者的日常生活后，对于金融消费者权益保护的研究和倡导已成为当下热点。2015 年 11 月 13 日国务院办公厅更是发布了《关于加强金融消费者权益保护工作的指导意见》(国办发〔2015〕81 号)，强调金融消费者亦享有与传统消费者同样的消费者权利，确认了学者广泛提倡的信息披露规则与消费者适当性规则。然而，概括性的权利与规则需要具体的法律规范予以实现。对于循环消费信用而言，信用提供者与消费者之间的不平等因素有其自身的特殊性，将其予以明确，是有针对性地保护循环消费信用中消费者权益的基础。

首先，由于循环消费信用具有可小额、多次不定时支取的特性，信用提供者与消费者之间的信息不对称更为强烈，这使得强者更强，弱者更弱，两者之间交易地位的不平等更为明显。其一，循环信用提供者向消费者提供多次消费信用，以同一格式合同为依据，该格式合同由信用提供者单方制定，这实际上剥夺了消费者在每次支取消费信用前与信用提供者自由确定交易内容的可能性。其二，信用提供者与消费者之间是专业对非专业、知情人对非知情人的关系。循环消费信用合同中的一些条款尤其是记账与计息、计费条款对于消费者而言晦涩难懂。消费者要想对不同的循环消费信用工具进行比对，作出最优市场选择，需要付出高昂的时间成本和学习成本。其三，便捷性、免息期是循环消费信用提供者常用的促销点，这对消费者有很强的诱导性。消费者因此而更关注循环消费信用带来的便利，而对其自身还款能力产生过分乐观的预期，这将使其完全忽略循环消费信用可能产生的高昂利息和费用。其四，与固定数额的消费信用不同，在循环消费信用合同签订前与签订时，不论信息披露如何详尽，信用提供者都无法向消费者给出其应支付的利息和费用的确切数额。因而，消费者仅能基于抽象的计算公式和对自身还款能力的判断来预计其将支付的利息和费用，而这本身就是有不确定性风险的。

其次，循环消费信用合同具有继续性，在持续的履行过程中，合

---

[1] 参见［日］星野英一："私法中的人"，王闯译，载梁慧星主编：《民商法论丛》(第 8 卷)，法律出版社 1997 年版，第 185－186 页。

同内容的变更在所难免，然而合同变更的主动权只能在合同的制定者，即信用提供者的手中。处于被动的消费者需要法律对其权益作出保障。

法律规范循环消费信用，应当将保护消费者权益作为基本的出发点之一，针对上述信用提供者与消费者之间的不平等因素，对两者之间的权利义务进行优化配置，实现对消费者权利尤其是知情权与公平交易权的保护。

（二）循环消费信用有导致消费者过度负债的风险

诸多宏观的经济现象以及数据分析均证明，以信用卡为代表的循环消费信用工具对消费有强烈的刺激作用，若无合理控制可能引发消费者大规模过度负债的巨大金融风险。例如，亚洲金融危机后，韩国政府通过大力扶植信用卡产业的发展成功实现了刺激内需、保增长的政策目标。在相关政策的推动下，韩国信用卡刷卡交易额从1999年的90兆7000亿韩元，增长到2002年的623兆韩元，平均年增长率为77%。居民消费的增长使得韩国在对美国出口下降的情况下维持了强劲的经济增长。[1] 但循环消费信用刺激下的借债消费、过度负债必定不可持续。2003年11月21日，韩国最大的信用卡公司LG信用卡公司由于大量信用卡债务无法收回，缺乏流动资金，停止了现金预付业务。与此类似，2006年3月10日，台湾地区部分“卡奴”集体到台湾地区“立法部门”陈情，揭露出大量“卡奴”受到地下讨债公司暴力威胁，甚至因无法偿还信用卡债务而自杀的现实问题。2008年美国金融危机将信用卡问题再次推到了风口浪尖，持卡人无力偿还透支款项和不明不白的高额透支利息，发行信用卡的金融机构、购买信用卡债权的投资机构面对大规模的坏账束手无策，最终导致了金融链条的断裂。2009年奥巴马入主白宫以后，积极推动国会通过了信用卡改革法案（The Credit Card Accountability Responsibility and Disclosure Act of 2009），用政府立法来推动信用卡行业整顿。此外，美国学者Ronald J. Mann通过对美、日、英、加、澳五国关于信用卡消费总额、信用卡债务总额、消费者债务总额以及消费者破产数量等宏观数据的分析，证明了信用卡债务与消费者破产率之间具有强正相关性。在控制信用

---

[1] 参见［韩］张允祯：“信用卡法律制度研究”，中国人民大学2005年法学博士论文，第35页。

卡消费总额与消费者债务总额不变时，信用卡债务的增加（即部分非信用卡借贷转换为信用卡借贷）会导致消费者破产数量的增加。具体而言，人均信用卡债务每增加 100 美元，消费者破产数量就会增加 165 件。❶

而从微观上来讲，循环消费信用对消费的强刺激作用也是有据可循的。例如，当很久以来只允许现金付款的麦当劳开始引进 POS 刷卡机后，麦当劳公司惊喜地发现，消费者的平均消费额从 4.5 美元跃升到 7 美元。消费者对循环消费信用的青睐还表现在以下两个经济学家所称的“怪现象”之中：尽管消费者可获得更低利率的固定数额的消费信用，但消费者仍旧选择使用利率较高的循环消费信用；在高利率的循环消费信用账户中负有债务的消费者，往往同时还持有低利率的存款。❷ 其中之原因在于，相比于固定数额的消费信用，循环消费信用一次申请、多次使用，低交易成本弥补高利息成本，且消费者对于交易成本的敏感度明显更高；循环消费信用在信用支取的数额与时间上均有无可比拟的灵活性和便利性，这能够极大地提高消费者在消费欲望产生时的支付能力，刺激消费者预支未来收入进行消费。然而，从消费行为理论上来讲，消费者在支取循环消费信用之时，往往会对自身的还款能力有过分乐观的预期，忽略未来收入下降或遭受生活变故的风险。❸ 因而，在微观上循环消费信用对于消费的强刺激作用本就蕴含着导致消费者过度负债的风险。

尽管宏观经济政策鼓励发展消费信用，但仍应针对循环消费信用对消费产生刺激作用的微观因素，从循环消费信用的运作形式、信息披露形式、违约责任的构成与限度等方面出发，合理控制循环消费信用对消费的刺激作用，防范消费者过度负债。此当为研究循环消费信用法律问题的另一基本出发点。

---

❶ See Ronald J. Mann, Charging Ahead: The Growth and Regulation of Payment Card Markets, New York: Cambridge University Press, 2006, pp. 60 – 72.

❷ See Ronald J. Mann, Charging Ahead: The Growth and Regulation of Payment Card Markets, New York: Cambridge University Press, 2006, p. 42.

❸ See Lawrence M. Ausubel, Credit Card Defaults, Credit Card Profits, and Bankruptcy, 71 Am. Bankr. L. J. 249 – 265 (1997).

二、循环消费信用合同为格式合同、继续性合同

首先，循环消费信用合同一般为格式合同。在目前我国的消费信用市场上，循环消费信用作为一种消费信用形式被应用于各种新兴的消费金融产品。对于这些需要面向非特定人广泛发行、规模化运营的消费金融产品而言，信用提供者不可能与消费者逐一协商、订立逐个内容不同的合同；相反，信用提供者事先拟定内容统一的合同，才是提高交易效率、降低交易成本的最佳选择。换句话说，循环消费信用合同大都为由信用提供者拟定的格式合同，消费者与信用提供者签订合同需要经过申请并通过个人信用审核，对于合同的内容只能被动接受。因此，一方面循环消费信用合同应当遵循我国合同法关于格式合同的法律规范；另一方面，这同时又佐证了消费者在循环消费信用合同中相对于信用提供者的弱势地位，对循环消费信用合同问题的研究必当以保护消费者权益为基本价值取向。

其次，循环消费信用合同为继续性合同。现代合同法有继续性合同与一时性合同的区分。虽然尚没有国家通过立法的形式给出继续性合同的定义，但学界对于继续性合同特征的描述无外乎以下几点：给付义务须持续一段时间才能完成、债权债务关系具有无限延续与不可消耗性、[1] 当事人之间负有持续尽力的义务、[2] 当事人之间的信赖关系是合同继续性的基础[3]。而循环消费信用合同，不论采用哪种信用支取方式、记账与还款方式，均符合以上要素，属于继续性合同。具体说明如下：

其一，在循环消费信用合同中，信用提供者所负有的并非在某一特定时点的一次性的给付义务，而是反复给付的义务，需持续一段时间才能完成；且信用提供者与消费者的总给付内容和范围，需在给付义务的存续时间结束后方可最终确定。关于继续性合同“给付需持续

---

[1] 参见 Vgl. Gschnitzer, Die kündigung nach deutschem und sterreichischem Recht, in Jhering Jahrb. Bd. 76. S. 324. 转引自盛钰：“继续性债之关系”，台湾大学 1988 年法学硕士论文，第 7 页。

[2] 参见 Esser /Schimt, Schuldrecht, Bd. I. AT. 14, Aufl. , 1987, S. 29. 转引自毕经纬：“继续性债务关系研究”，清华大学 2005 年法学硕士论文，第 11 页。

[3] 参见屈茂辉、张红：“继续性合同基于合同法理与立法技术的多重考量”，载《中国法学》2010 年第 5 期。

一段时间才能完成”的特征，学界素有两种不同的观点：一是，继续性合同的该特征最终应表现为时间因素对给付内容和范围产生决定性影响；[1] 二是，时间因素是否对给付内容和范围产生决定性影响，不属于该特征限定的内容。[2] 显然，第一种观点的判断标准更为严格，依其划定的继续性合同的范畴真含于依第二种观点划定之范畴。循环消费信用合同符合第一种观点之标准，因而不论采何种观点，循环消费信用合同均满足继续性合同的这一特征。具体而言，依循环消费信用的定义，循环消费信用提供者必有多次提供信用之意图，对此循环消费信用合同约定的内容一般为，消费者可在信用额度内多次支取信用。这意味着，在合同存续期间信用提供者负有反复给付的义务，此非一时所能完成。且因其给付行为应依据消费者的请求作出，给付时点与给付内容当然地取决于消费者的请求。因此，不管是在合同成立、生效之初，还是在信用提供者的给付义务存续期间，合同的总给付内容都不能确定——时间因素的确定是合同总给付内容确定的前提。

其二，循环消费信用提供者虽多次向消费者提供信用，但这并不带来其给付义务的逐次减少，两者之间的债权债务关系具有不可消耗性；因而，合同若无期限约定且未被法定或协议终止，则可具有无限延续性。循环消费信用提供者有向消费者反复提供消费信用的意图，并不限定提供信用的次数；虽然有信用额度之约定，但信用额度可循环使用的特性使之仅有限定消费者当下欠款余额和单次信用支取数额的作用，在“还后可再借”的模式下消费者支取信用的次数与数额实则并无上限。因此，信用提供者应消费者之请求向其提供信用的单次给付行为，并非是对一个数额确定的总给付内容的部分清偿，而是“某种程度具有经济上及法律上之独立性的给付，并且是在履行该时点所负的债务”。[3] 从这个意义上而言，在循环消费信用合同下，信用提供者已向消费者提供的信用虽然属于合同已经履行的内容，但却不

---

[1] 参见王泽鉴：《债法原理》（第一册），中国政法大学出版社 2001 年版，第 132 页。

[2] 参见［德］迪特尔·梅迪库斯：《德国债法总论》，杜景林、卢谌译，法律出版社 2004 年版，第 11－13 页；黄立：《民法债编总论》，中国政法大学出版社 2002 年版，第 5－6 页。

[3] 屈茂辉、张红：“继续性合同基于合同法理与立法技术的多重考量”，载《中国法学》2010 年第 5 期。

会导致信用提供者给付义务的减少或变动。换句话说，不论消费者已支取信用的次数，信用提供者仍负有应其请求向其提供信用的给付义务。可以中止或终止该给付义务的仅为信用提供者履行抗辩权的行使与合同的终止。

其三，在循环消费信用合同中，信用提供者与消费者均负有持续尽力的义务，这是两者之间信赖关系的构成要素之一，而两者之间的信赖关系是循环消费信用合同得以维持下去的基础。在循环消费信用合同下，信用提供者负有应消费者的请求为之多次提供信用的给付义务，该给付义务的履行需要信用提供者持续尽力的作为，包括但不限于信用支取系统的持续开放和维护、消费者循环信用账户的持续记账管理；而消费者对信用提供者负有为定期还款的给付义务，给付义务的履行同样需要消费者持续尽力的作为，即在逐个还款日反复为还款行为。持续尽力义务与信赖关系相辅相成，持续尽力义务的履行需要以双方之间的相互信赖为基础，双方之间信赖关系的不断重构又需要考察对方是否有持续尽力的作为。具体而言，消费者不能持续尽力地履行其还款义务，将导致信用提供者失去对其还款能力或还款意愿的信赖，则该循环消费信用合同也就失去了存续的基础。

其四，循环消费信用合同是一个动态系统，其合同内容，如利率、收费标准、信用额度、还款方式等，都可能在合同履行的过程中发生变动，从理论上来讲这应当是双方对彼此签约、履约基础进行新一轮考察后重新达成合意的结果。关于继续性合同，有学者提出它是一个动态系统，合同成立之初所达成的合意并非终局意义上的合意，在时间展开的过程中当事人可以不断就合同内容进行再交涉和协商。[1] 在循环消费信用合同中，诸多合同外因素或非合同因素，如消费者职业及收入的变化、生活的重大变故、个人的信用状况变动等，都将成为引起合同内容变更的因素。

三、循环消费信用与支付服务法律关系紧密关联

循环消费信用允许消费者在信用额度内小额、多次、不定时地支

[1] 参见［日］山本敬三："民法中的'动态系统论'"，解亘译，载梁慧星主编：《民商法论丛》（第23卷），金桥文化出版社（香港）有限公司2002年版，第172－266页。

取信用，这意味着与支付工具的结合方能够让循环消费信用在最大程度上发挥其优势。循环消费信用的发展历程与目前的存在形式均证实了这一点：循环消费信用最初的兴起也正是其与支付服务相结合的产物，即信用卡的兴起；而目前市场上存在的绝大多数循环消费信用的支取也必然以线上或线下支付工具作为依托，消费者从信用提供者的实体营业点人工支取货币现金的形式已实不多见。而不论该支付工具的支付功能系由谁提供——信用提供者本身或（及）其他第三方——循环消费信用与支付工具的结合都必然涉及消费者与支付服务提供者之间的法律关系；并且，在通过支付工具完成消费支付从而直接支取信用时，还将涉及商户与支付服务提供者之间的法律关系。

具体而言，若消费者通过与循环消费信用账户关联的支付工具从金融机构支取货币现金或在特约商户处消费，该支付工具的发行者与消费者之间必然有关于在该支付工具使用过程中双方权利义务的约定，即便此种约定内含于循环消费信用合同之中，亦形成与消费借贷法律关系相互区分的支付服务法律关系；若消费者通过与信用提供者合作的第三方支付平台支取电子现金或完成消费支付，必然以消费者与第三方支付平台签订支付服务合同、持有以账号和密码为表现形式的虚拟支付工具、存在支付服务法律关系为前提。正如本章第一节所述，循环消费信用的支取涉及双层法律关系体系——以消费信用为核心的法律关系、以支付服务为核心的法律关系。

第三节　循环消费信用的特殊规范需求

一、规范差异是消费信用类型化需求之所在

以上文界定的消费信用内涵为准，我国市场上消费信用产品的数量已十分庞大；且依其发行主体、信用模式、用款方式、还款方式、消费场景以及所涉垂直行业的不同，可以有多种、多重的分类。然而，从法律层面讲，规范差异产生类型化之需求，即只有能够产生差异性规范需求的分类才具有法律研究之意义。而消费信用作为金融业中货

币金融服务行业[1]的一个细分领域，其行业立法[2]有着金融业立法共同的规范需求，即审慎性规范需求与消费者保护的规范需求[3]。

因而，从消费信用立法的规范需求的角度考量，有些消费信用产品的分类明显不具有法律上的意义。例如，按照“所涉垂直行业”的分类，此种分类对于市场经济的调节具有重要的意义，但从法律上来讲为何种产品或服务向消费者提供信用并不能从根本上影响消费信用产品的法律性质，因而不论是在审慎性规范还是在消费者权利保护方面，此种分类下的不同消费信用产品都不具有适用不同法律规范的必要，反而在考虑促进市场公平竞争的层面应当予以统一规范。

与之相反，在有些消费信用产品的类型划分之下，确需针对不同

---

[1] 参见国家标准《国民经济行业分类》(GB/T 4754－2011)。

[2] 消费信用行业的统一立法是法制建设整体过程中立法行业化、领域化趋势的一部分。近来研究者在总结法制建设近况与未来趋势的基础上提出了领域法、行业法的理论。该理论认为“以具体的法律现象为基准，依托复合型的特质并辅之以类型化区分，而廓之以相应的统摄范围，并在此基础上进行法律规制，开始成为一种方法论上的选择模式”(王桦宇:“论领域法学作为法学研究的新思维——兼论财税法学研究范式转型”，载《政法论丛》2016年第6期，第63页)。行业法能够反映行业自身的特点和规范需求，是对社会关系精耕细作式的调整(参见孙笑侠:“论行业法”，载《中国法学》2013年第1期，第46－59页；刘剑文:“论领域法学：一种立足新兴交叉领域的法学研究范式”，载《政法论丛》2016年第5期，第3－16页)。其实，在二战后即已迎来消费信用市场快速发展的西方国家，大都已在20世纪六七十年代采取了消费信用统一立法的模式。例如，美国国会于1967年通过了《消费信用保护法案》，次年美国统一州法委员会亦制定完成了《统一消费信用法典》(Uniform Consumer Credit Code)；英国在1974年颁布实施了《消费信用法案》；欧盟理事会亦在1986年制定了《关于协调成员国有关消费信用的法律、条例和行政规定的第87/102/EEC号指令》。而我国研究者也早在20世纪90年代末，我国消费信用市场尚不成熟之时，就已提出了制定专门的消费信用法的主张，认为这是促进我国消费信用市场发展的良方(参见张理:“消费信用立法几个问题的探讨”，载《南京大学法律评论》1998年春季号，第102－107页；周显志:《我国消费信贷立法若干问题探讨》，载《暨南学报(哲学社会科学版)》2000年第2期，第108－116页，等)。

[3] 迈克尔·泰勒提出的双峰理论认为，金融监管有并列的两大任务：一为运用审慎方法确保金融机构稳健经营，维护金融体系的安全稳定，控制风险；二为运用规则体系规范金融服务和保护消费者权益(参见于永宁:“金融监管模式的博弈与选择”，载《山东大学学报》(哲学社会科学版)2011年第4期，第76－85页；申彩岳、张晓东:“金融监管制度发展的新趋势——消费者保护与审慎监管的分离”，载《上海财经大学学报》(哲学社会科学版)2011年第3期，第25－33页)。各国消费信用立法也都集中体现了这两方面，尤其是消费者权利保护方面的内容。甚至美国与澳大利亚的消费信用立法均直接采用了consumer credit protection的称谓——美国的《消费信用保护法案》(Consumer Credit Protection Act)、澳大利亚的《国家消费信用保护法案》(National Consumer Credit Protection Act 2009)。

种类的消费信用产品制定不同内容的法律规范，即不同种类的消费信用产品之间存在差异性的规范需求，此可谓在法律上有意义之分类。

1. 依“发行主体”分类：审慎性规范的差异化需求

目前我国以机构监管为基础，即以依据“发行主体”的分类为基础，针对消费信用产品发的不同发行主体制定了一系列的规范性文件，例如，《网络借贷信息中介机构业务活动管理暂行办法》(2016)，《消费金融公司试点管理办法》(2009、2013)，《商业银行信用卡业务监督管理办法》(2011) 以及《关于小额贷款公司试点的指导意见》(2008) 等。一方面，这与我国消费信用市场的发展历程有关。从由商业银行垄断到对新兴主体开放，我国消费信用市场的发展是在国家政策的引导下逐步实现的，因而以发行主体为规范对象亦步亦趋地制定规范性文件是最为实际的选择。另一方面，在按照“发行主体”的分类之下，的确存在差异性规范的需求：市场准入、利率、额度、风险预防等审慎性规范内容，必然会因消费信用产品发行机构性质的不同而不同。[1]

2. 依产品功能分类：消费者权利保护规范的差异化需求

虽然目前我国以消费信用产品的不同发行主体为规范对象制定的一系列规范性文件能够在一定程度上满足消费信用市场对审慎性规范的需求，但却无法满足消费者权利保护方面的规范需求。其根本原因在于，消费者权利的具体内容依据的是消费信用产品的功能，或者说是产品合同的内容，而不是产品发行主体的性质。从消费者的角度而言，即，只要消费信用产品的功能一致，其所享有的权利就应一致。但以产品发行主体的类型划分为框架构建的消费信用规范体系，必然会导致具有相同功能的消费信用产品因发行主体性质的不同而适用不同规则的现象。

针对上述问题，金融研究领域的功能监管理论切中要害：关注金

---

[1] 例如，《个人贷款管理暂行办法》、《消费金融公司试点管理办法》、《非存款类放贷组织条例（征求意见稿）》、《关于村镇银行、贷款公司、农村资金互助社、小额贷款公司有关政策的通知》等以不同经营主体为规范对象的规章或规范性文件，其在市场准入、信贷额度、利率、风险防范等方面的内容就各有不同；另有学者也指出，“应当引入一种所谓的‘矩阵’方法，基于金融业务的经营目标的需要对金融机构实施‘功能监管’，而基于审慎原因则对金融机构适用‘机构监管’”，参见姜立文：“金融功能监管模式新论”，载《华北金融》2008 年第 2 期，第 13 – 17 页。

融产品本身，基于其功能差异制定不同的规范，是为解决之道。[1] 而已有的西方国家的消费信用立法也切实践行了这一理论。美国学者在关于《统一消费信用法典》修订的报告中就曾指出，“消费信用从产品广告到债务催收的整个过程都应该受到法律规范的制约，这些法律规范的内容会根据消费信用产品的交易功能，而不是消费信用产品提供者的身份的不同而不同”[2]。因此，从消费信用产品本身的功能出发，发现、确定并采用能够产生消费者权利保护方面的差异性规范需求的类型划分，对于消费信用立法具有重要的意义。具体到循环消费信用这一类型上，应当说，其消费者是否需要不同于传统固定数额消费信用消费者的特殊权利保护规范，就是检验循环消费信用是否可以作为消费信用法定类型的标准。

二、循环消费信用之特征产生差异性规范的现实需求

循环消费信用特殊的法律属性，引发了循环消费信用在实践中的特殊规范需求，这也从根本上决定了循环消费信用作为与固定数额消费信用相区别的消费信用法定类型的正当性和必要性。

（一）作为继续性合同的特殊规范需求

就循环消费信用合同作为继续性合同的上述特点来看，其与固定数额的消费信用合同（一时性合同）在合同履行的时间、合同内容的确定性、给付义务的内容、合同的变更与合同的终止等方面都有着巨大的差别。而这也直接导致了两者在消费者权利保护规范需求上的诸多不同。例如，相比于固定数额的消费信用产品，循环消费信用产品的消费者需要持续性的信息披露，因而两者在信息披露项目、披露标准的设置上也必应存在差异；在继续性合同的变更以及中止与终止条件的设定上循环消费信用产品的消费者亦需要额外的权利保护。

然而，一时性合同是古典契约法体系中的范式合同类型，“传统

---

[1] 参见黄韬：“我国金融市场从‘机构监管’到‘功能监管’的法律路径——以金融理财产品监管规则的改进为中心”，载《法学》2011 年第7 期，第105－119 页；张国锋、吴晓灵：“金融产品须简约透明统一监管”，载《证券时报》2016 年3 月24 日第A002 版。

[2] Miller, Fred, and William Warren, A Report on the Revision of the Uniform Consumer Credit Code, Okla. L. Rev 27 (1974): 3.

的合同法往往是以一时性合同为模型构筑其理论体系的”[1]，而对于继续性合同则采取逐个规范“类型化的典型合同”的立法方式。[2] 我国合同法即为如此。但同时，在我国合同法所列的“类型化的典型合同”中有作为一时性合同的借款合同可涵盖固定数额的消费信用合同，却并没有循环消费信用这一继续性合同可归属的“典型合同”。这也是在向消费者提供循环信用的信用卡被引入我国后，我国金融监管机关随即出台有关信用卡的规范性文件的原因。但目前由于信用卡概念本身具有局限性，其与循环消费信用概念之间的关系亦尚未厘清，市场上大量的循环消费信用产品法律关系的调整只能适用以一时性合同为模型所构筑的一般合同法规范。循环消费信用区别于固定数额消费信用的上述特殊规范需求亟待立法者的回应。

（二）直连支付工具所产生的特殊规范需求

“信用额度循环”的特征直接表现为循环消费信用产品的消费者可在信用额度内小额、多次、不定时地支取信用，这意味着与支付工具的结合方能够让循环消费信用在最大程度上发挥其优势。如上文所述，循环消费信用最初的兴起就是因为其能为消费者带来多次消费、一次付款的支付便利。而目前市场上存在的绝大多数循环消费信用的支取也必然以线上或线下支付工具作为依托，消费者从信用提供者的实体营业点人工支取货币现金的形式已实不多见。

不论该支付工具的支付功能系由谁提供——信用提供者本身或（及）其他第三方——循环消费信用与支付工具的结合都必然涉及消费者与支付服务提供者之间的法律关系。具体而言，若消费者通过与循环消费信用账户关联的支付工具从金融机构支取货币现金或在特约商户处消费，该支付工具的发行者与消费者之间必然有关于在该支付工具使用过程中双方权利义务的约定。即便此种约定内含于循环消费信用合同之中，亦形成与消费借贷法律关系相互区分的支付服务法律关系。而若消费者通过与信用提供者合作的第三方支付平台支取电子现金或完成消费支付，则必然以消费者与第三方支付平台签订支付服务合同、持有以账号和密码为表现形式的虚拟支付工具、存在支付服

---

[1] 韩世远：《合同法总论》，法律出版社2004年版，第12页。

[2] 参见屈茂辉、张红：“继续性合同基于合同法理与立法技术的多重考量”，载《中国法学》2010年第5期。

务法律关系为前提。

循环消费信用与支付工具的直接关联，会产生一系列特殊的法律问题。其一，与循环消费信用账户相关联的支付工具被未经授权的第三人使用所产生的损失的负担问题。与固定数额的消费信用不同，循环消费信用可以通过与之关联的支付工具多次支取。换句话说，在消费者支取循环消费信用的过程中，信用提供者向消费者提供信用的依据已并非对消费者个人信息、资产状况的详细审查，而只是对消费者出示的支付工具的查验与对消费者身份信息的核对。未经消费者授权的第三人出示并使用支付工具获取信用，同样会导致信用提供者与消费者之间债权债务数额的增减，或者说支付工具所关联的账户内资产的减损。理清循环消费信用支取所涉及的第二个层次的法律关系，即以支付服务为核心的法律关系，是解决该损失负担问题的关键。

其二，在与消费支付直接关联的信用支取方式之下，消费者与商户串通进行虚假交易套取现金的民事责任问题。由于刺激消费是商户接受循环消费信用支付工具、零售商提供循环消费信用的初衷，且商户支付的交易手续费是循环消费信用提供者的收入来源之一，因而有些信用提供者会在合同中约定，循环消费信用只能以消费支付的形式支取信用或以消费支付的形式支取得享受更优惠的计息、计费标准。在此背景下，消费者与商户通过虚构交易诱导信用提供者进行消费支付，从而获得信用提供者所支付之价款、套取现金，便成了消费者获得成本较低的现金融资的途径。然而，循环消费信用可小额、多次、不定时支取的特性，使得信用提供者根本无法对消费者支取信用的行为逐次进行真实性的调查和确认，这也就给消费者与商户进行虚假交易套现留足了空间。由此，套现行为泛滥、屡禁不止就成了循环消费信用特有的现象，消费者与商户应当为其自身的套现行为承担怎样的民事责任，也就成了应当特别予以关注的问题。

其三，在与消费支付直接关联的信用支取方式之下，消费合同与循环消费信用合同是否构成关联合同的问题。依前文所述，由于循环消费信用提供者与商户根本无法同时出现在消费者每次消费的时空当中，这就意味着通过循环消费信用进行消费支付需要在一个支付系统或体系中完成，而信用提供者与商户均需存在于该支付体系之中。信用提供者、商户分别与支付体系（或成员）之间存在关联，但信用提供者与商户不直接存在关联的现象在循环消费信用中是常见的。此时，消费合同与循环消费信用合同是否能够成立关联合同，亦即消费者能否将其在消费合同中对商户的抗辩权向信用提供者行使，就成了循环消费信用与消费支付直接关联所产生的又一特殊法律问题。

第三章　循环消费信用合同主体的权利义务

劳伦斯·弗里德曼这样描述法律对新类型合同的规范模式：当一个产业发展到形成了其自身稳定的产品系列和交易形式的时期之后，立法机关最典型的反应是介入其中并将这一领域从抽象合同法的规范范畴中抽出，转移到具体的经济法规的规范范畴中去。[1] 也正如斯图尔特·麦考利所解释的那样，我们可以将该模式视为一个商业不断创造新领域并将其从母体中"抛出"（spin off），被区别对待的过程。我国学者龙卫球也提出，民法正在从纯粹私法不断向行业私法分化，越来越关注因商业功能分化而提出的商业诸功能系统的规范问题。[2]

在我国，金融监管机构针对商业银行信用卡业务所制定的《银行卡业务管理规定》（1999）、《商业银行信用卡业务监督管理办法》（2010）等行政规章，即包含了对循环消费信用的特别规定。我国台湾地区金管会也制定有"信用卡定型化契约范本"，单独规范提供循环消费信用的信用卡契约；台湾地区学者尹章华更是主张，应将信用卡契约作为新的有名契约在民法典中予以特别规范。[3] 然而，如前文所述，目前循环消费信用已经走出了信用卡这个载体的局限，被消费信用市场上越来越多元化的市场主体广泛应用于新消费信用产品的开发。这些具有循环消费信用功能的新产品能够满足的消费者需求与信用卡无异，是信用卡的完全替代品。因而，具有循环消费信用功能的

---

[1] Lawrence M. Friedman, Contract Law in America: A Social and Economic Case Study, Madison: University of Wisconsin Press, 1965, pp. 165 – 166.

[2] 参见龙卫球："现今民商法的社会基础与变化趋势"，载龙卫球、王文杰主编：《两岸民商法前沿》（第三辑），中国法制出版社 2014 年版，第 72 – 76 页。

[3] 参见尹章华：《第三代（中国）民法典之法理分析（附草案）》，文笙书局印行 2005 年版，第（03 – 1 – 48） – （03 – 1 – 55）页。

线上支付工具亦被消费者俗称为虚拟信用卡。但是，正如中国人民银行所言，这些新兴的循环消费信用工具已经突破了信用卡原有的业务模式，例如，线上评估消费者信用、线上审核消费者个人信息、单笔记账计息、线上支取电子现金等。这是科技发展带来的必然结果，也因此无法将这些新兴的循环消费信用工具纳入信用卡的范畴，适用关于信用卡的法律规范。即便借“虚拟信用卡”之名纳入信用卡的范畴，在适用法律时也必然出现尴尬，例如，互联网技术的发展已经带来了一些义务履行的便利，但就旧有的义务履行的法定形式而言，这种便利行事却并不能被视为义务的履行。因而，目前这些被信用卡法律规范拒之门外的循环消费信用，尚只能适用合同法的一般规范。但据上文所述，循环消费信用有其自身的法律特征和特殊法律问题，合同法的一般规范并不能满足法律调整其特殊法律关系的需要。有学者就曾指出，消费信用是一种特殊的法律关系，但在目前的民事法律规范体系中，对消费信用关系的特殊性尚缺少特别的规定。❶

因此，当循环消费信用发展成为一种区别于固定数额的消费信用且被信用提供者广泛使用的信用提供方式之时，应当基于循环消费信用合同作为继续性合同及其一方当事人为消费者的特性，突破以一时性合同为范式合同类型、以民事主体平等及合同自由为原则的传统合同法规范，对循环消费信用合同主体的权利义务予以特殊规范，实现对消费者权益的保护、防范消费者过度负债。

第一节　信用提供者的法定义务

一、信息披露义务

（一）循环消费信用产品信息披露的现状及问题

不同于固定数额的消费信用，消费者在循环消费信用合同项下应当支付的利息和费用的总额并非自始确定，因而循环消费信用提供者所披露的计息、计费标准以及记账、还款方式等就成了至关重要的信

❶ 参见张理：“消费信用立法几个问题的探讨”，载《南京大学法律评论》1998年春季号。

息。然而，计息、计费标准与记账、还款方式虽表面通俗但实际复杂而精细。这就需要通过科学、合理的信息披露规则来保障金融消费者知情权的实现。

就目前我国市场上循环消费信用产品的信息披露现状而言，尚存在诸多阻碍消费者知情权实现的因素。首先，信用提供者为吸引消费者选择以低利率、低费率为宣传点，但这样的宣传与其实际的计息、计费相去甚远。换言之，信用提供者向消费者所披露之利率（费率）并不能如实反映消费者将负担的信用成本，具有误导性。例如，零利息或低利率的宣传背后可能是费用的高额计收；就分期付款手续费而言，在费率相同的情况下，用总额×费率得出的手续费总额远高于用(总额/期数）×（费率/期数）×期数而得出的手续费总额；就未偿欠款循环的记账还款方式而言，在日利率相同的情况下，依据平均每日余额计算法与每期调整余额计算法这两种不同的本金计算方法所得出的利息总额，也是相去甚远（前者远高于后者）。由此进而导致了第二个问题的产生，即不同循环消费信用产品的利率（费率）之间不具有可比性。这既源于不同产品所采用的息费计算方法的不同，也源于不同产品所采用的息费计量单位的不同和利率（费率）外他项费用的存在。因而，对于消费者而言，仅仅根据信用提供者向其披露的利率（费率）将很难判断何种循环消费信用产品的信用成本更低，这在实质上限制了消费者的选择权。

然而，习惯于简单、直接地关注利率、费率的消费者，在其切身利益受到损失之前往往难以察觉其中之猫腻；若要有所察觉就需付出高昂的时间成本与学习成本。因此，有的消费者就干脆选择远离循环消费信用。例如，曾任英国巴克莱银行首席执行官的马修·巴雷特(Matthew Barrett）就坦言他自己从不用信用卡，因为知道这太贵了。[1]基于此，法律对循环消费信用提供者课以信息披露义务的最终目的就是要让消费者能够清楚地知道其获取信用所需支付的成本，并且能够简便地在不同循环消费信用产品之间进行成本比较，以保障消费者的知情权和选择权，进而保障市场竞争机制的有效运行。

---

[1] See Ronald J. Mann, Charging Ahead: The Growth and Regulation of Payment Card Markets, New York: Cambridge University Press, 2006, p. 1.

（二）现有信息披露规则的有效性检验

信息披露原则是金融消费者权益保护的基本原则之一，但具体到循环消费信用领域，空喊原则是行不通的。信息披露的内容有哪些，以怎样的形式、披露到何种程度方能算是履行了信息披露义务，这都还需要精细化、专业化的行业立法予以明确，方能指导实践并作为司法衡量的标准。在这方面，美国的《诚实借贷法案》及其《Z 条例》已近乎做到了极致，其对信用提供者的信息披露要求可谓苛刻，甚至连哪些内容应以表格的形式披露、哪些内容应以表格下注的形式披露，《Z 条例》都有详尽的要求。当然，这在美国也引来了信用提供者持续不断的抱怨声——为做到符合标准的信息披露他们要浪费大量的人力、物力、财力。尽管如此，任何人都难以否认，精细、严格的信息披露要求能够有效保障信用提供者适时且明确地披露必要的信息、避免信用提供者向消费者提供诱导性信息。因而，在没有更省时、省力的方案被提出之前，这还应当是立法者的首选。

目前，我国对于循环消费信用提供者信息披露义务的法律规范，仅体现在有关信用卡的现行行政规章之中。其中有关消费者切身利益的信息披露要求主要有以下几点。其一，信用卡申请材料文本应披露：信用卡的使用范围及使用方法，发卡机构、持卡人及其他当事人的权利义务，“重要提示”，合同信息变更的通知方式，主要收费项目、收费水平以及收费信息查询渠道，发卡银行服务电话和银行网站、投诉渠道。其二，“重要提示”应当以醒目方式列出，包括：计结息规则，年费、滞纳金、超限费收取方式，非法使用信用卡行为的法律责任和处理措施的提示等主要信息。其三，发卡银行计收超限费应当以持卡人申请开通超授信额度用卡服务为前提，在持卡人申请开通该项服务前发卡银行应向其提供关于超限费收费形式和计算方式的信息。其四，发卡银行应当在信用卡领用合同（协议）中明确规定以持卡人相关资产偿还信用卡欠款的具体操作流程。[1] 但这远没有实现循环消费信用提供者信息披露要求的精细化，也不能解决循环消费信用提供者在披露计息及计费标准时避重就轻、向消费者提供诱导性信息的问题，以

---

[1] 参见《商业银行信用卡业务监督管理办法》第 37 条、第 53－57 条，《银行卡业务管理办法》第 15 条。

及消费者难以理解利息、费用的实际计算方法的问题。因此，我国目前关于信用卡发卡人信息披露义务的规定本身并不完善，不具备推广适用于所有循环消费信用的条件。

走出循环消费信用的专门领域，以更大范畴的消费信用产品为规范对象的信息披露规则对循环消费信用产品的信息披露也具有规范作用，但目前此类规则亦不多见。具有较大影响力的是 2017 年 4 月互联网金融协会发布的《互联网消费金融信息披露标准（征求意见稿）》。其中列举了信用提供者应当披露的 12 项“互联网消费金融业务信息”，包括：产品信息、申请条件、贷款合同/服务协议和其他约定章程、收费项目与计算标准、账户安全知识和风险提示、信息通知、账单披露、利率调整、投诉处理、催收管理、征信报送、其他重要提示。然而，该 12 项信息的具体披露要求较为粗略，如何披露、何时披露、以何种形式和标准披露均无明确规范。并且，若用该标准来衡量目前我国市场上循环消费信用产品的信息披露，甚至可以得出目前我国市场上循环消费信用产品的信息披露均已符合该信息披露标准的结论。反言之，该标准根本无法解决目前我国市场上循环消费信用产品信息披露存在的利率（费率）具有误导性以及不具有可比性的问题。

基于上述论证并借鉴外国相关立法对循环消费信用提供者信息披露义务的规定，笔者认为，应从以下三个方面对循环消费信用提供者的信息披露义务进行规范：信息披露时间的特定化、信息披露内容的法定化、信息披露形式的标准化。

（三）循环消费信用产品信息披露规则的构建

1. 信息披露时间的特定化

其一，信用提供者邀请特定消费者开立循环消费信用账户、消费者申请开立循环消费信用账户以及正式开立循环消费信用账户时，信用提供者皆应做出同样的、正式的信息披露。法律对消费者正式开立循环消费信用账户时信用提供者信息披露的要求，实则属于对循环消费信用合同所应包含内容的强制性规定，其内容上的确定性与形式上的正式性自不待言。然而，信用提供者邀请消费者开立循环消费信用账户时、消费者申请开立循环消费信用账户时，信用提供者的信息披露义务乃信用提供者基于诚实信用原则而负有的先合同义务，立法者却同样选择了对信用提供者的该项先合同义务进行强制性规范，要求信用提供者严格按照法律规范向消费者进行正式的信息披露。例如，美国《Z 条例》12 C. F. R. 226. 5a 对消费者申请开立账户时信用提供者的信息披露义务与信用提供者邀请消费者开立账户时的信息披露义务一同做了规定，在义务内容上与 12 C. F. R. 226. 6“正式开立账户时的信息披露”几乎完全一致。我国《商业银行信用卡业务监督管理办法》虽未单独规定发卡人邀请特定消费者开通信用卡时的信息披露义务，但其第 37 条对发卡人信息披露义务的规定是以“信用卡申请材料文本”为规范对象的。

笔者认为，要求信用提供者在此三个时点负有同样的信息披露义务，是基于循环消费信用合同的特点、保障消费者知情权的必然选择。首先，关于信用提供者邀请特定消费者开立循环消费信用账户时的信息披露义务。信用提供者邀请消费者开立循环消费信用账户的现象十分常见。不论在美国还是在中国，信用卡行业都经历过跑马圈地抢占市场的阶段。在这一阶段，信用卡发行机构纷纷采用大量邮寄或深入社区入户宣传的方式尽量多地发行信用卡，消费者在收到信用卡后只要主动激活，有的甚至不用激活，即可开通、使用该信用卡。虽然邮寄无须激活即可使用的信用卡的行为已被各国法律所禁止，并且随着信用卡市场的饱和，发卡银行主动向特定消费者发行信用卡的现象也在逐渐淡出人们的视野。但在目前的消费信用市场上，尤其是在互联网新兴循环消费信用工具的推广过程中，信用提供者邀请消费者开通循环消费信用账户的现象仍然十分多见。例如，微粒贷向腾讯用户发出邀请、蚂蚁花呗向支付宝用户发出邀请等等。从法律层面看，信用提供者作为循环消费信用合同的一方当事人，其向特定消费者做出的经消费者激活即可开通循环消费信用账户的邀请行为满足要约的构成要件，系要约行为。依合同法规定，要约人不得随意撤回、撤销要约或变更要约内容，一旦受要约人对要约做出承诺，双方之间的合同即告成立，而要约的内容自然构成合同双方权利义务的内容。因此，信用提供者邀请消费者开立循环消费信用账户的，应当做出与消费者开立循环消费信用账户时同样的正式的信息披露。

其次，关于消费者申请开立循环消费信用账户时的信息披露义务。实践中，一旦信用提供者对消费者的申请做出承诺即可成立其与消费者之间的循环消费信用合同，由此看来，信用提供者系将消费者的申请行为视为了要约。由于循环消费信用合同一般为信用提供者拟定的格式合同，要使消费者的申请行为构成要约，则必须以在消费者所提交的申请材料中附有该格式合同的具体内容为必要前提。因此，在消费者申请开立循环消费信用账户时，信用提供者亦应做出与消费者开立循环消费信用账户时同样的正式的信息披露。

其二，在向消费者增发或换发与其循环消费信用账户关联的支付工具时，信用提供者应负有信息披露义务。实践中，与循环消费信用账户相关联的支付工具并不一定唯一，并且还可以更换。例如，信用卡持卡人可以为第三人申请附属卡、挂失或到期换卡，消费金融公司的消费循环贷也可以更换与之关联的银行卡。通常而言，通过增发、换发的支付工具支取循环消费信用是否适用原有的计息、计费标准，应当是理性消费者想要了解的信息。但由于增发、换发多发生于合同履行或延展期间，信用提供者往往怠于进行再次信息披露。美国《Z条例》12C. F. R. 226. 9（b）中规定，在做出"正式开立账户时的信息披露"后30天内增发或换发与该循环消费信用账户相关联的支付工具的，无须进行再次信息披露，但计息、计费标准等法定信息披露项目已经或将要发生变化的除外；在做出"正式开立账户时的信息披露"的30天后增发或换发与该循环消费信用账户相关联的支付工具的，不论计息、计费标准等法定信息披露项目是否发生变化，都必须重新进行信息披露。此项规定对于充分保障消费者的知情权，防止信用提供者借增发、换发支付工具之机暗中提高循环消费信用的收费标准是有必要的，我国消费信用立法应当借鉴之。

其三，在每次信用支取时，信用提供者均应负有信息披露义务。研究者经调查发现，消费者普遍认为用卡支付无法像现金支付一样给人以支出货币、财富减少的直观感受，这是银行卡能够对消费产生刺激作用的主要原因之一。[1] 同样，若消费者在使用与循环消费信用账户相关联的支付工具进行消费或支取现金时，并不知晓自己循环消费信用账户的信用额度余额与欠款余额，也就是说不知道自己目前的支付能力，也不了解自己目前的负债情况，在这种情况下消费者冲动消

---

[1] 参见张奎："银行卡对消费促进作用的实证研究"，武汉大学2009年经济学博士论文，第44、48页。

费的可能性也就更大。有美国学者 Ronald J. Mann 就曾为如何减小信用卡对消费者冲动消费、过度消费的刺激作用提出过这样的建议：在每次发生交易时持卡人均应被告知，在该交易发生前、后其循环消费信用账户中的信用额度余额，以及该交易将产生的超限费、交易费等费用。并且他认为，该方案是现实可行且低成本的。因为，商户的支付终端与发卡银行之间的信息交流本来就是信用卡完成每一次交易所必需的过程，并且电子资金划拨法（EFTA）也明确要求商户支付终端应向消费者提供记载有消费数额、交易编号的支付凭证，因而在此基础上额外提供以上几项关于信用卡账户及其计费的信息并不会增加过多的交易成本，却能对消费者的非理性消费起到一定程度的抑制作用。[1] 在日本很早就有类似方案的实践：日本信用卡持卡人要完成信用卡刷卡消费，除刷卡、签单之外还需完成一项额外的程序，即持卡人必须在收银台通过 POS 机对该笔信用支出的还款方式做出选择。[2] 在电子信息传输与互联网高度发达的今天，不论是 POS 交易还是网上交易，信用提供者向消费者即时提供充分详细的交易信息已经完全没有技术障碍且成本低廉。因此，法律应当对信用提供者课以在消费者每次信用支取行为发生时的信息披露义务，以促使消费者在衡量其自身的负债情况与还款能力并了解该项信用支取的成本的基础上做出理性的决策。具体而言，在发生循环消费信用账户的信用支取时，信用提供者有义务向消费者即时提供其账户信用额度余额、欠款余额以及该项信用支取所产生的费用总额或适用的利率、费率、计息和计费方法等信息。

2. 信息披露内容的法定化

从各国家、地区关于循环消费信用或信用卡的法律规范来看，信用提供者信息披露内容的法定化是共识，也是主流。例如，我国台湾地区金管会即通过制定并强制发卡人使用“信用卡定型化契约范本”的方式来规范发卡人信息披露义务的履行。虽然这一做法在台湾地区收效良好，但用“循环消费信用定型化契约”来统一循环消费信用合

---

[1] See Ronald J. Mann, Charging Ahead: The Growth and Regulation of Payment Card Markets, New York: Cambridge University Press, 2006, p. 163.

[2] 参见胥莉、陈宏民：“美国和日本信用卡产业的比较研究”，载《国际金融研究》2004 年第 8 期。

同内容的做法显然并不可行。因为，从目前我国消费信用市场的发展状况来看，循环消费信用的支取方式、记账与还款方式以及与之相关联的支付工具的形式将随着科技创新、消费信用市场的活跃越来越多样化。若制定“循环消费信用定型化契约”必有抹杀、抑制市场创新之弊病。然而，这一规范模式的合理内核仍可吸收借鉴——循环消费信用提供者信息披露内容的法定化。

美国《Z条例》B部分“循环消费信用”即用极大的篇幅详细规定了在不同时刻循环消费信用提供者应当披露的信息项目，包括12C. F. R. 226. 5a信用卡、赊账卡邀请与申请时的信息披露要求，12C. F. R. 226. 6账户开立时的信息披露要求，12C. F. R. 226. 9后续的信息披露要求。其中“后续的信息披露要求”以合同内容变更时的信息披露要求为主，先按下不表，待后文详述；在此，仅以前两项信息披露要求为例进行介绍，而如前文所述，前两项信息披露要求的内容是基本相同的。详言之，在信用提供者邀请或消费者向其申请开立循环消费信用账户以及正式开立循环消费信用账户时，信用提供者应披露以下信息：（1）年利率（APR），包括可变利率、折价先期利率、溢价初始利率以及惩罚利率，以上利率的披露均应标明该利率所适用的对象或范围，可变利率应说明利率变化的依据、频率及上限，折价先期利率与溢价初始利率应说明该利率有效的时间以及该利率失效后所适用的新利率，关于惩罚利率应说明引起惩罚利率适用的原因以及停止惩罚利率适用所需满足的条件；（2）发行或维护费用，应披露该费用的计收周期、每期的数额以及以年为单位的计收总额；（3）固定数额的融资费用；（4）消费交易手续费；（5）免息期，不论是否有免息期均应予以说明，披露免息期的计算方法、适用范围，若免息期的时间长短不固定则应披露最短免息期与平均免息期；（6）欠款余额（balance，即用于计算利息的本金）的计算方法，应标明所采用的计算方法的法定名称，若无法定名称则应详细说明计算方法；（7）预借现金费；（8）滞纳金；（9）超限费；（10）余额代偿费（balance transfer fee，目前我国信用卡还很少有开通余额代偿项业务[1]）；（11）因还款被

[1] 信用卡余额代偿是指，在获较低利率情况下以A银行信用卡偿还B银行信用卡账款。目前国内仅有华夏银行推出了此项业务，允许持卡人以他行信用卡偿还本行信用卡欠款。

退回而需缴纳的费用；（12）保险所能覆盖的债务免除或暂停支付的范围；（13）可用信用额度，若信用提供者向消费者收取开户费或要求消费者先将账户内存入保证金，且该两项费用的总额超过了名义信用额度的15%，则应当另行披露消费者可以获得的实际信用额度；（14）参考网址，即联邦储备系统管理委员会的网址以及消费者可查询账户信息的网址；（15）消费者对账单记载内容提出异议的权利。

澳大利亚《信用法典》（National Credit Code）亦对循环消费信用提供者的信息披露义务与固定数额消费信用提供者的信息披露义务分别作了规定。该法典第6部分第1节第111条（2）规定，循环消费信用合同应该披露如下内容：（1）承诺提供信用的最高数额或该合同项下的信用额度；（2）年利率（APR），包括该合同项下可能会适用的所有利率，若有多项利率则应披露每项利率的适用方法，若有利率是根据其他指数确定的则应披露①该指数的名称及其相关描述②在确定利率时，该指数的可用上限或下限③该指数的发布方式与发布时间，若非公开发布的指数则应告知消费者如何获知该指数④当前利率；（3）利息、费用的计算方法，以及利息、费用借记消费者账户的周期或频率；（4）在合同项下计收或可能计收的费用项目，对于每项费用均应说明何时会产生该项费用以及该项费用的数额，若数额无法确定则应说明计算方法；（5）关于该项循环消费信用合同的保险的信息。

就以上美、澳两国的立法经验来看，法律规定循环消费信用信息披露的内容，应以以下几点为指导。首先，法定信息披露内容应以与利息、费用等信用成本相关的信息为主，且应逐项规定具体披露内容，消除信用提供者计收隐性利息、费用的空间。其次，对循环消费信用与固定数额消费信用的信息披露内容作区分规定。相比较而言，循环消费信用的信息披露更要求形式上的精确而不要求数额上的精确，允许利率、费率的变动，讲究计算方法的详细披露；但固定数额消费信用的信息披露要求则恰恰相反，必应精确地披露消费者应当支付的利息、费用的总额。这是由循环消费信用与固定数额消费信用本身的不同特点所决定的。此外，若循环消费信用采用单笔记账的记账模式，信用提供者则有义务在消费者每次支取消费信用时向其披露就该次信用支取其应支付的利息与费用的总额，并承诺除可能产生逾期利息外，该项信用支出不会再产生任何其他利息和费用。

3. 信息披露形式的标准化

近来，在我国某些商业银行的信用卡宣传中经常可以看到“免利息”“零利息”这样的词汇，细究之，这实际上是商业银行对其新开发的信用卡分期付款业务的宣传词。而所谓“零利息”仅是指，信用卡分期付款业务不按《银行卡业务管理办法》的规定计收日万分之五的利息，但实际上该项业务计收的分期付款手续费并不比日万分之五的利息低，因为分期付款没有免息期，且提前还款不退回分期付款手续费。不仅如此，信用提供者披露的日利率、分期付款手续费费率，其中也大有学问。作为消费者可能仅知费率越低越好，但实际上如果计算方式或计量单位不同，看上去较低的利率、费率却可能计算出较高的利息和费用。就如上文所言，在分期付款费率相同的情况下，用总额×费率得出的手续费总额将远高于用（总额/期数）×（费率/期数）×期数而得出的手续费总额；采用同样的日利率，以平均每日余额计算法计算本金的信用卡最终计收的利息将远高于以每期调整余额计算法计算本金的信用卡。曾有业内人士坦言“目前信用卡分期付款的手续费规定确实有一定的不科学性，名义利率远低于实际贷款利率的事实普遍存在”。[1]

这意味着，即使循环消费信用提供者履行了信息披露义务，但对于消费者而言这些信息本身却仍然是虚实难辨的。要想尽可能防止循环消费信用提供者假借词语的多义性以及计量、计算方法的多样性，进行有利于其自身的、误导消费者的信息披露，就必须要求循环消费信用提供者在信息披露时采用统一的、标准的形式，即实现信息披露形式的标准化。信息披露形式标准化的目的是，实现不同信用提供者信息披露形式的统一、增强披露信息的可比较性，使消费者能够简便地在多个循环消费信用产品之间进行比较和选择。

首先，信息载体的标准化。信息披露形式的标准化首先应体现在信息载体的标准化上。例如，美国《Z条例》12C. F. R. 226. 5（a）“循环消费信用信息披露的形式要求”就规定，信用提供者依照本条例要求向消费者进行信息披露，应采用书面且可供消费者留存的形式；

---

[1] 参见杨汛：“银行业务另有玄机，信用卡分期付款免息不免费”，载《北京日报》2013年2月20日第12版。

信息披露亦可以数据电文的形式做出，但需经过消费者同意并遵守电子签名法。目前，我国互联网平台上的循环消费信用产品正如雨后春笋般兴起，以数据电文的形式进行信息披露能够充分发挥互联网信息传递低成本、高效率的优势，符合时代发展的潮流。且我国《合同法》第 11 条规定，“书面形式是指合同书、信件和数据电文（包括电报、电传、传真、电子数据交换和电子邮件）等可以有形地表现所载内容的形式”。因而，数据电文作为书面形式之一种，以其为信息披露形式，亦符合《商业银行信用卡业务监督管理办法》第 48 条所规定的发卡人应向持卡人书面告知相关信息的要求。然而，数据电文作为披露信息的载体尚缺乏形式上的标准。笔者认为应做如下规定，其一，在信用提供者邀请或消费者申请开立循环消费信用账户的网页上，有关信息披露的数据电文应当被置于该网页最为醒目的位置；其二，有关信息披露的数据电文应可供预览、下载和传输；其三，数据电文的签章应符合我国电子签名法的要求。

其次，术语的标准化。在实践中，将分期付款业务描述为“零利息”的做法绝非个例。信用提供者利用语言本身的多义性，进行有利于其营销的信息披露，以诱导消费者的现象并不少见。因此，实现循环消费信用提供者信息披露中常用术语的含义与使用的标准化实有必要。美国《Z 条例》B 部分“循环消费信用”中就有诸多关于术语标准化使用的规定。例如，12C. F. R. 226. 5（a）（2）（iii）中规定，信用提供者在信息披露中所披露的利率若不能满足以下两个条件之一，则不能用“固定”（fixed）一词修饰该利率：其一，信用提供者在披露该利率的同时亦明确了该利率有效的时间，并承诺在此期间该利率不会上升；其二，承诺在该循环消费信用合同有效期间该利率始终不会上升。12C. F. R. 226. 5a（b）（5）关于免息期的信息披露要求中规定：若免息期适用于消费者支取的任何一笔信用，则对免息期的信息披露应使用“如何避免支付利息”（how to avoid paying interest）这一表述；若免息期并非适用于消费者支取的任何一笔信用，则在对免息期进行信息披露时应使用“对……应当支付利息”（paying interest on）的表述。可见，术语的标准化是一个精细的文字工程，尚需对实践中信用提供者利用语言本身的多义性进行诱导性信息披露的现象进行全面考察，进而规范和标准化相关术语的使用。

最后，利息、费用的计算方法与计量单位在信息披露中的标准化。该项标准化要求是使不同的循环消费信用提供者所披露的信息能够具有直观可比较性的关键。澳大利亚《信用法典》（National Credit Code）的第2部分第4A节规定了适用于所有消费信用合同的年成本率（Annual Cost Rate）计算公示，其中循环消费信用的年成本率应在如下假设条件下计算：（1）消费者已经支取了信用提供者承诺可以向其提供的全部信用（达到信用额度上限）；（2）消费者仅按时偿还最低还款额；（3）在该合同项下消费者不再获取信用提供者或第三方提供的商品、服务或现金。这就在最大程度上统一了信用成本的计算与披露标准，实现了不同循环消费信用合同之间信用成本的可比性。美国《Z条例》中也有诸多该方面的规定，例如，12C. F. R. 226. 5a（g）对未偿欠款循环的记账还款模式下欠款余额（balance，即据以计算利息的本金）的多种计算方法进行了标准化的规定，包括平均每日余额计算法（average daily balance）、调整余额计算法（adjusted balance）、前期余额计算法（previous balance）以及每日余额计算法（daily balance）。

而目前，信用成本的计算方法与计量单位的标准化在我国尚未引起关注，实践中因此而存在诸多问题，使消费者很难在不同的循环消费信用产品之间进行信用成本高低的比较。例如，虽然目前我国商业银行信用卡均采用日万分之五的利率，但各银行采用何种本金计算方法、是否部分还款全额计息却并不统一；且信用卡的相关行政规章也并没有要求发卡机构对此进行标准的信息披露。再如，开展分期付款业务的京东白条、蚂蚁花呗、微粒贷等新兴循环消费信用工具均披露了分期付款费率，但费率的计量单位、背后所采用的计算方法却并不统一。笔者认为，要解决上述问题，可借鉴澳大利亚《信用法典》的规定：一方面，要求信用提供者将循环消费信用合同项下的所有利率、费率均折合成年利率的形式予以披露；另一方面，将消费者在合同项下所需支付的所有信用成本累加，计算该循环消费信用的年成本率并予以披露。

二、会计义务

作为继续性合同，循环消费信用合同在履行期间，会有信用支取、利息费用计收、还款等交易的反复发生，信用提供者有义务将逐笔交易分别借记或贷记消费者的循环消费信用账户；以所得之账户余额确定其与消费者之间的债权债务数额，并定期向消费者提供对账服务；若消费者对对账单的记载提出异议，信用提供者有义务对此进行调查、作出解释或更改。上述以记账、对账、记账错误的处理等为内容的义务，是信用提供者对循环消费信用账户账务的日常维护，是一种持续性的义务，统称为信用提供者的会计义务。

（一）提供定期对账单的义务

通过前文关于循环消费信用特点的论述可知，循环消费信用合同的总给付内容不能自始确定，在合同履行期间信用支取、利息费用计收、还款等交易将接连反复发生；信用提供者在合同订立前、订立时的信息披露义务亦是仅能做到精确地披露利率、费率及其计算方法，而不能做到精确地披露债权债务的数额。因此，要保障消费者的知情权，使其明确知晓每期应付欠款所对应之交易及其利息、费用，有赖于信用提供者对循环消费信用账户下发生的交易进行持续的记账，形成对账单并向消费者定期提供。此为循环消费信用提供者的会计义务之一部分——向消费者提供定期对账单的义务。

在我国现行关于信用卡的行政规章中，就有关于发卡银行向持卡人提供定期对账单的义务的规定。《银行卡业务管理办法》第52条、《商业银行信用卡业务监督管理办法》第61条均规定，信用卡发卡人有向持卡人提供对账服务的义务，按月向持卡人提供对账单，对账单应包括交易日期、交易金额、交易币种、交易商户名称或代码、本期还款金额、本期最低还款金额、到期还款日、注意事项、查询或报告不符账务的地址或电话号码等信息。此外，《商业银行信用卡业务监督管理办法》第67条还规定了发卡银行的还款提醒义务，“发卡银行应当及时将即将到期的透支金额、还款日期等信息提醒持卡人”。

上述规定仅系针对信用卡而为，因而在对定期对账单的提供时间、周期、内容以及提供方式的规范上有着当然的局限性。要对循环消费信用提供者向消费者提供定期对账单的义务作出一般性的规范，尚需考虑不同记账与还款方式的差异，并参考对循环消费信用有一般性规范的他国法律的立法经验。

1. 美国

首先，关于提供定期对账单的时间。《Z条例》12C. F. R. 226. 5

(b)(2)(i)(A)规定，对于提供循环消费信用的信用卡账户，发卡人应采用设计合理的程序以保证：(1) 定期对账单在其所载的到期还款日前21天寄出；(2) 发卡人不能以任何理由将在其寄出定期对账单后21天内收到的该期还款视为逾期。12C. F. R. 226. 5 (b)(2)(i)(B)规定，对于其他循环消费信用账户，信用提供者应当采取设计合理的程序以保证：(1) 如果该账户适用免息期，则遵循上述对信用卡账户的要求；(2) 若该账户不适用免息期，则定期对账单应至少在该账单所载的到期还款日前14天寄出，且信用提供者不得以任何理由将在其寄出定期对账单后14天内收到的该期还款视为逾期。

其次，12C. F. R. 226. 7 专门规定了定期对账单的法定内容：(1) 前期余额，即该账单周期开始时循环消费信用账户的欠款余额；(2) 交易信息的确认，即逐笔列明在该账单周期内发生的交易的详细信息，包括数额、日期、交易地点、商户及商品名称等，以供消费者查看、确认；(3) 贷记项目，即在该账单周期内发生的贷记循环消费信用账户的数额及日期（主要指消费者还款）；(4) 利率，应与其所适用于的债务范围、交易类型同时列明；(5) 据以计算融资费用的欠款余额（即本金），应标明所使用的计算方法的法定名称，若无法定名称则应详细说明计算方法；(6) 计收的费用，包括利息、费用及其总额；(7) 关于合同内容变更的信息披露；(8) 免息期；(9) 提出账单异议的联系地址；(10) 该记账周期结束的日期；(11) 到期还款日以及不按时还款可能产生的滞纳金、适用的惩罚性利率；(12) 关于还款的信息披露；(13) 形式要求，即上述定期对账单的内容应参照本法案附件 G-18 (D) 中的顺序和形式排列；(14) 该循环消费信用账户中有未偿欠款可能被计收迟延利息的，应在定期对账单首页披露该部分欠款的到期还款日。

其中，"关于还款的信息披露"是2009年美国信用卡改革法案(The Credit Card Accountability Responsibility and Disclosure Act of 2009)新增的内容，实际上可以称为"最低还款额还款警示"。具体而言，其要求信用卡发卡人在定期对账单中用加粗字体警示消费者"如果每期仅偿还最低还款额，你将为此支付更多的利息、花费更长的还款时间"，并详细说明以下两点：其一，若每期仅偿还最低还款额，要全额清偿目前账户中的欠款余额，尚需要多长时间，共支付多少利息；

其二，若要在36个月内全额清偿目前账户中的欠款余额，每期需偿还的最低数额为多少，需支付的利息总额为多少。

2. 英国

《消费信用法案》规定了循环消费信用提供者在两种情况下的账单提供义务：一为，应消费者之请求向其提供账单的义务；二为，根据法律规定定期向消费者提供对账单的义务。

首先，关于应消费者请求之账单提供义务。该法案第78条（1）、（3）规定，在循环消费信用合同项下的信用提供者在接到消费者的书面请求及15新便士后，即有义务在规定时间内向消费者提供该生效合同的副本及其相关文件以及一份记载最新账户信息并由信用提供者或其代理人签字的对账单，但该合同项下尚无任何欠款，或消费者在一个月内作出两次相同请求的除外。

其次，关于定期提供对账单的义务，特别是提供对账单的周期。第78条（4）规定，在本法案的适用范围内，循环消费信用合同项下的信用提供者，应按规定的形式、规定的内容向消费者定期提供对账单。一般而言，每两次定期对账单之间的时间间隔最长不得超过12个月；但是，若合同约定了消费者还款的特定周期或利息、费用计收的特定周期，则信用提供者应在每个周期结束之日向消费者寄送定期对账单。

再次，关于对账单应该包含的内容。该法案第78条（1）作了简单列举：（1）该循环消费信用账户的状态；（2）已到期或当期应付的欠款数额；（3）尚未到期的各笔欠款的数额及其到期日。第78条（2）进一步对对账单所载信息的精确性作了规定，“若信用提供者当下所掌握的信息不足以使其确定该合同项下消费者某笔欠款的数额或到期日，则应详细披露该笔欠款数额的计算方法或到期日的确定方法”。此外，2006年英国修订1974年《消费信用法案》，在原法案第78条（4）下新增了一款（4A），特别规定，信用提供者应将关于“不按时还款或每期仅偿还最低还款额所产生的后果”的特定信息纳入定期对账单中。

最后，该法案还规定了信用提供者违反上述两项义务所应承担的法律后果：其一，在不作为的违约状态持续期间，不得请求消费者履行合同义务；其二，若违约状态持续达1个月，则构成严重违法行为。

3. 澳大利亚

依据澳大利亚《信用法典》第 2 部分第 5 节“信用提供者关于信用账户的义务”第 33 条的规定，循环消费信用提供者有义务向消费者提供定期对账单，但消费者在 120 天或 2 个账单周期内持续违约且信用提供者已停止向其提供任何信用的除外；其中，信用卡的账单周期为 40 天，含有反向抵押条款的循环消费信用合同的账单周期为 12 个月，其他一般循环消费信用合同的账单周期可长于 40 天但不得超过 3 个月；若违反该项义务，信用提供者将被课以 100 单位的罚金（criminal penalty）。

关于定期对账单的内容，《信用法典》第 34 条作了详细列举，包括：（1）账单周期及其起止日；（2）账户欠款余额，包括期初余额与期末余额；（3）在该账单周期内所发生的每笔信用支取；（4）若以消费支付方式支取，应列明提供商品、服务的第三方；（5）利息，包括利息的数额、借记循环信用账户的时间以及利率的变动情况；（6）费用，包括费用的数额及其计收依据；（7）在该账单周期内，消费者向信用提供者偿还的每一笔款项或其他贷记到消费者循环信用账户中的每一笔款项的详情；（9）采用未偿欠款循环的还款方式的，应标明最低还款额及其到期日；（10）保险；（11）合同内容的变更或对上一期账单的更正。

虽然各国立法对于该项义务的规定在具体内容上存在差异，但规范之核心无非两项——定期对账单的提供时间与周期、定期对账所应包含的内容。

首先，关于提供定期对账单的时间与周期。由于循环消费信用有多种记账与还款方式，对于定期对账单的提供周期应当灵活规定。从上述三国的立法经验来看，可分两种情况予以区别规定。其一，循环消费信用合同中约定有固定还款周期的，应按还款周期向消费者提供对账单，且对账单之提供应充分早于（是否“充分早于”之时间标准可参照美国法，定为提前 14 天以上）对账单所载之到期还款日，给消费者预留对账与还款的时间。其二，循环消费信用合同中没有约定固定还款周期的，英国法规定定期对账单之提供周期最长不超过 12 个月，澳大利亚法则规定最长不超过 3 个月，法之宽严程度相差甚远，可见关于定期对账单对于无固定还款周期的循环消费信用之必要程度，两国立法者见解不一。而依笔者之见，基于目前互联网及移动通信已高度发达的现状，对于无固定还款周期的循环消费信用，例如目前我国消费信用市场上的京东白条等采用单笔记账的循环消费信用产品，应对信用提供者课以逐笔提醒到期欠款的义务以及提供可供消费者随时查阅的网络对账单的义务。

其次，关于定期对账单所应包含的内容。常规内容并无特别之处，应予关注的是“不按时还款警示”与“最低还款额还款警示”。所谓“最低还款额还款警示”是指，向消费者说明并警示在未偿欠款循环的还款模式下，若消费者每期仅偿还最低还款额，则会导致债务的累积、产生高额的利息。英国2006年修订《消费信用法案》，特别规定在循环消费信用提供者向消费者提供的定期对账单中应列明“不按时还款或每期仅偿还最低还款额的后果”这项信息；美国2009年信用卡改革法案，亦要求信用卡发卡人在定期对账单中披露最低还款额还款可能导致的债务风险。具体而言，笔者认为美国的该项制度设计系针对采用未偿欠款循环这一还款模式的循环消费信用而为，更为详尽、有效，值得借鉴。如上文所述，美国2009年信用卡改革法案中所要求的“最低还款额还款警示”具体包含以下两项内容：其一，若每期仅偿还最低还款额，要全额清偿目前账户中的欠款余额，尚需要多长时间，共支付多少利息；其二，若要在36个月内全额清偿目前账户中的欠款余额，每期需偿还的最低数额为多少，需支付的利息总额为多少。

以上两项内容，一方面以假设前提的方式向消费者展示了本不能确定的将来利息数额和预计还款时间，实现了抽象的利率与计算方法的具体化、数字化；另一方面，对比了在“每期仅偿还最低还款额”与“36个月全额清偿欠款”这两种还款方式下，分别耗费的还款时间及产生的利息数额。这能够让消费者更直观地感受债务压力以及每期还款多寡对利息总额的巨大影响，督促其选择尽快还款，而不至于掉入债务泥潭。此为防止消费者过度负债的有效举措，当借鉴之——对于采用未偿欠款循环这一还款模式的循环消费信用，信用提供者所提供的定期对账单除应包含交易信息、利息费用信息及还款信息等常规内容外，还应列明“最低还款额还款警示”。

（二）提供账单异议处理机制的义务

对信用提供者课以提供定期对账单的义务，其主要目的就是让消费者核对对账单中记载的交易信息，以确认信用提供者与消费者之间的债权债务数额。因而，既然有定期对账单之提供，就应有提出和处理账单异议的途径。否则，信用提供者提供定期对账单的义务就将形同虚设、有名无实。

就信用卡而言，《银行卡业务管理办法》第 52 条第 2 款规定了发卡银行的账务查询与更正义务，“发卡银行应当设立针对银行卡服务的公平、有效的投诉制度，并公开投诉程序和投诉电话。发卡银行对持卡人关于账务情况的查询和改正要求应当在 30 天内给予答复。”但在目前我国消费信用市场上诸多新兴的循环消费信用产品的合同中，均没有关于账单异议处理机制的约定，反而多见的是关于账单或对账凭证效力绝对化的条款。例如，《微粒贷借款额度合同》第 5.1 条规定：“您应主动查询您账户信用额度的交易明细以及确认交易内容。贷款人所保存的本信用额度项下的交易记录，均为本额度使用的真凭实据，对您有约束力。”《京东白条服务协议》第 3 条第 2 款第 3 项规定：“用户选择延后付款及分期付款时，用户与京东结算的依据是京东或网银在线查询系统的查询结果以及银行对账凭证，后者没有记录而前者有记录的，以前者的查询结果为准；两者存在差异的，以银行对账凭证为准。”然而，在循环消费信用合同履行期间，信用支取、利息与费用计收、还款等交易行为的反复发生必然对应循环消费信用账户的多笔借记与贷记，在会计过程中完全杜绝任何纰漏的可能性微乎其微，差错在所难免。例如，交易失败但未取消借记、已还款但未及时贷记、借记数额与实际信用支取的数额不符、账单中借记了并非消费者或其授权的第三者支取的信用等等，甚至是最基本的计算错误也有可能出现。对此，信用提供者并没有耗费成本予以排查的动力，而消费者作为利益直接相关者不仅有动力对上述错误进行排查，且仅需要通过核对账单这一简单的行为即可完成。因此，对信用提供者课以提供账单异议处理机制的义务，既是对消费者知情权的保护，也是对账单准确性的保障。

关于账单异议处理机制，其具体的内部制度安排应属于信用提供者自由设定的范围，如接收、处理账单异议的部门、流程等；但提出账单异议的时效期间、账单异议处理的时限、账单异议处理期间消费者的权益保护、账单异议处理结果的告知、消费者滥用提出账单异议的权利的禁止等应由法定，因为这涉及账单异议处理的程序正义和消费者的权利。反观我国《银行卡业务管理办法》对发卡银行提供账务查询与更正义务的规定，仅有对处理时限之规范，尚需在很大程度上予以完善。

美国《Z条例》12C. F. R. 226. 13对以上几项内容作了详细规定，是极为有价值的参考。其一，提出账单异议的时效期间。消费者提出账单异议的通知应在信用提供者发出第一次记载有该异议项的定期对账单后60日内送达信用提供者处方为有效。其二，账单异议处理的时限。信用提供者应在收到消费者账单异议的通知后30日内向消费者发送书面确认书；在收到消费者账单异议的通知后2个完整的账单周期内（不得超过90日）更正错误（若有）并向消费者发送有关处理结果的通知。

其三，账单异议处理期间消费者的权益保护。在账单异议处理期间，消费者有权拒绝偿还与账单争议项有关的欠款（包括利息和费用），若信用提供者在该争议欠款的到期还款日前3日（或更早）收到账单异议通知，则即便消费者开通有自动还款业务，信用提供者亦无权为偿还该部分欠款而扣划消费者账户中的资金；信用提供者不得因消费者未能按时偿还争议欠款，而直接或间接地向任何人作出或威胁要作出任何关于消费者信用状况不良或拖欠债务的报告；信用提供者不得因消费者善意地行使了提出账单异议的权利，而增加消费者的债务或者限制、关闭消费者的账户。然而，此种侵害消费者权益的现象普遍地存在于我国商业银行的信用卡业务中。例如，《中国工商银行牡丹信用卡领用合约》第3条规定："在查证结果确认前，甲方（持卡人）应及时还款，如不及时还款，可能对甲方信用记录产生影响。"

其四，账单异议处理结果的告知。不论账单异议是否成立，信用提供者都有义务以书面形式通知消费者账单异议的处理结果。账单异议不成立或部分不成立的，应说明原因，并应消费者之请求（若有）附相关证明。

其五，禁止消费者滥用提出账单异议的权利，逃避还款义务和逾期利息。在账单异议处理程序完成后，消费者对同一账单异议提出再次主张的，信用提供者无须对此再次履行处理账单异议的义务。

三、防范消费者过度负债风险的义务

决定合同内容的自由是合同自由原则的题中之意，以法律强制性规范的形式对本应由合同当事人自由约定的合同内容予以确定，即对合同自由的限制，应有其必要性与合理性基础。传统的合同自由理论认为，“任何人都有权和任何人缔结他们所想要的契约，他们有权选择订立合乎他们自身利益的任何条款”。[1] 然而任何自由都并非绝对。马克思认为：“自由就是从事一切对别人没有害处的活动的权利，每一个人能进行对别人没有害处的活动的界限是由法律规定的。”对国家或社会公共利益之害，即非合同自由之范围，有学者即言之，“法律的触角可以以维护公共利益的名义伸向道德所无能为力的领地，通过立法和司法活动来实现对个体绝对自由的限制”[2]。因此，对合同自由的限制已成为 20 世纪以来合同法发展的一个重要趋势。[3] 具体而言，通过法律对特定类型合同的内容进行强制性规范，是国家干预重要经济领域的手段，达至社会公共利益最大化当为其最终目的。而这也体现了私法公法化、私法行业化的现代民商法发展趋势——“民商法从纯粹私法不断向行业私法分化，这些行业私法不再以角色为关注，而是关注有关领域的系统功能，在规范技术上体现出公私综合的特点”。[4]

据此，对于循环消费信用合同而言，法律对其内容进行强制性规范的必要性与合理性基础在于：循环消费信用对消费的强刺激作用可能会导致消费者过度负债这一严重的社会经济问题，从这个意义上讲循环消费信用具有一定的负外部性，通过限制合同自由、相关合同内容法定的方式来限制循环消费信用对消费的刺激作用是化解该负外部性的良方。

首先，不可否认，信用提供者向消费者提供循环消费信用最终是以营利为目的的。因而通过各种营销手段使消费者支取更多的信用、

---

[1] 傅静坤：《二十一世纪契约法》，法律出版社 1997 年版，第 7－8 页。

[2] 李玉雪：“论合同自由的限制”，载《法制与社会发展》2001 年第 4 期。

[3] 王利明：“论合同法的新发展”，载《江海学刊》2003 年第 2 期。

[4] 龙卫球：“现今民商法的社会基础与变化趋势”，载龙卫球、王文杰主编：《两岸民商法前沿》（第三辑），中国法制出版社 2014 年版。

通过合同条款的设计使消费者支付更多的利息和费用，是其必然采取的经营策略；相反关于是否会产生消费者过度负债，给消费者的生活和社会经济带来负面影响，信用提供者并不关心。例如，有学者曾直言，对于采用高利率的信用卡发卡人而言，信用良好的高收入者并非其最中意的客户群体，因为向低收入者发行信用卡显然能够为其带来更多的利息收入。[1]

其次，在信用提供者拟定的循环消费信用格式合同中，存在部分条款，从表面上看与信用额度、正常信用成本等消费者在选择与签约时最为关注的信息并无直接关联，但却又会在日后合同履行中或消费者违约后对消费者的债务履行或负债总额产生实质影响。例如，消费者往往过于乐观地预计自己的未来收入与还款能力、缺乏对可能遭遇工作或生活变故的预测，从而忽略有关最低还款额的比例、期限利益的丧失、逾期利息等内容的合同条款。对于此类条款，可以考虑剥夺合同当事人决定合同内容的自由，由立法者直接替当事人作出决定。就如美国关于汽车应安装安全气囊的强制性规定，原本从合同自由的角度讲，消费者与销售商签订合同买卖没有安装安全气囊的汽车应属其自由，但基于安全气囊对于消费者及社会的交通安全意义，政府最终通过立法剥夺了市场主体的该项合同自由，禁止生产、销售或购买未安装安全气囊的汽车。[2]

以防范消费者过度负债为目的，对循环消费信用合同的内容进行强制性规范、限制合同自由，应当有合理的限度。因为，限制合同当事人决定合同内容的自由，就意味着合同内容需要更多地遵循法律的强制性规范，信用提供者得以实施吸引消费者的举措、进行创新的空间就会被迫缩减。若过分限制合同自由，将会抑制市场竞争、阻碍循环消费信用的创新，进而导致消费者新的需求无法及时得到满足。不仅如此，盈利是循环消费信用提供者的根本目的，也是其向消费者提供更便利、完善的消费信用服务的动力。而以防范消费者过度负债为目的的强制性规范的有效实施，必然会导致循环消费信用提供者利润

---

[1] See Lawrence M. Ausubel, Credit Card Defaults, Credit Card Profits, and Bankruptcy, 71 Am. Bankr. L. J., 1997, pp. 249 – 265.

[2] 在20世纪90年代初美国通过了一项联邦《综合地面运输及效率法案》，要求1998年9月1日起生产的乘用车和轻卡必须安装主驾驶和副驾驶的前安全气囊。

项目的减少。过分限制合同自由，会严重打击循环消费信用提供者的积极性，甚至可能扼杀此种消费信用模式、甚至是一个行业的发展。

为此，可通过对循环消费信用所涉及的消费者身份、消费者信用支取、促销活动、消费者还款、消费者违约、坏账核销等诸环节的逐一考察，确定应予以强制性规范的合同内容。其中，在上文关于信用提供者的信息披露义务与提供定期对账单的义务的论述中已提及两项，分别为在信用支取行为发生时的信息披露义务以及在定期对账单中列明“最低还款额还款警示”的义务。从理论上讲，在循环消费信用所涉及的每一个环节中都可以找到限制消费者过度负债的途径，但是并非任何一种途径都能满足负外部性小、可实施性强、必要且有效这一系列的条件，并且立法者最终会选择将哪种途径转化为强制性规范在很大程度上还将取决于所涉各方主体之间的利益博弈。因此，下文将仍然从信用提供者的义务的角度，仅就最为必要的也是各国消费信用立法中最为常见的此类强制性规范作一简述。

（一）不得针对欠款余额开展营销活动的义务

目前市场上的循环消费信用产品，尤其是与消费支付直接关联的循环消费信用工具，大都有积分、返现、优惠券或消费折扣等活动（以下统一用积分返利代称）。此系信用提供者与商家联合推出的刺激消费、增加交易量的营销手段。按积分返利计算的依据，可将其分为，针对消费额的积分返利、针对信用支取次数的积分返利以及针对欠款余额的积分返利等。其中针对欠款余额的积分返利是指，在未发生逾期还款的前提下，消费者循环消费信用账户中的欠款余额越多，则可获得的积分返利也就越多。可以看出，与针对消费额、信用支取次数的积分返利不同，针对欠款余额的积分返利实质上是鼓励消费者债务余额的增加。这是与消费者过度负债的风险防范完全背道而驰的，法律理应禁止此类营销手段。

此外，返利之来源系信用提供者收入的一部分，信用提供者的收入来源无非商户支付的交易手续费、消费者支付的利息和费用；在用循环消费信用支付与用现金支付适用同样的商品价格、有欠款余额的账户与没有欠款余额的账户适用同样的利率的情况下，消费者基于欠款余额而获得的返利其实是来自于全体商品消费者支付的更高的商品价格、全体循环消费信用使用者支付的更高的利率。[1] 该部分返利在来源上存在的不公平因素，亦决定了法律应当禁止信用提供者开展针对欠款余额的积分返利等营销活动。

（二）以不低于法定的标准计算最低还款额的义务

针对未偿欠款循环的还款方式，应当设定最低还款额计算的法定最低标准。即，信用提供者有义务以不低于法定的标准计算消费者每期的最低还款额。最低还款额一般为一定比例的当期应付账款，其计算标准以百分比表示；消费者仅需足额偿还最低还款额，即可继续使用其循环消费信用账户下的信用额度；该期欠款余额将循环计入下期账单。因而，最低还款额的计算比例越低，每期可能发生的欠款余额，即循环计入下期账单的欠款数额也就越高。换句话说，最低还款额计算比例的高低在一定程度上决定了消费者债务累积的速度。最低还款额计算比例越低债务累积的速度越快，甚至可能出现最低还款额低于每期计收的利息的情况。美国《Z 条例》在规定定期对账单中的“最低还款额还款警示”时，即列举了此种情况下的警示内容，“即使你不再用该信用卡支取任何信用，如果你每期仅偿还最低还款额，我们预计你将永远无法还清该账单上的欠款，因为你偿还的最低还款额将低于欠款每期产生的利息”。[2] 可见，过低的最低还款额计算比例将加剧消费者过度负债的风险。反之，要防范消费者过度负债的风险，就应禁止信用提供者在格式合同中规定过低的最低还款额计算比例，因此设定最低还款额计算的法定最低标准应属必要。

我国《银行卡业务管理办法》中有关于最低还款额法定标准的规定，第 20 条第 2 款规定，“持卡人在到期还款日前偿还所使用全部银行款项有困难的，可按照发卡银行规定的最低还款额还款”；第 46 条规定，“贷记卡的首月最低还款额不得低于其当月透支余额的 10%”。然而，该标准仅是针对信用卡的首月最低还款额而为，效力范围有限。应针对采用未偿欠款循环这一还款模式的循环消费信用，设定普遍适用于各还款周期的最低还款额法定最低标准。

关于该法定最低标准的设定，最低还款额占当期应付账款的最低

---

[1] See Ronald J. Mann, Charging Ahead: The Growth and Regulation of Payment Card Markets, New York: Cambridge University Press, 2006, p. 122.

[2] 12C. F. R. 226. 7 (b) (12) (ii).

比例应由有权立法的监管机关根据实践数据经过经济分析后具体确定；但应当明确的是，最低还款额必须包含前期最低还款额未还部分、超过信用额度的信用支取数额以及全部的利息和费用，以此彻底避免美国《Z条例》中所言的"最低还款额低于欠款所生之利息"的情况。此规定并非没有先例，我国台湾地区"金管会"颁布的《信用卡定型化契约范本》第15条即言之，持卡人每期最低应缴金额除一定比例的应付账款外，还应加计"超过信用额度之全部使用信用卡交易金额、累计以前各期逾期未付最低应缴款项之总和，循环信用利息及年费、预借现金手续费、挂失补办手续费、调阅签账单手续费等其他应缴费用"。

（三）向征信机构报告消费者逾期还款行为的义务

消费者的逾期还款行为是否记入个人信用记录、通过何征信系统记入信用记录，在目前可见的循环消费信用合同中并未有明确约定者。简单声明逾期还款将影响消费者个人信用记录的也寥寥可数。例如，《花呗消费贷款用户服务合同》第2.1.8条，"您应在还款日24点前（含当日）清偿全部应还款额，逾期未清偿，将影响您的征信记录"；《微粒贷借款额度合同》第5.5（5）条，"若因各种原因（包括但不限于还款账户余额不足）造成自动扣款失败，逾期未清偿任何款项将影响您的征信记录"。而且，上述合同均并未言明其所言之"征信记录"为何征信系统之征信记录，若仅为某互联网平台内部的征信系统，则其不良记录对消费者的威慑作用甚微。

将消费者的逾期还款行为强制记入个人信用记录，一方面能够督促消费者还款；另一方面消费者出于对不良信用记录的顾虑会自觉在支取信用之前理性地考量自身还款能力、抑制冲动消费。能够在一定程度上减轻循环消费信用对消费的强刺激作用，防范消费者过度负债的风险。并且，目前我国官方的个人信用体系建设已经初见成效，截至2015年1月14日，除港澳台地区外，全部省份居民已均可在中国人民银行征信中心官方平台查询个人信用记录、获取个人信用报告。相比于民间互联网平台以该平台内部大数据为支撑、应用范围有限的征信系统，官方征信系统征集信息的范围更为广泛、信用记录将在更多领域对个人的工作、生活产生影响。这就增强了该信用记录对消费者消费、还款决策的影响，也使得将消费者在不同循环消费信用合同下的逾期还款行为强制记入同一征信系统具有了现实的可能性。因此，应当对信用提供者课以明确的义务，要求其必须向中国人民银行征信系统报告消费者的每一次逾期还款行为。

第二节 信用提供者与消费者在合同内容变更时的权利义务

一、循环消费信用合同内容变更的特殊性

其一，循环消费信用合同一般均含有关于合同变更的条款。因为相比于固定数额消费信用合同，循环消费信用合同在履行过程中发生合同内容变更的几率更大，这是由循环消费信用合同作为继续性合同本身所具有的特性决定的。循环消费信用合同所形成的是信用提供者与消费者之间长期性的合同关系，在履行期间交易条件的变化会带来合同当事人变更合同内容的需求，例如，若资金成本升高，信用提供者为保持原有的盈利水平，会提高循环消费信用利率。因而，在循环消费信用合同中必然应存在一定的弹性因素，即如学者对继续性合同的一般描述“当事人双方有意识地限制有效条款的范围和精确程度，故意在合同中预留一定的空白，利用开放性条款给当事人以在履行期间的实质性自由选择权，例如价格调整条款与数量变更条款”[1]。

其二，合同内容的变更多由信用提供者单方面提出，消费者没有主动参与协商的权利。在循环消费信用合同中约定信用提供者有“在任何时间、以任何理由重新定价”的权利几乎成了行业惯例，[2] 关于合同变更的不公平格式条款十分常见。例如，《招商银行信用卡（个人卡）通用领用合约》第5条规定：“本合约及所依据的《招商银行信用卡章程》修改、收费项目或标准变化、利率调整等一经公布（包括但不限于网站公告、营业网点公告、对账单、电子邮件、客户服务

[1] 屈茂辉、张红：“继续性合同基于合同法理与立法技术的多重考量”，载《中国法学》2010年第5期。

[2] 参见郑伟：“我国信用卡消费者权益保护研究——以美国《2009信用卡业务相关责任和信息披露法案》为视角”，载《南方金融》2010年第9期。

热线等方式），即为有效，无须另行通知乙方（消费者），修改后的条款对甲、乙双方均有约束力。”《蚂蚁花呗用户服务合同》第7.1.1条规定：“服务商有权随时单方面修改本合同中与您相关的权利义务。一旦合同条款变更，服务商将书面通知您，除法律法规或监管规定另有强制性规定外，经修订的内容一经通知，立即生效。若您不同意修改本合同，则应当自该等通知送达之日起立即停止使用本服务并全额还清本合同项下的应付款项（如有）；否则，视为您同意并接受修改后的合同。”可见，《合同法》第77条，变更合同内容需当事人协商一致的规定，显然没有得到实际的遵循；《商业银行信用卡业务监督管理办法》第64条，发卡银行应就信用卡章程、产品服务等即将发生变更的事项提前45天通知持卡人的规定，因适用范围的有限性而无法规范信用卡以外的循环消费信用合同；而关于合同内容变更的通知形式、消费者不同意变更合同内容的法律效果，合同中之约定于消费者而言亦皆有不公。

其三，在合同内容发生变更时，循环消费信用合同项下可能存在已经形成但尚未偿还的债务。一般合同法理论认为，合同变更仅向将来发生效力，不对已履行的合同内容发生效力。[1] 然而，该部分形成于合同变更前但消费者尚未偿还的债务，究竟属于已经履行的合同内容还是尚未履行的合同内容？合同变更尤其是有关利率、费率的变更是否对该部分债务产生效力，即该部分债务的利息、费用是否应该按照变更后的利率、费率进行计算，这是循环消费信用合同所特有的有关合同变更的效力问题。

二、信用提供者变更合同内容的通知义务

从学理上来讲，所谓合同内容的变更，是指在合同成立后，尚未履行或尚未完全履行以前，当事人就合同的内容达成修改和补充的协议。依据《民法通则》第57条，合同成立后产生对合同当事人的法律约束力，当事人应当按照合同约定的内容履行义务，非依法律规定或者取得对方同意，不得擅自变更或者解除。也就是说，除法定的合同变更事由外，“变更合同内容须经过双方协商同意，任何一方未经

[1] 参见杨立新：《合同法》，北京大学出版社2013年版，第209页。

过对方同意，无正当理由擅自变更合同内容，不仅不能对合同的另一方产生约束力，反而将构成违约行为”[1]。虽然循环消费信用合同是由信用提供者单方拟定的格式合同，合同内容的变更也多由信用提供者提出，但这不代表信用提供者有单方变更合同内容的权利。信用提供者作出的合同内容变更要对消费者产生约束力，必须以双方就该项变更达成一致协议为前提。

一般合同法律规范仅要求有合同当事人就合同内容变更达成一致协议之结果，并不限制协议达成之过程。但对于循环消费信用合同，合同内容变更多由信用提供者单方面提出，所谓协商一致实则多为消费者被动接受。为保护消费者权益，对循环消费信用合同内容变更的过程予以规范实有必要。首先，应对信用提供者课以合同内容变更的法定通知义务。这是诸多国家消费信用立法的选择。例如，英国《消费信用法案》第 82 条（1）规定，如果消费信用合同中约定信用提供者可单方变更合同内容，在将变更内容以规定形式通知消费者前该变更不生效力。美国《Z 条例》12C. F. R. 226. 9（c）（2）（i）（A）规定，关于循环消费信用合同重要条款的变更，信用提供者必须在该变更生效之日前 45 天以书面形式通知每个可能受此项变更影响的消费者。

（一）通知义务的类型细分及其与合同变更生效的关系

如上文所述，合同法仅规定变更合同内容需当事人协商一致，但并未限定达成一致协议的途径和方式。因而，在循环消费信用合同中，信用提供者与消费者就变更合同内容达成一致协议的途径和方式不同，则法律规范信用提供者的通知义务的必要性以及通知义务的内容也就不同。

其一，循环消费信用合同中有关于发生合同变更条件的约定的，当约定的条件成就时，合同内容即依约定发生相应的变更。此为有学者所称之合同的“约定变更”，[2] 合同中关于合同变更条件之约定即为双方就变更达成之一致协议。在此种情况下，信用提供者应将合同内容发生变更的事实通知消费者，但该通知与该项合同变更是否生效无

[1] 王利明、房绍坤、王轶：《合同法》，中国人民大学出版社 2009 年版，第 193 页。

[2] 参见张腊梅：“完善合同变更法律规定的思考”，载《安徽警官职业学院学报》2009 年第 5 期。

关，且无法亦无须提前于该项合同内容变更生效的时间作出。美国《Z 条例》12C. F. R. 226. 9（c）（2）（v）列举了循环消费信用合同无须提前通知的变更，其中即包括：（1）约定条件成就所导致的循环消费信用提供的暂停或终止；（2）因特定时间段结束而导致的利率、费率的上涨，前提是合同中已披露了该时间段的具体起止时间以及该时间段结束后适用的利率、费率；（3）根据不受信用提供者控制的相关指数的变动而变动的可变利率的上涨。

其二，在循环消费信用合同履行过程中，信用提供者单方决定变更格式合同内容的，该决定对于消费者而言只能是变更合同内容的提议。要实现有法律效力的合同内容变更，信用提供者必须将该提议通知消费者，以期与之达成变更合同内容的合意。法律应以保护消费者利益为规范目的，保障消费者有充分的时间考虑信用提供者所提出的合同内容变更，对信用提供者课以关于合同内容变更的提前通知义务。从学理上来讲，该项通知系信用提供者为与消费者达成变更合同内容的一致协议而发出的要约，是合同变更生效的必要前提。我国《商业银行信用卡业务监督管理办法》第 64 条即规定，发卡银行应就信用卡章程、产品服务等即将发生变更的事项提前 45 天通知持卡人。美国《Z 条例》规定，除法定无须提前通知的变更、消费者已经同意的变更外，当合同重要条款发生变更时，信用提供者必须在该变更生效日前 45 天以书面形式通知每个可能受此变更影响的消费者；❶ 所谓“重要条款变更”是指账户开立时法定的信息披露条款的变更、最低还款额要求的提高以及关于担保条款的变更。❷

此外，在上述美国《Z 条例》的规定中，该提前通知义务还存在两项例外，法定无须提前通知的变更与消费者已经同意的变更。笔者认为，该两项例外系有利于消费者利益与交易效率提高之规定，值得借鉴之。其一，对于单纯有利于消费者的变更，可免除信用提供者的提前通知义务。美国《Z 条例》12C. F. R. 226. 9（c）（2）（v）规定，关于利息和费用的减少、免息期的延长，信用提供者无须提前通知消费者。其二，对于仅针对特定消费者的合同变更，若已经与消费者通

---

❶ See 12C. F. R. 226. 9（c）（2）（i）（A）.

❷ See 12C. F. R. 226. 9（c）（2）（ii）.

过其他途径单独进行了沟通并征得了消费者对该项合同变更的同意，则信用提供者仅需在该项合同变更生效之日以书面形式通知该消费者即可。[1]

（二）通知的形式要求

我国《商业银行信用卡业务监督管理办法》虽已规定了发卡银行就合同内容变更的提前通知义务，但并未对通知的形式作出限定。由此，各发卡银行均从自身利益出发，为节约通知成本，选择以公告的形式履行通知义务。例如，《中国银行股份有限公司信用卡章程》第33条规定："发卡银行如变更本章程或信用卡产品服务，将提前45天公告通知持卡人，该变更对发卡银行和持卡人均有约束力。……本章程中所称通知均指发卡银行通过其营业网点、客服电话、官方网站等对外发布公告。"《中国工商银行牡丹信用卡章程》第29条规定："本章程由发卡机构负责制定和修改。发卡机构如对本章程进行修改，将通过营业网点或中国工商银行网站进行公告；修改后的章程自公告满45日即为生效。在公告期内，持卡人可以选择是否继续使用牡丹信用卡。"新兴的循环消费信用提供者则以此为模板，在合同中亦作出类似约定，例如《微粒贷借款额度合同》第6.1条规定："一旦合同条款变更，贷款人将在本贷款电子服务平台进行公示，除法律法规或监管规定另有强制性规定外，经修订的内容一经公示，立即生效。"

然而，公告形式的通知根本无法达到使通知送达每个消费者的目的，信用提供者以公告的形式履行该通知义务，使该通知义务形同虚设。理性推算，要保证消费者能够及时收到关于循环消费信用合同内容变更的公告通知，需要求消费者以至少每45天一次的频率对信用提供者的公告平台进行搜索、查看。但是，在信息大爆炸的今天，人们的生活中每天都充斥着各种各样的信息；在消费信用市场繁荣的当下，消费者同时使用的循环消费信用工具也往往不止一个。这样的要求对于消费者而言显然过于苛刻，根本无法实现。因而公告形式的通知实则是使信用提供者的通知义务形同虚设了。反过来说，法律也没有理由要求消费者为协助信用提供者履行义务而负担过重的义务，这将耗费巨大的社会成本，是极端不合理的交易成本分配。因此，应对信用

---

[1] See 12C. F. R. 226. 9 (c) (2) (i) (B) .

提供者作出合同内容变更通知的形式予以限定：通知须以能够送达每个特定消费者的形式作出，禁止仅以公告形式履行该通知义务。

三、消费者拒绝合同变更的权利或选择退出合同的权利

合同对于当事人的约束力首先来源于当事人之间的合意。正如卡尔·拉伦茨所指出的，"合同中规定之所以具有效力，是因为当事人赋予它效力"。因而，"对于债务合同而言，只有经过合同双方当事人同意才能变更或者解除合同中的规定，或者用另一规定去代替合同的规定"。[1]

因而，合同当事人达成关于合同变更的合意的过程实际上也是一个要约、承诺的合同订立过程。《德国民法典》第305条即规定，应通过合同当事人之间的合同去变更债务关系的内容。而这也正是我国民法学者普遍认同的观点。王利明认为，"变更合同本身必须订立变更合同的合同。此种合同也必须经过要约和承诺阶段，符合民事法律行为的生效要件，任何一方不得采取欺诈、胁迫的方式来欺骗或强制他方当事人变更合同。如果当事人没有形成一致的意思表示，则不能变更合同。"[2] 杨立新亦指出，"当事人达成的合同变更协议也是一种民事合同。"[3] 在达成合同变更协议的过程中，信用提供者所发出的关于合同内容变更的通知实为要约，而消费者有对此项要约作出自己真实意思表示的自由。

（一）拒绝变更和选择退出均须以明示的方式作出

《合同法》第22条规定，承诺原则上应采取通知的方式，但根据交易习惯或者要约表明可以通过行为作为承诺的除外。即，一般而言受要约人须以通知这一明示的方式作出承诺。但根据意思自治原则，要约中可另行规定承诺的方式；要约之规定对要约人与受要约人均有约束力，因而受要约人按要约规定之方式作出的承诺方为有效。在这

---

[1] ［德］卡尔·拉伦茨：《德国民法通论》，王晓晔、邵建东、程建英、徐国建、谢怀栻译，法律出版社2013年版，第764页。

[2] 王利明、房绍坤、王轶：《合同法》，中国人民大学出版社2009年版，第194页。

[3] 杨立新：《合同法》，北京大学出版社2013年版，第208页。

种情况下，承诺的方式是承诺生效的特殊要件。[1]

就信用提供者向消费者发出的关于循环消费信用合同内容变更的通知（即要约）而言，往往将默示规定为消费者承诺之方式。例如，花旗银行 2014 年 4 月发布的《花旗银行（中国）有限公司信用卡（个人卡）领用合约》的修改通知，其中规定，“如您不接受该等变更，您可在本通知之日起的 45 日内终止您的信用卡账户。如果您在本通知之日起的 45 日后仍保留或使用信用卡或通过任何方式操作信用卡账户，您将被视为已经接受了该等变更。”将默示作为要约规定的承诺方式，意味着消费者若不同意信用提供者所提出的合同变更——拒绝合同变更或选择退出（opt - out）该合同——则应以明示的方式作出，方能使信用提供者即要约人准确了解其意图。

（二）消费者拒绝合同变更的内涵及其权利来源

在循环消费信用合同中，关于合同变更的条款通常约定，若消费者不同意信用提供者作出的合同变更，则应注销信用卡账户或者停止使用该循环消费信用服务。这是美国《Z 条例》12C. F. R. 226. 9（c）（2）（iv）（3）中所言的选择退出权（opt - out right），即“信用提供者应在关于重要条款变更的通知中说明，若消费者不同意通知中列明的合同内容变更，消费者有选择退出的权利”。所谓选择退出，即由此退出与信用提供者的循环消费信用法律关系、终止该循环消费信用合同。从根本上来讲，约定消费者在不同意合同内容变更时仅有选择退出合同的权利是保持格式合同的一致性、提高交易效率的制度选择，这得到了信用提供者的广泛使用。

那么，面对信用提供者变更合同内容的提议，消费者除了接受该项变更或选择退出合同外，是否还可以仅以不发生该项合同内容变更为效果意思，作出拒绝该项合同内容变更的意思表示？拒绝合同变更与选择退出合同的法律效果的区别在于，前者仅为合同变更的协议未达成，应当按照原来的合同内容继续履行合同；[2] 而后者系终止该循环消费信用合同。在有关发卡银行向消费者加收提现服务费问题的新闻报道中，有律师就曾主张，“权利和义务是双方面的，银行有权利

---

[1] 参见王利明、房绍坤、王轶：《合同法》，中国人民大学出版社 2009 年版，第 54 页。

[2] 参见杨立新：《合同法》，北京大学出版社 2013 年版，第 208 页。

单方面修改合同，消费者有权利不同意银行的变更，并继续免费使用信用卡的提现服务”❶。以该律师之意，消费者有权拒绝信用提供者变更合同内容的要求，而维持合同原貌。这是对选择退出权约定的否认，换句话说，在信用提供者发出合同变更的通知后即对合同内容是否发生变更失去控制，这将使信用提供者原本针对所有消费者制定的统一的格式合同被迫变得因人而异，从而导致交易效率的降低和社会成本的升高。因此，在循环消费信用合同之下，对消费者拒绝合同变更的权利应予以限制。但这并不意味着消费者绝对不享有拒绝合同变更的权利，在法律有明确规定或信用提供者在变更通知中有明示的情况下，消费者应享有该项权利。

对此，美国《Z 条例》12C. F. R. 226. 9（c）（2）（iv）（B）规定，“在信用卡循环消费信用账户之下，对于信用提供者提出的重要合同条款的变更，持卡人除有选择退出合同的权利外，还有拒绝接受合同变更的权利”；“但关于以下内容的变更可不给予持卡人拒绝权：（1）最低还款额的提高；（2）根据消费者价格指数而调整的费用的变动；（3）利率的变动；（4）并未超过法定数额上限的费用的调整；（5）在到期还款日后 60 日内，信用提供者仍未收到最低还款额还款所导致的合同内容的变更”。在对比 12C. F. R. 226. 9（c）（2）（ii）规定的“重要合同条款变更”所包含的内容后，可以发现，持卡人仅对以下合同条款的变更享有法定的拒绝接受的权利：（1）免息期；（2）信用额度的提高；（3）欠款余额的计算方法；（4）保险条款。

可见，在循环消费信用合同项下，约定或法定的消费者拒绝合同变更的权利主要限于：其一，非必须与消费者群体广泛达成之合同变更，多为针对特定消费者之变更；其二，法律规定不得随意变更、应具有自始确定性的合同条款。

据上文所述，消费者若不同意信用提供者所提出的合同变更，一般而言，依合同之约定其原则上仅有选择退出合同的权利。关于消费者选择退出的法律效果，循环消费信用合同最常见的约定是，应立即或限期全额清偿该合同项下的应付款项。例如，《微粒贷借款额度合

❶ “信用卡突然收取‘提现费’顾客指银行单方改合同”，载《南方日报》2015 年 5 月 25 日 DC04 版。

同》第6.1条规定，“若您不同意修改本合同，则应当自该等告示之日起立即停止使用本服务并全额还清本合同项下的应付款项；否则，视为您同意并接受修改后的合同。”《蚂蚁微贷服务合同》（借呗）第17条规定：“如借款人不同意相关变更，应自小贷公司的前述通知发出之日起5天内停止使用贷款并在小贷公司要求的期限内归还全部贷款本息和费用。”这意味着消费者一旦不同意变更合同内容，就将丧失全部已支出信用的期限利益。从消费者的角度来看，这将使暂时不具备全额还款能力的消费者被迫接受信用提供者变更合同内容的要求，难言公平。从法律的角度来讲，此种约定是否符合民事法律规范仍值得探讨。

我国有学者提出，“如果利率提高，（应）赋予持卡人注销信用卡并以当前的利率和偿还款项的日期还清目前债务的权利”[1]。在美国1999－2000年众议院会议以及2007－2008年众议院、参议院会议上均有众多议员提案，主张制定有关信用卡的法案并在其中明确规定：对于持卡人因不接受发卡机构以提高利率为内容的合同变更而注销信用卡账户的，应冻结原合同之利率、费用条款，直至持卡人将该信用卡账户下的欠款余额清偿完毕。[2] 澳大利亚《信用法典》第67条规定，在循环消费信用合同项下，信用提供者决定不再向消费者提供新的消费信用的，对于在其与消费者之间已经产生的债权债务，该循环消费信用合同仍然有效；但此项规定并不禁止法律规定或合同约定的合同终止的发生。

笔者认为，消费者因不同意合同变更而选择退出循环消费信用合同，不应丧失原有的期限利益。其一，消费者在尚未退出该循环消费信用合同前支取消费信用、形成债务、取得期限利益，是以原合同内容为依据的，而消费者选择退出该合同并无否认原合同效力的意思，因此原合同对双方仍有约束力，消费者依原合同取得的期限利益不应

---

[1] 郑伟：“我国信用卡消费者权益保护研究——以美国《2009信用卡业务相关责任和信息披露法案》为视角”，载《南方金融》2010年第9期，第75页。

[2] See Credit Card Accountability Responsibility and Disclosure Act of 2007, H. R. 1461 — 110th Congress (2007 – 2008); Credit Card Accountability Responsibility and Disclosure Act of 2007, S. 3252 — 110th Congress (2007 – 2008); Credit Card Interest Rate Change Disclosure Act, H. R. 3117 — 106th Congress (1999 – 2000).

被剥夺。究其根本，消费者选择退出合同系消费者与信用提供者就新合同（即内容变更后的合同）无法达成合意的结果，其意欲终止的是未来合同的效力。而且，继续性合同的终止与一时性合同的解除不同：所谓一时性合同的解除，“产生消灭合同关系的效果，不仅使合同未履行的部分不再履行，而且对于已经履行的部分也具有溯及既往的效力，双方互负恢复原状的义务”[1]；而继续性合同的终止，如王泽鉴教授所言“终止契约，指由当事人行使终止权，使继续性契约关系向将来消灭”，“契约终止即无溯及效力地使契约消灭，其在终止前所为的给付，具有法律上的原因，不成立不当得利”[2]。因而，消费者选择退出合同乃向未来终止该循环消费信用合同，依据原合同形成之债务不应失其期限利益。其二，消费者选择退出合同即丧失债务之期限利益的约定乃格式条款，应遵循《合同法》有关格式条款之效力规则。从本质上来说，消费者支取消费信用之目的即为取得延期偿还债务的期限利益；而剥夺消费者本应享有的期限利益，一般系消费者违约行为的不利后果。例如，《合同法》第 167 条规定，分期付款的买受人未支付到期价款的金额达到全部价款的 1/5 的，出卖人可以要求买受人支付全部价款。然而，消费者不同意信用提供者所提出的合同变更而要求选择退出合同，是合同自由原则的应有之义，不具有任何可归责性。让消费者因此而承担立即偿还所有欠款之义务的约定，系无故加重消费者责任的格式合同条款，依据《合同法》第 40 条之规定，应为无效。

四、合同内容变更对消费者还款义务的影响

在循环消费信用合同内容发生变更时，合同项下可能存在欠款余额，即消费者在合同变更前支取消费信用所形成之债务在合同变更时尚未清偿的部分，那么合同变更是否对该部分欠款余额发生效力？例如，循环消费信用合同项下之利率提高，该部分欠款余额是否应该按照提高后的利率重新计息；循环消费信用账户之信用额度降低，该部分欠款余额已高于降低后之信用额度，超出部分是否会产生额外的费

---

[1] 杨立新：《合同法》，北京大学出版社 2013 年版，第 210 页。

[2] 王泽鉴：《王泽鉴法学全集第十二卷 · 债法原理》，中国政法大学出版社 2003 年版，第 169－172 页。

用，等等。

合同法理论认为，合同变更的效力仅向将来发生，这无可争议。具体而言，“合同的变更，原则上仅对合同未履行的部分发生效力，对已履行的部分没有溯及力。这样，既已履行的合同债务不因合同的变更而失去法律根据”。❶ 合同变更的实质是以变更后的合同规则代替了原合同规则，而“在长期的债务关系中合同规则的效力的丧失不影响这种关系过去的情况”。❷

然而，问题在于，合同内容发生变更前已经形成但尚未偿还的该部分债务应属于合同已履行部分还是合同未履行部分。该问题显然难有定论，因为从信用提供者的角度而言，其已履行提供消费信用的义务，但尚未收回债权；从消费者的角度而言，其已受领信用提供者之给付，但尚未履行债务。因此，要确切解答合同变更对变更前欠款余额的效力问题，必须转变思路、另辟蹊径。

笔者认为，合同变更是否对变更前之欠款余额发生效力，应取决于该部分债务之数额以及该部分债务将要产生之利息、费用是否在合同变更前已经能够确定。从循环消费信用合同作为继续性合同的特点出发，在合同履行过程中合同的总给付内容本身就具有不确定性，❸ 不仅信用支取的时间、数额不确定，而且利息、费用的计收亦具有持续性，其数额的确定需以时间因素的确定为前提。因此，在合同内容变更前，若欠款余额本身的数额及其将产生的利息、费用的数额均已能够确定，即应视其为合同已履行部分，无须适用新的合同规则。例如，采用分期付款这一还款方式的循环消费信用，不论是单笔记账模式下的分期付款还是混合记账模式下的账单分期，分期付款的数额及其手续费自分期付款之始就已确定，因而即便在合同变更之时，分期付款尚未完成，也不应再适用新的分期付款费率。而若在合同内容变更前，欠款余额本身之数额或其将产生之利息、费用之数额并不能确定，则应适用合同变更后的新合同规则。例如，采用未偿欠款循环这

---

❶ 韩世远：《合同法学》，高等教育出版社 2010 年版，第 233 页。

❷ ［德］卡尔·拉伦茨：《德国民法通论》，王晓晔、邵建东、程建英、徐国建、谢怀栻译，法律出版社 2013 年版，第 764 页。

❸ 参见屈茂辉、张红：“继续性合同基于合同法理与立法技术的多重考量”，载《中国法学》2010 年第 5 期。

一记账还款模式的循环消费信用，因利息总额之计算除与利率相关外还取决于每期的还款数额与总的还款时间。这意味着，在合同变更生效之前，并无法依变更前之利率确定欠款余额将产生之利息，因而应依据变更后之利率继续计算欠款余额之利息。

第四章　循环消费信用合同中消费者逾期还款的违约责任

在我国消费信用市场上，循环消费信用产品的大量涌现是发生于2014年以后的事。因而，目前尚无关于新兴循环消费信用产品逾期还款纠纷的统计数据，亦无导致大规模消费者过度负债之实例。但就我国消费信用市场上最早出现的、也仍是目前最主要的循环消费信用产品——信用卡而言，持卡人逾期还款以致无力清偿的案例，数量之多令人咋舌。具体而言，在近十年我国信用卡纠纷数量整体攀升的背景下，信用卡逾期还款纠纷一直是信用卡纠纷的主流。[1] 分别发生于2001年、2002年、2005年、2010年、2014年的香港地区、韩国、台湾地区、阿联酋、土耳其的卡债危机（风暴），也无一不在警示，数量庞大的逾期还款纠纷背后必然隐藏着消费者过度负债这一严峻的经济与社会问题。[2] 除了将其归责于信用提供者“不负责任的信贷行为”以及消费者的“超前消费”外，信用提供者在消费者逾期还款后不断

---

[1] 2016年2月24日笔者在“北大法意数据库”的“中国裁判文书库”中，以“信用卡纠纷”为“案由”，以“2004年1月1日到2008年12月31日”为“判决时间”设置检索条件，共检索到案件裁判文书记录2059条；以“信用卡纠纷”为“案由”，以“2011年1月1日到2015年12月31日”为“判决时间”设置检索条件，共检索到案件裁判文书记录69713条。后五年期间的信用卡纠纷数量是前五年期间的33倍多。关于信用卡逾期还款纠纷，笔者以“信用卡纠纷”为“案由”设置检索条件，共检索到案件裁判文书记录71772条；以“信用卡纠纷”为案由并以“逾期”为“全文关键字”设置检索条件，共检索到案件裁判文书记录24597条。利用此数据可以粗略地估算，信用卡逾期还款纠纷案件约占所有信用卡纠纷案件数量的34.27%。

[2] 参见王婷婷：“消费过度负债的治理对策研究”，载《河北法学》2013年第8期。

累计利息或滞纳金使得消费者的债务在短期内即扩大到无法负担的程度，[1] 也是导致大量消费者陷入债务清偿困境的重要因素。

2015 年 12 月，四川省成都市高新技术开发区人民法院一份关于信用卡逾期还款纠纷的判决书，甚至引用宪法之“平等权”来论证应当减轻持卡人过重的逾期还款违约责任。虽然该判决在将信用卡逾期还款的违约责任折算为年利率的计算过程中出现了明显错误——将滞纳金的计算方式错误地理解为每期信用卡欠款总额的 5%（实际应为每期最低还款额未还部分的 5%），出现了年利率 78% 的荒谬结果。但司法实践中，发卡银行诉请持卡人支付高额利息、滞纳金，数额接近甚至超过本金的真实案例也确实不在少数。[2] 除引用宪法之外，为减轻持卡人短期内累积而成的沉重债务负担，其他创设性的司法实务判决其实早已出现：突破遵守合同严守原则的主流判决方式（判令被告偿还原告信用卡透支本金，并支付以信用卡透支本金为基数，按合同约定利率，计算至判决生效之日止或债务付清之日止的利息和滞纳金）[3]，依据《合同法》第 114 条，判令被告支付自信用卡最后消费日或最后还款日始至判决生效之日止，以本金为基数、以同期贷款利率的四倍为利率计算的违约金，以此代替原告诉讼请求中的利息和滞纳金。[4] 应当肯定，不论上述哪种判决方式都是对该社会问题的积极回应，但也都只能算是为达到减轻持卡人债务负担的目的而采取的权宜之计。

细观目前新兴循环消费信用产品的格式合同，其中所约定的逾期

---

[1] 此种事例不胜枚举，各新闻媒体多有报道。例如，蔡某在 2007 年到 2010 年之间，用民生银行信用卡透支 11000 余元，到 2012 年这笔欠款已达 35000 多元；王某用 5 张信用卡透支消费总额 115000 元，4 年时间，利息和滞纳金高达 30 多万元，欠款总额达到了 40 多万元。参见央视网每周质量报告：“还不清的信用卡”，载 http://news.cntv.cn/2013/03/24/VIDE1364103721974471.shtml，2016 年 2 月 24 日最后访问。

[2] 例如，在济南市天桥区人民法院（2012）天商初字第 18 号判决书中可以看到，原告信用卡发卡银行请求被告持卡人偿还自 2008 年 11 月 1 日至 2012 年 3 月 20 日期间所欠的本金 37972.06 元以及利息、滞纳金 35905.42 元，也就是说利息、滞纳金之和已经高达本金的 94.56%。

[3] 参见山东省济南市市中区人民法院（2014）市商初字第 889 号民事判决书；江苏省无锡市南长区人民法院（2014）南商初字第 85 号民事判决书；广东省珠海市金湾区人民法院（2014）珠金法民二初字第 71 号民事判决书，等等。

[4] 参见山东省济南市天桥区人民法院（2012）天商初字第 23 号民事判决书。

利率实际均不比信用卡日万分之五的循环信用利率（折合年利率约为18.25%）低。例如，《“花呗”服务费率表》规定逾期利息应按照日利率0.05%计算，与信用卡循环信用利率完全一致；《微粒贷借款额度合同》第7.3条规定，应按约定利率（目前为日利率0.05%）加收50%计收罚息，折合年利率约为27.37%，这甚至超过了最高人民法院2015年8月发布的《关于审理民间借贷案件适用法律若干问题的规定》中第29条规定的年利率24%的逾期利率上限。因此，消费者因逾期还款而承担巨额违约责任以致债务清偿不能的现象，可能将不再为信用卡所特有，而成为所有循环消费信用产品的共同问题。

第一节 消费者逾期还款违约责任的构成

一、关于逾期还款的内涵及其违约责任的合同约定

总体而言，逾期还款是指消费者未按照合同约定及时、足额偿还到期欠款。但在循环消费信用的不同还款模式下，逾期还款又有着不同的具体内涵：在分期付款模式下，消费者未能及时足额偿还任何一个分期的本息即为逾期还款；在当期全额还款的模式下，逾期还款是指消费者未能在还款日前偿还该期支出的信用总额；在未偿欠款循环的还款模式下，所谓逾期还款是指消费者未能在到期还款日前足额偿还最低还款额。

关于消费者因此应当承担的违约责任，统观目前我国消费信用市场上各类循环消费信用产品的格式合同，根据还款模式的不同，又有着两种不同的约定。其一，对于采用分期付款与当期全额还款的循环消费信用，信用提供者均在格式合同中规定，消费者应支付按逾期金额的一定比例逐日计收的逾期利息（或罚息）。例如，《京东白条服务协议》第3.1.4条：“如在到期付款日未能支付全部到期应付款而导致违约时，京东有权利向用户按日收取违约金，每日不超过违约金额的0.03%。”《微粒贷借款额度合同》第7.3条：“您任何一期未及时足额归还借款本息即视为逾期，从逾期之日起对逾期贷款金额按本合同项下借据中约定的利率加收50%计收罚息。”其二，对于采用未偿欠款循环这一还款模式的循环消费信用，以信用卡为例，我国各商业

银行的信用卡领用合约均规定，消费者应继续支付按合同约定的方法计算的循环信用利息，并按最低还款额未还款部分的5%支付滞纳金。例如，《中国银行股份有限公司信用卡领用合约》第3条第1项规定："甲方在到期还款日前未能偿还当期对账单列明的最低还款额，甲方除按照规定的利率支付透支利息外，还应按最低还款额未还部分的5%支付滞纳金。"《招商银行信用卡（个人卡）通用领用合约》第3条第6项规定："乙方如未于每月到期还款日（含）前还清当期最低还款额，除应支付循环信用利息外，还应支付滞纳金。"对此，应当首先明确逾期利息、继续支付之循环信用利息、滞纳金各自对应何种违约责任的承担方式。

二、继续支付循环信用利息：合同的继续履行

上文已述，对于采用未偿欠款循环这一还款模式的信用卡，信用提供者并未就消费者的逾期还款行为约定逾期利息，而是约定消费者（即持卡人）应当继续支付按合同约定的方法计算的循环信用利息。从根本上来讲，这是由未偿欠款循环这一还款模式的特征决定的。因为在该还款模式下，消费者逾期还款所对应的逾期金额只能是最低还款额的未还部分，而此部分欠款仍将循环计入下一期账单，作为欠款余额的一部分参与整体计息，这意味着针对逾期金额计收逾期利息不具有可行性。由此，信用提供者放弃在该还款模式下计收逾期利息，而将消费者逾期还款的违约责任约定为继续计收循环信用利息并对最低还款额未还部分计收滞纳金。

从违约责任的承担方式上来讲，消费者在逾期还款后支付的循环信用利息与一般意义上的逾期利息有本质的不同，其并非违约金，而是合同的继续履行。利息，是使用金钱的价格。按通常的理解，消费者逾期还款，所欠之款项仍为消费者所使用，消费者向信用提供者支付利息本属正常。然而，此处所言之利息主要体现资金成本，与循环信用利息相差甚远。循环信用利息乃循环信用服务的对价，资金成本在其成本结构中并不占主导。

以信用卡为例，我国台湾地区"金管会"曾于2009年发布《信用卡及现金卡发卡机构之利率成本结构说明》，其中对台湾地区前十大信用卡发卡机构2008年1月至2009年2月的利率（平均年利率

17.77%）成本结构作了统计分析（详见表3）：资金成本占11.23%（相当于年利率1.99%）、营运成本占50.35%（相当于年利率8.95%）、风险损失成本占38.42%（相当于年利率6.83%）。且不论运营成本是否掺杂了较高的水分，信用卡提供循环消费信用，信用支取所形成之欠款并非一次性到期、偿还期长，风险成本显然高于普通消费信用；且给予每个持卡人免息还款期待遇，也导致了资金成本向非全额还款的持卡人转移和利率的提高。事实也证明，各国信用卡的循环信用利率均远高于普通贷款利率，且受资金成本，即市场利率变动的影响极小。“诸如在美国、英国、澳大利亚、日本等信用卡市场，信用卡的平均利率是普通金融机构贷款利率的约3－5倍，甚至更多。”[1] 早在20世纪90年代末，就有美国学者发现，即便在20世纪80年代美国信用卡市场有近4000家银行参与市场竞争、市场利率大幅下降的情况下，信用卡利率也仍然居高不下。[2] 同样在中国信用卡市场，自1999年至今信用卡透支利率固定为每日万分之五，按复利记收则年利率超过了18%，是目前人民币贷款基准利率（年利率5.60%）的三倍多。

表3 台湾地区2009年各主要发卡机构信用卡平均利率的成本构成说明

信用卡业务总成本100%		信用卡平均年利率17.77%
资金成本	11.23%	1.99%
营运成本	50.35%	8.95%
风险损失成本	38.42%	6.83%

因此，与普通消费信用的利息作为消费者在固定时间内使用固定数额款项所应支付的对价不同，循环信用利息乃包含可循环使用的信用额度、可多次支取消费信用的服务、不定期的自由还款方式、最低还款额待遇（若有）、免息期（若有）等内容的循环信用服务的对价。

由此亦可知，在循环消费信用合同的履行中消费者支付循环信用利息与信用提供者提供循环信贷服务互为对待给付。且利息的计算仅

[1] 刘寅：“价格幻觉与信用卡定价”，载《金融评论》2012年第6期，第64页。

[2] See Lawrence M. Ausubel, Credit Card Defaults, Credit Card Profits and Bankruptcy, 71 Am. Bankr. L. J. 249－265 (1997); Christopher C. DeMuth. The Case against the Credit Card Interest Rate Regulation, 3 Yale L. J. 201－242 (1986).

以信用提供者为消费者实际提供的资金数额为自变量，消费者逾期还款并不影响该合同义务的内容。因此，信用提供者要求持卡人继续支付循环信用利息，实质为请求消费者继续履行原合同义务，从违约责任的承担方式上来讲，并非作为违约金之逾期利息，而属继续履行。

三、滞纳金：惩罚性违约金

滞纳金的计收，目前仅为采用未偿欠款循环这一还款模式的信用卡所特有。长久以来，信用卡滞纳金的性质因其名称的特殊性而变得扑朔迷离。从汉语语义层面讲，滞纳金这一名词确有很强的管理、强制和惩罚的意味，体现着法律关系双方地位的不平等。且在法律层面，滞纳金乃是行政强制执行中执行罚的一种。[1] 从现实生活的角度看，滞纳金是在计划经济体制下具有行政管理属性的水、电、燃气、通信等公用事业单位督促用户缴费的手段。那么，滞纳金这一概念的公法性是否足以否定滞纳金在信用卡民事法律关系中存在的合法性？滞纳金若作为违约责任又如何理解其所具有的惩罚性？有无填补损害的作用，抑或是纯粹的惩罚性违约金？

究其渊源，信用卡法律规范及其领用合约中所使用的“滞纳金”一词是译自美国信用卡合同中“late payment fee”（或 late fee、late charge），而非对公法上滞纳金概念的使用。与利息和年费不同，滞纳金并不是信用卡的原始收费项目，直到 20 世纪 90 年代中期，也就是美国发行第一张银行信用卡后的四十余年，滞纳金才开始在美国的信用卡市场被广泛使用。[2] 其契机在于，美国货币监理署（the Comptroller of Currency）于 1995 年对《国家银行法》（the National Bank Act）§85 中的利息（interest）进行了扩大解释，将滞纳金（late fee）纳入其中，[3] 由此滞纳金也可以借着 Marquette National Bank v. First of Omaha Service Corp 一案确定的规则——国家特许银行（National – chartered Bank）发行的信用卡计收利息（interest）只遵守其总部所在州的法律

---

[1] 参见陈承堂：“论信用卡滞纳金的性质及其治理”，载《法律科学》2009 年第 4 期。

[2] See Mark Furletti, Credit Card Pricing Developments and Their Disclosure, Federal Reserve Bank of Philadelphia, Payment Cards Center Discussion Paper, 9 (2003).

[3] See 12 C. F. R. 7. 4001.

即可，绕过消费者所在州对滞纳金的禁止或限制性法律规范，合法地出现在各类信用卡合同中了。[1] 加之 1996 年 Smiley v. Citibank 一案对此种扩大解释的进一步确认，[2] 由此带来了信用卡滞纳金在全美国范围内的迅速普及，成为信用卡"不可或缺"的费用。[3] 反观中国，在 1985 年中国银行发行我国第一张信用卡（准贷记卡）后不久，1992 年中国人民银行颁布《信用卡业务管理暂行办法》，1996 年颁布《信用卡业务管理办法》，其中对信用卡年费、透支利率都作了规定，但两部法规全文均没有提到滞纳金；1999 年中国人民银行颁布《银行卡业务管理办法》，其中第 22 条却明确规定了滞纳金及其计收方法。不难看出，美国信用卡滞纳金大行其道之时也恰是中国信用卡的引进及其法律规范的制定之时，这就佐证了滞纳金一词是直译自"late payment fee"的判断。

究其形式，由表 4 可以看出，我国大陆的信用卡滞纳金、台湾地区的信用卡违约金、美国信用卡合同中的"late fee"，此三者的适用条件完全一致。就逻辑结构而言，其行为模式乃持卡人逾期还款的违约行为，其法律后果为支付滞纳金，与违约行为相对应的法律后果显然为违约责任；且滞纳金有约定之数额，亦非合同的继续履行，其性质自然应当是违约金。[4] 因此，与我国大陆将"late payment fee"译为滞纳金不同，台湾地区在此处使用"违约金"一词，更能体现该规范之本质、更符合大陆法系的概念体系。

表 4　滞纳金、违约金、Late fee 对比情况表

名称	地区		适用条件	数额
滞纳金	中国	《银行卡业务管理办法》	第 22 条规定，"发卡银行对贷记卡持卡人未偿还最低还款额的行为，应当按最低还款额未还部分的 5% 收取滞纳金。"	最低还款额未还部分的 5%

[1] See Seana V. Shiffrin. Are Credit Card Late Fees Unconstitutional?, 15 WM. & MARY BILL RTS. J. 461 -463 (2006).

[2] See Smiley v. Citibank (South Dakota), 517 U. S. 735 (1996).

[3] See Mark Furletti, Credit Card Pricing Developments and Their Disclosure, Federal Reserve Bank of Philadelphia, Payment Cards Center Discussion Paper, 33 (2003).

[4] 参见陈承堂："论信用卡滞纳金的性质及其治理"，载《法律科学》2009 年第 4 期。

续表

名称	地区		适用条件	数额
违约金	中国台湾地区	“信用卡定型化契约范本”	第15条第4项规定，“持卡人如未于每月缴款截止日前付清当期最低应缴金额或迟误缴款期限者，应依第三项约定给付循环信用利息，并同意贵行得依据本约款收取违约金或催收费用”。	最多收取三期；三期依次不得超过300TWD、400TWD、500TWD
Late fee	美国	《花旗银行信用卡合约》	“我们会对您任何一个逾期还款的账单周期计收late fee，逾期还款是指您没能在到期还款日前偿还最低还款额”。	首次逾期还款的不得超过25USD，六个月内再次逾期还款的不得超过37USD
		《发现卡合约》	“如果您没有在到期还款日前足额偿还最低还款额，我们将对您计收late fee”。	

究其本质，滞纳金的惩罚性乃违约金所固有的履约担保作用的体现。与损害赔偿不同，违约金并不适用“债权人无权获得超过损害之赔偿”[1] 的得利禁止原则。反义解释我国《合同法》第114条，在约定的违约金并不过分高于造成的损失的情形下，债权人有权保有超过实际损害的违约金给付。对于此种赔偿外的“得利”，只有违约金的履约担保作用——为避免违约金给付义务而尽全力履行合同——始能将其正当化。而且，在强调惩罚并非民法目的的大陆法系国家，也经常使用“惩罚”的措辞来称呼违约金制度，例如，德国民法上的“契约罚”（Vertragsstrafe）、法国民法中的“条款罚”（clause pénale）以及瑞士债务法中的“契约罚”（Konventionalstrafe）。[2] 因此，通过惩罚性方能实现的履约担保功能为违约金所固有，[3] 不能因滞纳金具有惩罚性就将其归于公法领域，否定其违约金的性质。

进而言之，目前我国各商业银行发行的信用卡所计收的滞纳金均

[1] 曾世雄：《损害赔偿法原理》，台湾新学林出版社2002年版，第283页。

[2] 参见欧阳胜嘉：“定型化违约金条款之法律问题”，台湾地区“国立政治大学”法律研究所2006年硕士论文，第28－29页。

[3] 参见王洪亮：“违约金功能定位的反思”，载《法律科学》2014年第2期。

没有填补损害的作用，属于“惩罚性违约金”[1]。信用卡逾期还款系金钱债务的迟延履行，发卡银行因此受有的损失无非两部分：一是无法使用逾期款项的利息损失，二是为催收欠款所支出的必要费用。然而，依据信用卡领用合约，持卡人逾期还款应继续支付循环信用利息，也就是说发卡银行不仅不会因持卡人逾期还款而受有利息损失，反而会因此而获得盈利。我国台湾地区就曾出现大量司法判决，认为信用卡违约金并无补偿之对象，否定其具有填补损害的作用，并依据台湾地区“民法”第 252 条的规定将违约金酌减为象征性的 1 元。[2] 此后，我国台湾地区遂改变按循环信用利息的 10% 计算违约金的普遍做法和违约金是迟延缴纳信用卡账款的迟延利息的观点。[3] 并于 2011 年颁布“信用卡违约金收取规范”，规定违约金的数额仅得反映发卡银行因持卡人违约所生的催收作业成本。[4] 于是，违约金不再是对发卡机构荒谬的利息损失的补偿，而是填补发卡银行因催收而生的损害，这总算是给违约金的存在找到了一个说得过去的理由。然而，我国大陆的信用卡领用合约显然技高一筹，在滞纳金之外，均有条款明确约定由持卡人承担发卡银行因催收而产生的费用。[5] 因此，滞纳金作为违约金根本没有补偿的对象，只具有履约担保作用，属于惩罚性违约金。

---

[1] 在民法理论上，违约金素有赔偿性违约金与惩罚性违约金之分。惩罚性违约金系以确保债权之效力为目的，是对于债务不履行的私的惩罚；债权人在请求惩罚性违约金的同时，可请求履行主债务或请求损害赔偿（参见梁慧星：《中国民法经济法诸问题》，法律出版社 1991 年版，第 259 页）。我国合同法虽没有对惩罚性违约金作明确规定，亦没有否定惩罚性违约金的存在。依据合同自由原则，当事人仍可在不违反法律的强制性规定的前提下，约定惩罚性违约金（参见韩世远：“违约金的理论问题——以合同法第 114 条为中心的解释论”，载《法学研究》2003 年第 4 期，第 19 页）。

[2] 参见台北地院 2006 年诉字第 844 号判决；台北地院 2004 年北简字第 8249 号判决；台北地院 2006 年重诉字第 6 号判决；台北地院诉字第 2684 号判决；台北地院诉字第 2875 号判决；台北地院诉字第 9135 号判决，等等。

[3] 参见《法观人》编辑部：“卡债——生命中不可承受之重？谈信用卡契约与定型化契约条款”，载《法观人》2004 年第 9 期。

[4] 参见“信用卡违约金收取规范”，台湾地区金管银票字第 10040000140 号，2011 年 2 月 9 日。

[5] 例如，《中国银行股份有限公司信用卡领用合约》第 4 条第 5 项规定：“甲方（持卡人）应赔偿乙方（中国银行）因催收而产生的相关损失。”

四、逾期利息：循环信用利息与惩罚性违约金之和

循环消费信用合同中约定的逾期利率，一定高于原本之循环信用利率。逾期利率高于原循环信用利率的部分，体现了对消费者违约行为的惩罚，具有违约金的履约担保作用。因此，逾期利息中高于循环信用利息的部分应属于惩罚性违约金。

然而，逾期利息中等同于原循环信用利息的部分，却难以归入补偿性违约金的范畴。从数额上来看，循环消费信用合同中的逾期利息并非我国现行民事法律规范中所言的作为迟延履行金钱债务违约金的逾期利息。《合同法》第 207 条规定，“借款人未按照约定的期限返还借款的，应当按照约定或者国家有关规定支付逾期利息”。《人民币利率管理规定》第 25 条规定，“逾期贷款……从逾期之日起，按罚息利率计收罚息”。罚息利率由人民银行制定、调整，是计算迟延履行金钱债务的违约金的参考标准。[1] 在此意义上，我国现行民事法律规范中通常所言的逾期利息系迟延履行金钱债务的违约金，其主体部分是对信用提供者因资金被逾期占用而遭受的损失的补偿，反映的是一定数额金钱在一定时间内的市场价格。金钱的使用通常可视为有相当于法定利率的利益，债务人迟延履行金钱债务，债权人所受有的损失也仅在于此，只有当债权人能证明确实受有法定利率以外的损害时，方可另行请求赔偿。[2] 与之相比，循环消费信用合同中的逾期利息包含了原循环信用利息，而如上文所述，循环信用利息乃循环信用服务的对价。因而，该逾期利息中仅等同于原循环信用利息的部分的数额，就已远远超出了信用提供者因资金被逾期占用而遭受的损失，即超出了违约金的补偿性。以蚂蚁“花呗”为例，其逾期利率为每日 0.05%，

---

[1] 例如，最高人民法院《关于逾期付款违约金应当按照何种标准计算问题的批复》（2000 年修正本）规定，“对于合同当事人没有约定逾期付款违约金标准的，人民法院可以参照中国人民银行规定的金融机构计收逾期贷款利息的标准计算逾期付款违约金”；最高人民法院《关于审理买卖合同纠纷案件适用法律问题的解释》第 24 条规定，“对买卖合同中当事人没有约定逾期付款违约金或者该违约金的计算方法，出卖人以买受人违约为由主张赔偿逾期付款损失的，人民法院可以中国人民银行同期同类人民币贷款基准利率为基础，参照逾期罚息利率标准计算”。

[2] 参见史尚宽：《债法各论》，台湾荣泰印书馆 1981 年版，第 390 页；黄立：《民法债编总论》台湾元照出版公司 1999 年版，第 485 页。

约定按复利记收，折合年利率超过了20%，是目前人民币贷款基准利率（年利率5.60%）的3.6倍；“微粒贷”的逾期利率更是高达每日0.075%，亦约定按复利计收，折合年利率更是高达30%左右。因此，循环消费信用合同中约定的逾期利息并非违约金，其所包含的等同于原循环信用利息的部分，对于信用提供者而言是一种高额盈利而非损失补偿。

综上所述，循环消费信用合同中所约定的逾期利息可分为两大部分：其等同于原循环信用利息的部分仍为循环信用服务的对价；高于原循环信用利息的部分系惩罚性违约金。

第二节　从继续履行到损害赔偿：循环信用利息计收之终止

一、关于信用提供者作为守约方的救济性权利的合同约定

各信用提供者在其拟定的循环消费信用合同中无一例外地规定：消费者逾期还款，信用提供者有权中止消费者使用循环信用服务的权利（简称中止服务）或停止消费者使用循环信用服务的权利（简称停止服务）；停止服务的，持卡人未偿还的款项视为全部到期并应一次清偿。[1] 关于中止消费者使用循环信用服务的权利，均未明确约定其内容，但在实践中并不少见，一般为冻结信用额度，但未偿还的款项

[1] 例如，《中国银行股份有限公司信用卡领用合约》第4条第5项规定，“甲方（持卡人）未能按时还款，乙方（中国银行）有权……停止该卡及甲方名下其他乙方发行的信用卡的使用”；第2条第14项规定，“停止信用卡使用的，甲方未偿还的款项视为全部到期，甲方应当一次性清偿”。《招商银行信用卡（个人卡）通用领用合约》第2条第10项规定，“甲方（招商银行）有权随时因其认定的正当理由或卡片的风险控管因素，取消乙方（持卡人）的信用卡交易，并中止或停止乙方使用信用卡的权利”。《花呗消费贷款用户服务合同》第3.2.2条规定，“您发生本附件合同约定的违约情形……蚂蚁小贷有权基于合理怀疑提前停止本服务并要求您提前归还应付款项”。《微粒贷借款额度合同》第7.2条，“有违约事件发生时，贷款人有权采取下列措施……（2）停止发放您尚未使用的贷款；（3）要求您提前归还已发放的全部贷款本金并结清利息。”《京东白条服务协议》第7.2条，“用户在使用信用付款服务的过程中，如果有下列情形（违约行为）发生，用户同意京东有权终止提供服务，用户应立即支付所有到期和未到期的应付款项。……京东有权根据风险及自身业务运营情况需要随时中止（终止）向用户提供信用付款服务。”

并不被视为全部到期，而是在消费者清偿部分款项或提供适当担保后，仍可恢复其使用循环信用服务的权利。以上约定包含怎样的法律逻辑？中止服务和停止服务分别具有怎样的法律性质？

如第二章第二节所述，循环消费信用合同属于“继续性债务关系”，也即继续性合同。在其存续期间信用提供者和消费者需互为多次、反复给付；其总给付内容随时间的展开方能确定；也正是因此，当事人之间的信赖关系，即信用提供者对消费者良好信用的信任是其作为继续性合同的实质性要素，以维系合同关系的持续性。[1] 消费者逾期还款通常反映了其不良的资信状况或其他形式的信用风险的存在，信用提供者会因此对消费者的还款能力产生怀疑或直接丧失对消费者还款能力的信赖，此时，信用提供者可依据约定分别选择中止消费者使用循环信用服务的权利或停止消费者使用循环信用服务的权利。

因此，从法律性质上来看，中止服务乃信用提供者行使其不安抗辩权。循环消费信用合同的履行可以被拆分为若干次的对待给付，信用提供者为消费者垫付款项在先，消费者还款并支付利息在后。从此种意义上讲，信用提供者是负有先履行义务的当事人。当信用提供者对消费者的还款能力产生合理怀疑时，在新一期次的履行中，信用提供者冻结消费者的信用额度、拒绝为消费者先行垫付款项。这完全符合我国《合同法》第 68 条规定的不安抗辩权的行使，即信用提供者以不安抗辩权对抗消费者的履行请求。

停止消费者使用循环信用服务的权利则为信用提供者行使合同约定的解除权。首先，与中止服务不同，停止服务导致循环消费信用合同的终止。不安抗辩权乃一时性抗辩权，在对方当事人提供适当担保后，应当恢复履行（《合同法》第 69 条）。在循环消费信用合同中恢复履行应包含消费者不失其期限利益、其所欠款项仍可以按原有还款方式偿还的含义。而停止消费者使用循环信用服务的权利的，依据循环消费信用合同，消费者应当一次性清偿所有欠款，可见信用提供者并无恢复履行之意愿。而且，停止服务后信用提供者不仅终止履行一切合同义务，其对消费者的履行请求也由原合同中的分期偿还或最低

[1] 参见屈茂辉、张红：“继续性合同：基于合同法理与立法技术的多重考量”，载《中国法学》2010 年第 5 期。

还款额还款变为一次性清偿所有欠款。因此，此时合同的状态应为已经终止。例如，德国法院在 BGH NJW 1988，1971 一案的判决中即认为，贷款银行已经依据“一期未付，视为全部债务到期”之期限利益丧失条款，请求债务人返还剩余之全部款项时，应认为上述分期偿付的消费借款契约已经归于终止。[1] 其次，信用提供者停止消费者使用循环信用服务的权利的根本原因在于，信用提供者丧失对消费者还款能力的信赖，循环消费信用合同因而失去其作为继续性合同的存在基础，致使信用提供者提供信贷以营利的合同目的不能实现。循环消费信用合同中约定，信用提供者可基于消费者的资信状况或对其他风险因素的考虑停止消费者使用循环信用的权利，其实质是将《合同法》第 94 条合同的法定解除权，以概括可能出现的致使合同目的不能实现的事由的方式在合同中予以约定。此概括之事由因而成为《合同法》第 93 条第 2 款中当事人约定的解除合同的条件，其中包括逾期还款。作此种约定的好处在于，只要约定的条件成就，解除权人即可解除合同，无须判断某个消费者的某次逾期还款是否构成根本违约。因此，信用提供者以消费者逾期还款为由停止消费者使用循环信用的权利，是信用提供者行使合同约定的解除权。

二、有偿合同的对价关系：提供循环信用服务是计收循环信用利息的前提

上文已述，循环信用利息并非一般而言的主要反映资金成本的利息，而是包含诸多内容在内的循环信用服务的对价。一方当事人违约，守约方可依法行使其一时性抗辩权、合同解除权以及损害赔偿请求权等救济权利，但这并不改变原合同的内容和有偿合同原有的对价关系。简言之，不论在何种情况下，一方当事人均不能以其未为之给付请求对方当事人支付对价。体现在循环消费信用合同中为，若信用提供者未提供循环信用服务，即不能请求消费者支付循环信用利息。

（一）中止循环信用服务可继续计收循环信用利息

中止消费者使用循环信用服务的权利的，信用提供者仅在未来期

---

[1] 参见杨淑文：“消费者借款债务（双卡债务）之清偿不能”，载《政大法学评论》2007 年第 8 期。

次的对待给付中行使不安抗辩权，仅有对抗持卡人新的请求权的功能，没有消除往期给付的效果；且因尚有合同可能恢复履行之期待，亦未剥夺其期限利益。从消费者已经获得的消费信用的角度看，中止服务期间信用提供者仍然为其提供了该部分循环信用服务，即消费者仍以循环信用的形式使用着信用提供者已为其垫付的款项。因此，信用提供者的继续履行请求权并未消灭，消费者应继续支付作为循环信用服务对价的循环信用利息。

如此一来，中止循环信用服务期间信用提供者实际会因消费者逾期还款的违约行为而“获利”——若消费者持续逾期则信用提供者计收利息的本金不会清零、计收利息的利率提高、时间相应延长。且不论信用提供者最终是否能够完全实现债权，但在账面上的确如此。而限制信用提供者追求此种盈利的因素在于风险。根据弗兰克·H. 奈特（Frank H. Knight）的理论，“引起利润的……是实际情况与预期情况的一种偏差，也就是在日常或商业用语中所说的风险”[1]。反言之，不足以补偿风险的利润是不值得追求的。于是可知，只有以不得取消消费者的期限利益（即不得将消费者未偿还的款项视为全部到期并要求其一次性清偿）作为信用提供者保有继续履行请求权的条件，才能期待——当消费者逾期还款反映了其可能无力偿还本息时，从理性人的角度出发，信用提供者会选择停止循环信用服务以尽快收回本金，而非中止循环信用服务承担血本无归的风险。因此，中止循环信用服务包含不得取消消费者期限利益的内涵，此乃信用提供者保有继续履行请求权，即得继续计收循环信用利息的首要条件。

其次，信用提供者继续计收循环信用利息应以按期向消费者提供对账单为条件。前文已述，向消费者提供定期对账单是信用提供者的法定义务，并非中止循环信用服务作为不安抗辩权的行使可以拒绝履行的义务。此外，参照美国《Z 条例》的规定，“如果债权人认为债务已无法收回，或者债务拖欠催收程序已经开始，或者债权人已将债务人账户核销并停止计收任何利息和费用，再或者提供对账单将违反联邦法律，则债权人无须再向债务人提供定期对账单。”[2] 由此可见，

---

[1] Frank H. Knight. Risk, Uncertainty, and Profit, Boston; New York: Hougthon Mifflin Company, 1921, p. 24.

[2] See 12C. F. R. 226. 5 (b) (2) (i).

按期提供对账单是信用提供者仍然管理消费者循环信用账户并期待恢复履行循环消费信用合同的表现。若停止提供对账单，则表示消费者循环信用账户余额不再发生变动，循环信用利息的计收已然停止。

（二）终止循环信用服务应同时终止计收循环信用利息

信用提供者停止消费者使用循环信用的权利的，不得再就消费者未偿还的款项请求其继续支付循环信用利息。原因在于以下两点。其一，有偿合同的对价关系。与中止服务不同，当信用提供者因消费者逾期还款而停止其使用循环信用的权利时，按照合同约定，消费者未偿还的款项视为全部到期并应一次清偿。这意味着信用提供者不再向消费者提供循环信用服务，消费者的未偿欠款由得以分多期偿还的循环信用转化为应一次全额清偿的普通欠款。此时，如消费者仍须为未偿还之欠款继续支付高出普通贷款利息数倍的循环信用利息，即属严重破坏有偿契约的对价关系。[1] 就如日常生活中，手机因多期欠缴话费而被停机，通信公司除追缴欠费，当然还可以主张迟延利息，但如果还依然计收话费，则将构成不当得利，此时消费者一般可明确地认识到其权益受有损害。然而，在循环消费信用合同中，由于利息即为服务的对价，消费者难以区分循环信用利息与迟延利息，于是信用提供者停止提供循环信用服务后仍继续计收循环信用利息的行为却被误认为是理所当然的了。其二，合同解除的应有之义。依上文所述，信用提供者停止消费者使用循环信用的权利乃行使其约定的合同解除权。因此，根据《合同法》第 96 条第 1 款和《合同法》第 97 条，自信用提供者以停止向消费者提供循环信用服务并请求其一次性偿还所有欠款为内容的通知到达消费者时，循环消费信用合同解除。合同解除后，尚未履行的终止履行，信用提供者的继续履行请求权自此消灭，不得继续计收循环信用利息；循环消费信用合同中约定的逾期利息，如前文所述，其本身已将循环信用利息包含其中，并非通常所言的作为违约金的逾期利息，因此亦应停止计收。

三、信用提供者损害赔偿请求权的行使

循环消费信用合同的解除，并不发生恢复原状的法律效果，信用

---

[1] 参见杨淑文："消费者借款债务（双卡债务）之清偿不能"，载《政大法学评论》2007 年第 8 期。

提供者不享有要求消费者返还已履行的给付的请求权，但享有损害赔偿请求权和合同解除前已发生的惩罚性违约金请求权。其一，从理论上讲，继续性合同的终止，一般不具有溯及力，自合同终止时向将来发生合同消灭的法律效果，已经履行的给付不需返还。[1] 且德国新债法中有继续性合同的终止和一时性合同的解除之分，一般而言，前者无溯及力，后者有溯及力。[2] 我国民事立法体系中，虽然用合同解除制度来统摄继续性合同终止与一时性合同解除两个概念。[3] 但这并不意味着我国合同法就有"合同因解除而自始消灭"的立法意旨。反义解释我国《合同法》第97条，可以得出如下结论：已经履行的部分，根据履行情况和合同性质，如果不需要或不可能恢复原状，则不必恢复。因此，循环消费信用合同作为继续性合同，合同解除的效力并无溯及力，已经履行的合同关系仍为有效，无须返还；而且，在合同解除前所已发生的惩罚性违约金请求权，也不因合同解除而失其效力[4]，信用提供者在停止提供循环信用服务前所计收的滞纳金以及逾期利息中作为惩罚性违约金的部分，消费者应当支付。其二，依据《合同法》第97条，合同解除权的行使，并不排除请求损害赔偿的权利。合同解除后，既有的债之关系转换为清算关系。[5] 在循环消费信用合同中表现为，消费者未偿还的款项由循环消费信用之债转化为已届清偿期的固定数额消费信用之债。此后，债务人（即消费者）仍未还款的，信用提供者对其享有损害赔偿请求权。损害赔偿数额的确定，应充分考虑信用提供者的资金成本，补偿其资金被消费者逾期占用所遭受的损失；无法具体确定的，可以全部未偿欠款为本金，参照同期金融机构平均短期贷款利率计算。

---

[1] 参见张红："论继续性合同终止制度的法律构造"，载《财经理论与实践》2012年第6期。

[2] 参见屈茂辉、张红："继续性合同：基于合同法理与立法技术的多重考量"，载《中国法学》2010年第5期。

[3] 参见张红："论继续性合同终止制度的法律构造"，载《财经理论与实践》2012年第6期。

[4] 参见黄茂荣：《债法总论》，中国政法大学出版社2003年版，第79页；史尚宽：《债法总论》，中国政法大学出版社2000年版，第562页。

[5] 参见韩世远：《合同法总论》，法律出版社2011年版，第541页。

第三节 滞纳金计收之限制[1]

一、滞纳金数额逐期递增的特性

滞纳金的计算方式决定了它具有数额逐期递增的特性。依据《银行卡业务管理办法》第22条，滞纳金应为最低还款额未还部分的5%。最低还款额通常依下列公式计算：（该期）信用额度内消费金额×10%+（该期）预借现金交易额×100%+前期最低还款额未还部分×100%+超过信用额度消费金额×100%+所有费用和利息×100%。[2]由此可见，即便消费者在逾期还款后不再使用信用卡，每期的最低还款额也会因费用（包括滞纳金）和利息的计入而不断增加。滞纳金按最低还款额未还部分的5%计算，显然每期滞纳金的数额也会不断攀升。而且，滞纳金将与利息一起计入下一期的本金，导致下一期利息的增长。进而，每期计入最低还款额的利息和滞纳金都高于前期。如此循环往复，这的确是一个滚雪球似的债务累计过程，3万元本金5年间因逾期还款而生成11.5万元的滞纳金也是不足为奇的。[3]

二、滞纳金不得计入本金

据了解，在信用提供者实际的利息计算中，上一期的滞纳金将计入新一期的本金。因此，消费者逾期还款后所支付的循环信用利息中其实还掩藏着一部分滞纳金所生之利息。

首先，滞纳金所生之利息无对待给付。一方面，滞纳金并非信用

---

[1] 目前滞纳金的计收为采用最低还款额还款（即未偿欠款循环）这一还款模式的信用卡所特有，因此该节内容仅以信用卡作为研究对象。若日后有采用未偿欠款循环这一还款模式的其他循环消费信用产品亦计收滞纳金，该部分内容对其应当有同样的适用性。

[2] 《银行卡业务管理办法》仅在第46条规定，“贷记卡的首月最低还款额不得低于其当月透支余额的10%”，没有规定最低还款额的详细计算方式。因此，我国各发卡银行对此有不同的计算方法，但都大同小异；所谓不同之处仅在于各计算项所采用之比例。此处所引用的公式参见《中国银行股份有限公司信用卡领用合约》第3条。

[3] 参见央视每周质量报告：“还不清的信用卡”，载http：//news.cntv.cn/2013/03/24/VIDE1364103721974471.shtml，2016年2月24日最后访问。

提供者为消费者垫付的款项。也就是说信用提供者并未支出滞纳金这笔资金，消费者也未曾因此而获得该笔循环信用。循环信用利息乃循环信用服务的对价，而滞纳金所生的利息并无循环信用与之相对应。另一方面，滞纳金并非发卡银行的预期收益。且不论计收复利在理论和实践中存在的争议，考察其内在逻辑——利息乃贷与人的预期收益，未能及时取得该笔收益，亦可谓有利息之损失，据此对利息计收利息以补偿其损失——可以为信用提供者将同样可视为其预期收益的各项服务费用计入循环信用本金找到一个所谓的理由。但是，滞纳金作为违约金，亦非信用提供者合同履行的预期收益。因此，滞纳金所生之利息虽披着循环信用利息的外衣，但并无循环信用服务对价之实。

其次，滞纳金产生利息系因违约而起，但既无履约担保作用，亦无填补损害的作用。形式上，该部分利息隐匿于循环信用利息之中，消费者对于其数额大小甚至其存在都没有直观的感受。因此也就无法通过警示消费者将为其违约行为承担额外损失的方式，实现督促合同履行的作用。且依上文所述，滞纳金并无填补损害的作用，举轻以明重，将滞纳金所生之利息用于填补损害也就更无从谈起。

不仅如此，滞纳金计入本金的做法没有明确的合同依据。《银行卡业务管理办法》并未像我国台湾地区的“信用卡业务机构管理办法”（第 48 条）一样明确规定循环信用的计息方式、限定“得计入循环信用本金之账款”的范围。既然法无禁止，即应遵照合同之约定。然而，在我国各商业银行的信用卡领用合约中均没有详细阐明循环信用利息计算方法的条款，更没有明确约定滞纳金应计入循环信用本金的条款。在合同约定不明且未尽格式条款说明义务的情况下，将滞纳金计入循环信用本金，有违诚实信用原则。

综合以上三点，信用提供者获得滞纳金所生之利息没有法律上的根据，且给持卡人造成额外的债务负担，构成不当得利。因此，消费者得拒绝支付滞纳金所生之利息，已支付的消费者有权请求返还。

三、滞纳金数额的上限

作为一种惩罚性违约金，滞纳金数额逐期递增意味着逾期时间越长单位时间内的经济惩罚就越重，通过这种方式督促消费者尽快还款，有助于滞纳金履约担保作用的实现，应属合理。但这并不意味着滞纳金的数额可以无限制地增长，应将其限制在达成履约担保目的的必要限度内，且与消费者的违约行为有适当的比例关系。若非如此，滞纳金将成为信用提供者赚取利润的工具，无法符合违约金制度作为履约担保工具的制度目的，并构成违约金条款的滥用。例如，2009 年美国信用卡改革法案（Credit Card Accountability Responsibility and Disclosure Act of 2009）中即规定："信用卡发卡人因持卡人违约而收取的任何惩罚性的费用，包括并不限于滞纳金（late fee）、超限费（over - limit fee），数额必须合理，应与相应的违约行为有适当的比例关系。"[1] 2010 年美国联邦储备系统管理委员会颁布具体实施该法案的"最终规则"（Final Rule），其中明确了此类惩罚性费用的合理数额，"首次违约可计收不超过 25 美元惩罚性费用，此后 6 个月内再次出现同样的违约行为，可计收不超过 35 美元的惩罚性费用"（该标准会根据消费者价格指数的变动每年调整一次，2014 年已分别调整为 26 美元和 37 美元）。

我国现行法对惩罚性违约金没有明文规定，更没有对其数额作明文的限制。然而，这也不意味着我国现行法对滞纳金的无限制增长就束手无策。根据《最高人民法院关于适用〈中华人民共和国合同法〉若干问题的解释（二）》第 29 条第 2 款的规定，当事人约定的违约金超过造成损失的 30% 的，一般可以认定为《合同法》第 114 条第 2 款规定的"过分高于造成的损失"。这意味着，除去违约金的损害填补功能，实际损失的 30% 即为违约金实现其履约担保功能所被允许的最高限度。就消费者逾期还款而言，如上文所述，当信用提供者尚未停止消费者使用信用卡的权利并要求一次性偿还所有欠款时，消费者仍应支付循环信用利息，此时，信用提供者并未受有损失；信用提供者停止提供循环信用服务后，虽受有迟延损害，但此时滞纳金不应继续计收（原因下文详述）。因此，上述以实际损失为计算基础的惩罚性违约金上限，滞纳金无法适用。

借鉴韩世远教授的观点，基于惩罚性违约金与定金皆为"私的制裁"，类推适用《担保法》第 91 条关于定金数额的规定，惩罚性违约

[1] See Credit CARD Act of 2009, sec. 102 (b) (1).

金的数额不得超过主合同标的额的 20%。[1] 信用卡合同的标的乃循环信用和支付结算，标的额即为循环信用利息和各项费用（不包括滞纳金）。因此，信用提供者累计计收的滞纳金不应超过其同时请求的循环信用利息与各项费用之和的 20%。

而目前，银行诉请之滞纳金超过利息和费用之和的 20%、甚至超过利息和费用总额的案件十分普遍，诸如，发卡银行诉请持卡人偿还本金 585808.08 元，利息 69042.52 元，滞纳金 165815.39 元，滞纳金乃利息的 2.5 倍，而法院的判决竟然大都毫不迟疑地支持了银行的此类诉讼请求。[2] 消费者违约，俨然成了信用提供者牟取暴利的通行证。这明显有违“债权人不可以因债务人违约而获得额外的利益，也不应当因其违约而额外丧失利益”[3] 的基本民事法律理论，是对消费者权益的侵害。

四、滞纳金计收的停止时间

《银行卡业务管理办法》第 22 条规定了滞纳金的计算方法，但未限制计收期数。目前在实践中，若持卡人始终处于逾期还款的状态，滞纳金通常计收至债务全部清偿之日。在大量信用卡逾期还款纠纷案件中，持卡人甚至被判支付“自诉讼请求中的利息、滞纳金的计算截止之日起”至“判决生效之日止”或“信用卡透支款付清之日止”的滞纳金。相比于我国台湾地区“信用卡违约金最多收 3 期，且违约第 1 期最高收取 300 元，第 2 期最高收 400 元，第 3 期最高 500 元”[4] 的规定；以及美国《Z 条例》中，以债权人根据有关贷款损失准备的规范[5]核销债务人账户并停止对该账户计收任何利息和费用（包括滞纳

---

[1] 参见韩世远：“违约金的理论问题——以合同法第 114 条为中心的解释论”，载《法学研究》2003 年第 4 期。

[2] 参见广东省肇庆市端州区人民法院（2014）肇端法民三初字第 128 号民事判决书。类似判决有，江苏省连云港市海州区人民法院（2014）海商初字第 00419 号民事判决书；浙江省杭州市上城区人民法院（2014）杭上商初字第 841 号民事判决书，等等。

[3] 韩世远：《合同法总论》，法律出版社 2008 年版，第 476 页。

[4] 参见《信用卡违约金收取规范》，台湾地区金管银票字第 10040000140 号，2011 年 2 月 9 日。

[5] 美国《统一零售信用分类和账户管理政策》中规定，信用卡循环信用账户逾期还款后 180 天、分期付款账户逾期还款后 120 天，该账户应予以核销。See 65 Fed. Reg. 36903.

金)，作为其可以停止向债务人发送定期对账单的条件，[1] 我国目前信用卡滞纳金的收取可谓“放肆”。

虽然我国现行法律没有关于滞纳金计收期数的限制，但仅从一般的法理出发，滞纳金也实不应计收至债务全部清偿之日。在信用提供者停止提供循环信用服务后或者消费者提出协议还款的请求后，均应停止收取滞纳金。首先，依据《银行卡业务管理办法》的规定，滞纳金是以最低还款额未还部分为依据按期计收。但停卡和协议还款分别意味着，消费者应一次性清偿所有欠款和依据个性化还款协议约定的周期和方式还款，实际已不存在最低还款额。皮之不存毛将焉附，滞纳金在客观上已失去计收的可能。其次，滞纳金的履约担保作用在于，逾期还款会给消费者带来额外的经济损失，消费者为避免该损失的发生而尽全力依约履行合同。然而，一般而言，只有当信用提供者认为消费者还款能力堪忧时才会选择停止提供循环信用服务以尽快收回本金；消费者也只有在欠款金额确已超出其还款能力时，才会提出协议还款。此时，滞纳金已确定无法实现其履约担保功能，继续计收不仅实无必要，而且会适得其反——增加消费者清偿债务的难度，引发对偿还债务的抵触情绪。

---

[1] See 12C. F. R. 226. 5 (b) (2) (i) .

第五章　循环消费信用与支付服务双层法律关系下的特殊法律问题

循环消费信用与支付工具的直接关联，在给消费者带来支付便利的同时，也会产生一系列特殊的法律问题。目前实践中广泛存在的主要是：在与消费支付直接关联的信用支取方式之下，消费者与商户串通进行虚假交易套取现金的法律责任问题；消费者产生于消费合同的抗辩权可否对抗信用提供者的问题；以及循环消费信用被未经授权的第三人支取所产生的损失的负担问题。

这些问题均发生于循环消费信用与支付工具相关联的情形之下，其所涉及的法律关系已然超出了循环消费信用合同的范畴。依据本书第二章第一节关于不同信用支取方式下循环消费信用法律关系的论述，由消费信用法律关系和支付服务法律关系构成的双层法律关系体系，方为这些问题所对应的基础法律关系。(详见图5)

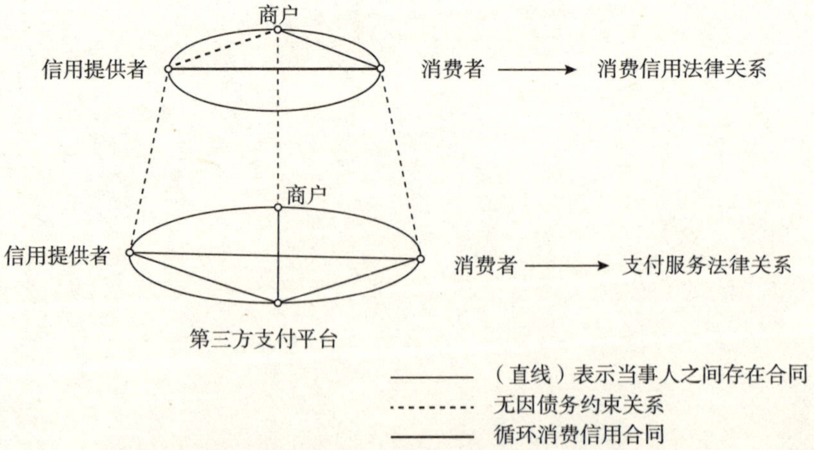

图5　循环消费信用与支付服务双层法律关系体系

具体而言，商户作为收款方介入消费者与信用提供者之间的消费信用关系，从而给消费者与商户串通虚构交易套取现金，即套现行为，提供了存在的空间，此为特殊法律问题之一。信用提供者作为信用提供方介入消费者与商户之间的消费合同关系，由此而产生了信用提供者是否应就商户在消费合同中的履行瑕疵对消费者负责，亦即消费者可否将对商户的抗辩权向信用提供者行使的问题，此为特殊法律问题之二。循环消费信用可以通过与之关联的支付工具多次支取，此即存在支付工具被未经授权的第三人盗用、冒用的风险，因此而产生的损失应由谁负担也是循环消费信用与支付工具直接关联所产生的特殊法律问题，此为特殊法律问题之三。本章将基于循环消费信用与支付工具直接关联所形成的双层法律关系，对上述问题逐一进行讨论。

第一节　利用循环消费信用支付工具套现的民事责任

在约定以消费支付作为信用支取方式的循环消费信用合同中，套现是被明确禁止的行为。[1] 由于长期以来信用卡是我国唯一的循环消费信用支付工具，套现行为的含义可见于我国关于信用卡的司法解释、行政部门规章、行业规范之中。2009 年《最高人民法院、最高人民检察院关于办理妨害信用卡管理刑事案件具体应用法律若干问题的解释》第 7 条将信用卡套现界定为，“违反国家规定，使用销售点终端机具（POS 机）等方法，以虚构交易、虚开价格、现金退货等方式向信用卡持卡人直接支付现金”的行为；中国银联股份有限公司颁布的《信用卡违规套现处罚试行规则》规定，“套现是指商户与不良持卡人或其他第三方勾结，或商户自身以虚拟交易套取现金”。在实践中套现可以通过多种途径实现，表现形式可谓花样翻新；且随着其他循环

[1] 例如，《招商银行信用卡章程》第 19 条，“持卡人与他人合谋、恶意串通、套现、洗钱或有其他任何违法、不诚信的行为，持卡人承担全部法律后果和责任”；《中国银行股份有限公司信用卡领用合约》第 2.15 条，“甲方不得利用虚假交易等手段进行信用卡套现、骗取积分或奖品等违法违规行为”；《花呗消费贷款用户服务合同》第 4.1.2 条，“您未按本附件合同约定用途使用贷款资金，包括但不限于利用本服务套现、截留应支付至交易对手账户的消费贷款”。

消费信用支付工具的兴起，所谓套现也不再仅限于信用卡套现，蚂蚁花呗套现、京东白条套现也已蔚然成风。例如，按照套现所经由的支付体系的不同，可分为 POS 机套现和第三方支付平台套现；按照套现主体的不同，可分为消费者（或商户）自买自卖的套现、消费者与商户串通的套现；按照具体套现手段的不同，有最为常见的虚构交易套现、信用卡购买支付宝充值码套现、购买商户的虚拟购物卡再由商户回购套现等。2013 年底更是兴起了利用预授权规则套现的风潮，所套取之现金可数倍于消费者被授予的信用额度。[1] 虽然在约定以消费支付作为信用支取方式的循环消费信用合同项下，套现均以消费者获得现金为最终结果；但并非所有因使用循环消费信用而获取现金的行为都属于被合同约定或法律规范所禁止的套现行为的范畴，例如用循环消费信用工具替亲朋好友完成消费支付而获得现金、因支付系统故障等客观原因接受现金退货而获得现金。[2] 综上而言，本书所言之套现是指，在约定以消费支付作为信用支取方式的循环消费信用合同项下，消费者、商户或消费者与商户串通，通过各种非正常途径，假借以消费支付的形式支取循环信用的名义，将授信额度内的资金以现金形式套取出来的行为。在我国台湾地区，信用卡套现被形象地称为“假消费、真刷卡”的行为。

在我国，套现行为自出现以来便以极快的速度不断扩张，不仅花样翻新、屡禁不止，且套现规模越来越大，出现了一批以套现为业的经营者，甚至形成了一整个套现产业链。2003 年我国利用信用卡套现的金额为 300 余万元，到 2006 年便已高达 1.38 亿元。[3] 而近年来，涉案金额超过亿元的信用卡套现案件也已并不少见。例如，2014 年 4 月，广州黄埔警方破获的一起 POS 机套现案件，该案犯罪团伙通过注册空壳公司申领 POS 机进而帮助信用卡持卡人套现并收取手续费的方

---

[1] 据了解，信用卡开通预授权业务后，可用额度能超限 15%。而所谓利用预授权规则套现就是，先向信用卡账户中预存大量现金，然后以预存金额的 115% 刷卡消费，从而超额套现。参见林晓丽：“信用卡预授权规则存漏洞 存 100 万违规套现 115 万”，载《广州日报》2014 年 1 月 21 日 AII2 版。

[2] 参见周文君：“信用卡套现行为模式及其法律规制”，载北京大学金融法研究中心编：《金融法苑》（第七十九辑），中国金融出版社 2009 年版，第 98－108 页。

[3] 参见古晓宇：“信用卡套现危险的融资‘游戏’”，载《中国城乡金融报》2007 年 11 月 23 日 B01 版。

式，在3年内共完成套现金额4亿余元；[1] 在2013年底广州警方也曾破获一起由两名犯罪嫌疑人在不到1年的时间里套现2.6亿余元人民币的信用卡套现案件。[2]而与此同时，更具有“创新意识”的套现业务经营者开始在互联网上售卖被称为“养卡神器”的手机POS刷卡机，据商家宣传通过该款机器套现“既可以实现（虚拟）刷卡消费、转账汇款、信用卡还款、购买火车票、话费充值，还能够随机切换商户，并同时支持0.49%、0.78%、0.74和35元封顶四种费率”。[3]

与被法律明确禁止的信用卡套现行为不同，利用新兴循环消费信用支付工具套现的行为尚处于法律空白之中，而这也已然成为此类套现经营者营销、宣传的噱头。笔者在有关花呗套现的广告中看到如下宣传语，“信用卡套现是国家明令禁止的，套现的风险很大，但是花呗套现目前处于灰色领域，可操作性比较强，相对安全一些”，“信用卡逾期的记录会被计入央行的个人征信报告，对未来申请信用卡和银行贷款有影响，但是花呗发生了逾期只会影响芝麻信用分，不会计入到个人征信报告”。[4] 在这一背景下，蚂蚁花呗与京东白条也已纷纷开启了自力打击套现行为的强效模式。[5]

由此应思考，信用卡套现已被定性为刑事违法，为何其规模仍在不断扩大？信用提供者自身为何不惜花费巨大成本对套现行为进行防范和打击？套现行为究竟给信用提供者带来了哪些实际损失，套现行为人又应当对此承担怎样的民事责任？

---

[1] 参见李海强：“信用卡套现，空壳公司三年套了4亿”，载《新快报》2014年6月11日A17版。

[2] 参见周强：“广东云浮两兄弟非法套现2.6亿余元被抓获”，载http://news.xinhuanet.com/legal/ttgg/2014-02/25/c_119495193.htm，2016年2月25日最后访问。

[3] 高薇：“凤凰财经‘养卡神器’套现炒股可月套180万”，载《沈阳晚报》2015年5月5日B7版。

[4] 参见“信用卡套现方法费率千分之五”（实为一则蚂蚁花呗套现广告），载http://xinyongkaff.store.eachnet.com，2016年2月25日最后访问。

[5] 2015年9月8日“蚂蚁花呗”公布了自2015年初开始的打击套现行动的成果，其中显示“蚂蚁花呗”清理了数千涉嫌套现的不法商家，有效遏制了套现和相关欺诈，并称商家套现将被永远禁止使用淘宝和支付宝，情节严重的还可能面临法律责任。参见陈姝、谢惠茜：“‘蚂蚁花呗套现’大多是骗局”，载《深圳商报》2015年9月9日A06版。2015年11月，京东白条也宣布，其将通过自主研发的“天网”风控系统，对网络中介和套现分子进行打击，冻结高风险账户的白条支付功能。参见杨静：“京东用风控系统识别并遏止‘白条套现’”，载《南京晨报》2015年11月3日A29版。

一、我国法律规制套现行为的现状及其困境

（一）刑法与行政法规范在规制范围上的局限性

由于长期以来信用卡是我国唯一的循环消费信用支付工具，我国目前关于套现行为的法律规范均系针对信用卡而特别制定的。关于信用卡套现行为的刑法规制，2009年最高人民法院与最高人民检察院联合发布了《关于办理妨害信用卡管理刑事案件具体应用法律若干问题的解释》，其中第7条具体规定了信用卡套现行为所适用的罪名和定罪量刑标准。对于参与套现行为的商户，该司法解释规定，“违反国家规定，使用销售点终端机具（POS机）等方法，以虚构交易、虚开价格、现金退货等方式向信用卡持卡人直接支付现金，情节严重的，应当依据刑法第二百二十五条的规定，以非法经营罪定罪处罚”，“情节严重”之标准为，“实施前款行为，数额在100万元以上的，或者造成金融机构资金20万元以上逾期未还的，或者造成金融机构经济损失10万元以上的”；对于参与套现行为的信用卡持卡人，若其“以非法占有为目的，采用上述方式恶意透支”，应当以信用卡诈骗罪定罪处罚，信用卡诈骗罪的构成以“数额较大”（1万元以上不满10万元）为要件。

显然，并非所有套现行为均能满足非法经营罪或信用卡诈骗罪的犯罪构成要件，刑法对套现行为的规制有范围上的局限性。其一，这是由刑法本身的谦抑性决定的。对于参与套现行为的商户而言，套现数额较小，未达至“情节严重”之标准不为犯罪；对于参与套现的消费者而言，不以非法占有为目的恶意透支亦不为犯罪。其二，上述司法解释将套现行为的工具限定为信用卡，并且对信用卡套现形式进行了列举，这大大限制了其适用范围。目前实践中存在大量非信用卡套现，以及除虚构交易、虚开价格、现金退货以外的信用卡套现形式，例如蚂蚁花呗或京东白条套现、用信用卡购买支付宝充值码套现、购买商户的虚拟购物卡再由商户回购套现等等。但依据罪刑法定主义的明确性原则，此类套现行为即便已达至“情节严重”之标准，也无法受刑法之规制。

对于不构成犯罪的套现行为，学者历来主张应当由行政法律规范

予以规制。[1] 然而，就目前我国仅有的关于信用卡套现行为的行政法律规范而言，其在规范的可实施性以及规范对象的范围上均有难以克服之局限。1997 年中国人民银行颁布的《支付结算办法》第 146 条规定，“特约单位不得通过压卡、签单和退货等方式支付持卡人现金”，第 227 条规定，“持卡人违反本办法规定使用信用卡进行商品交易、套取现金以及出租或转借信用卡的，应按规定承担行政责任”。但从此两项法律规范中却无从得知实施套现行为之特约单位（即商户）应否承担行政责任、持卡人又当承担何种行政责任，也就是说此两项规范缺乏实际的可实施性。2011 年银监会颁布的《商业银行信用卡业务监督管理办法》第 82 条规定，对确认已出现信用卡套现行为的特约商户，“收单银行应当及时采取撤除受理终端、妥善留存交易记录等相关证据并提交公安机关处理、列入黑名单、录入银行卡风险信息系统、与相关银行卡组织共享风险信息等有效的风险控制措施。”实质上，此项规范系收单银行之义务，仍非对实施套现行为的特约商户的行政处罚规定。而关于防范信用卡套现的义务，早在 2006 年中国人民银行、银监会联合发布的《关于防范信用卡风险有关问题的通知》即已详细规定了信用卡发卡机构、收单机构以及银联对防范信用卡套现所负有的义务。可见，上述行政规范性文件的规范对象主要是开展信用卡业务的商业银行以及银联。不可否认，不规范、不严格的信用卡发卡行为和 POS 机布放、管理行为会给信用卡套现以更多的可乘之机，规范发卡机构、收单机构以及银联的相关义务实有必要。但缺乏对套现行为的实际实施者，即商户与消费者的行政处罚规定，系行政法律规范在规制信用卡套现行为问题上的根本缺陷。[2]

对于套现问题，刑法与行政法规范在规制范围上的局限性，实际上皆源于套现行为本身存在的可归责性难题，即何种程度或范围内的套现行为方具有可归责性的问题。[3] 尽管 2009 年两高出台的司法解释

---

[1] 参见王军明：“利用 POS 犯罪之类型化研究”，载《当代法学》2013 年第 4 期；王亮：“论我国信用卡套现行为的法律规制”，北京交通大学 2012 年法学硕士论文。

[2] 参见段锴：“信用卡违规套现的法律规制”，载北京大学金融法研究中心编：《金融法苑》（第八十一辑），中国金融出版社 2010 年版，第 149 - 164 页。

[3] 参见刘宪权：“信用卡‘养卡’、‘套现’行为的刑法定性分析”，载《法学》2012 年第 7 期。

已将信用卡套现行为入罪，但仍有部分学者主张信用卡套现行为无罪论。[1] 有学者指出，刑法对套现行为的规制存在困境，司法解释便着眼于套现行为的现实危害牵强地将其解释为非法经营行为；[2] 亦有学者对现有司法解释提出质疑：在套现行为中持卡人应是“主犯”，而商户作为套现行为的帮助者应为“从犯”，而按照现有司法解释，从犯构成非法经营罪，主犯却不构成任何犯罪，这显然违背共同犯罪的基本原理。[3] 而从行政法律规范的角度而言，一方面，若要对套现行为人课以相对公平的行政处罚，则应对不同情况下不同程度的套现行为进行细分，此可谓高难度、高成本之立法，其必要性尚需论证；另一方面，若以简单一刀切的方式规制套现行为，则会出现“套现行为依然没有法律依据予以追究”或“所有的套现行为都牵强地纳入打击范围”[4] 的情况。

鉴于上述刑法与行政法规范在规制套现行为问题上的局限性，笔者认为，明确套现行为人的民事责任应为平衡各方利益、抑制套现行为的良方。其一，民事责任的追究相对具有灵活性。信用提供者作为实际受害人具有决定是否追究套现行为人民事责任的主动权，这就避免了上述套现行为规制范围的难题。其二，追究套现行为人的民事责任可以成为从另一个角度弥补“行政法律规范难以对实施套现行为的消费者和商户给予恰当处罚”[5] 的有效途径，在一定程度上改变目前对于消费者和商户而言套现行为利益大于责任、收益高于风险的现状，从而起到抑制套现行为的作用。正如有学者所主张的，“实施套现却又选择在被催告后、最后期限到来前还款的，虽无法认定为恶意透支而适用刑罚，也应补充相应的、较严厉的行政处罚和民事责任”。[6] 然而，套现行为人民事责任的认定亦存在困境。

---

[1] 参见叶良芳：“将信用卡套现入罪是司法‘造法’”，载《法学》2010 年第 9 期。

[2] 参见王军明：“利用 POS 犯罪之类型化研究”，载《当代法学》2013 年第 4 期。

[3] 参见叶良芳：“将信用卡套现入罪是司法‘造法’”，载《法学》2010 年第 9 期。

[4] 段锴：“信用卡违规套现的法律规制”，载北京大学金融法研究中心编：《金融法苑》(第八十一辑)，中国金融出版社 2010 年版，第 160 页。

[5] 侯艳蕾：“对我国信用卡非法套现的理性思考”，载《现代财经》2010 年第 10 期，第 14 页。

[6] 郭雳：“信用卡套现责任体系之完善”，载《法学》2010 年第 12 期，第 123 页。

（二）套现行为人民事责任认定的困境

目前，消费者与商户因实施套现行为所承担的民事责任明显过轻，而低责任成本是导致套现行为屡禁不止的原因之一。依据我国各商业银行的信用卡领用合约，发卡银行对持卡人套现行为所采取的处理措施一般为，“调减甲方（持卡人）的授信额度、冻结信用卡账户以及冻结甲方（持卡人）在乙方（发卡机构）开立的其他账户”[1]。而对于实施套现行为的商户，除可能触犯刑法外，也仅有收单机构会依据《商业银行信用卡业务监督管理办法》对其采取撤除受理终端、列入黑名单、录入银行卡风险信息系统等措施。因而，即便套现行为被发现，消费者仍可选择注销该循环消费信用账户并向其他信用提供者申请开通新的循环消费信用账户，商户则可申请注册新的营业主体资格并继续进行套现行为。对此，诸多学者均坦言，相比于信用提供者为检测、发现套现行为所需付出的高昂成本，消费者与商户因实施套现行为而可能承担的责任成本明显过低，不足以成为其追求套现利益的阻碍，也加重了其实施套现行为时有恃无恐的心理。[2]

此外，从现实情况看，作为套现行为的实际受害人，绝大多数的信用提供者并不选择针对套现行为提起民事诉讼、请求损害赔偿；而是选择在消费者因套现而终致无力还款时追究其恶意透支的民事或刑事责任，套现则仅为该案的一个考虑因素。[3] 深究之，套现行为人民事责任认定的困境应为导致这一现象的根本原因。其一，信用提供者是否因套现行为而受有实际损失尚存在争论，且即便承认信用提供者受有实际损失也难以确定损失之数额。有观点认为，消费者在套现过程中仍使用其真实身份，套现的额度受到信用提供者授信的限制，因而套现行为只是加大了信用提供者的放贷规模，并不必然带来信用风险和损失。[4] 甚至有学者指出，套现行为除使信用提供者无法掌握套现资金的实际用途外，实际上是一个多方共赢的行为：消费者套现与

---

[1] 参见《中国银行股份有限公司信用卡领用合约》第 2 条第 15 项。

[2] 参见陈宏卫：“浅析信用卡套现行为”，载《武汉金融》2013 年第 7 期；任丽丽：“如何防范信用卡‘套现’”，载《山西财经大学学报》2009 年第 2 期；侯砚文：“信用卡套现法律规制问题研究”，山西财经大学 2013 年法学硕士论文。

[3] 参见郭雳：“信用卡套现责任体系之完善”，载《法学》2010 年第 12 期。

[4] 参见侯砚文：“信用卡套现法律规制问题研究”，山西财经大学 2013 年法学硕士论文。

其是否具有还款意愿并没有直接关联，只要消费者具备还款意愿和还款能力，信用提供者就不会受有任何损失；若信用提供者允许套现行为的发生，还能保留这部分客户并获取年费收入。[1] 信用提供者并不因套现行为而受有实际损失的观点在我国台湾学界同样存在，且直接影响了我国台湾司法实务界对套现行为是否构成欺诈罪之判定。[2] 有学者言，“即使发卡银行给付予厂商或商店签账单据上之金额，此金额最终的归属，仍旧回到持卡人的身上。亦即仍是持卡人必须为给付，发卡银行或联合信用卡中心并未被诈骗财物，或是有任何财务上之损失”。[3] 其二，商户与信用提供者以及支付服务提供者之间的法律关系复杂，给商户套现行为民事责任的认定带来困难。如上文所述，通过循环消费信用支付工具进行消费支付必须要在一个支付系统或体系中完成，只有借助该支付体系信用提供者与商户方能完成各自的付款与收款行为。但从法律关系的角度来看，商户接入该支付体系、在该支付体系中完成收款均是基于其与该支付体系运营者之间的合同关系，商户与信用提供者无任何直接的法律关系。信用提供者即便因商户之套现行为受有实际损失，亦无法直接请求商户承担违约责任。也正是因为如此，《商业银行信用卡业务监督管理办法》规定，对商户的套现行为，负有处理义务的是作为支付体系运营者之一的收单机构，而非信用卡的发卡机构。然而，套现行为对于支付体系的运营者而言，不但不会产生任何不利益，反而能够增加其交易手续费收入，作为商户合同相对人的支付体系运用者亦无由追究商户之损害赔偿之责。

二、信用提供者因套现行为所受损失的认定

（一）免息期是套现行为获利空间之所在

要认定信用提供者因消费者与商户的套现行为所受之损失，应首先理清消费者与商户通过套现行为获利的原理，即其获利是否源于对

---

[1] 参见叶良芳：“将信用卡套现入罪是司法‘造法’”，载《法学》2010 年第 9 期；袁道强：“信用卡套现成本的博弈分析及其监管探讨”，载《金融理论与实践》2008 年第 12 期。

[2] 参见台湾地区“最高法院”2005 年度台上字第 4086 号判决；“台南高分院”2004 年度重上更（二）字第 489 号判决；台湾地区“高等法院”2003 年度重上更（四）字第 66 号判决。

[3] 柯耀程：“假消费真刷卡借贷”，载《月旦法学教室》2006 年 3 月第 41 期，第 18－19 页。

信用提供者财产之侵害。

在约定以消费支付作为信用支取方式的循环消费信用合同中，信用提供者通常会给予消费者以免息期待遇。而消费者进行套现的动机就在于获得免息的现金信用：商户与消费者可通过虚构交易而获得信用提供者的付款，进而以现金形式持有该付款金额；同时，因该笔信用乃以消费支付的形式支取，依合同可享受免息期待遇。消费者与商户套现行为的成本收益分析具体如表 5 所示：

表 5　消费者与商户实施套现行为的成本收益分析

<table>
<tr><th colspan="2">以套现金额为计算基数</th><th colspan="2">成本</th><th colspan="2">收益</th><th>获利</th></tr>
<tr><td colspan="2" rowspan="3">消费者或商户
（自买自卖的套现行为）</td><td rowspan="3">用循环消费信用工具进行消费支付的交易手续费</td><td rowspan="3">0.38%
~
1.25%</td><td rowspan="3">免息期内的资金使用权</td><td>以信用卡预借现金为标准计算 4.75%</td><td rowspan="3">可视为有
0.14%~
4.37%的获利</td></tr>
<tr><td>以蚂蚁借呗借款为标准计算 1.575%</td></tr>
<tr><td>以银行无抵押贷款为标准计算
1.39%~1.92%</td></tr>
<tr><td rowspan="2">消费者与商户为不同民事主体的套现行为</td><td>消费者</td><td colspan="2">套现手续费
0.5%~3%</td><td colspan="2">同上
1.39%~4.75%</td><td>可视为最高可能有
4.25%的获利</td></tr>
<tr><td>商户</td><td colspan="2">用循环消费信用工具进行消费支付的交易手续费 0.38%~1.25%</td><td colspan="2">套现手续费
0.5%~3%</td><td>最高获利为
2.62%</td></tr>
</table>

注：表中的百分数表示成本、收益或获利占套现金额的百分比。

若消费者虚构交易自买自卖（即消费者与商户实为一人），则其套现成本为使用循环消费信用支付工具进行消费支付的交易手续费，约为套现金额的0.38%–1.25%；[1] 其套现收益为套现金额在所获免息

[1] 根据2012年央行下发的《中国人民银行关于切实做好银行卡刷卡手续费标准调整实施工作的通知》，目前信用卡刷卡消费的交易手续费实施行业差别化定价，费率在0.38%–1.25%之间；根据支付宝与商户间的《蚂蚁花呗支付服务协议》，商户接受蚂蚁花呗支付的交易手续费费率是1%。

期内的使用权。该使用权之价格有不同的衡量标准，若以信用卡预借现金的价格为标准计算，约为套现金额之4.75%日利率0.05%×免息期35天❶+取现费（1%-3%）;❷ 若以蚂蚁借呗的资金成本为标准计算，则约为套现金额的1.575%（日利率0.045%×免息期35天）;❸ 若以银行目前无抵押贷款的利率为标准计算，则约为套现金额的1.39%-1.92%［年利率14.5%-(20%×免息期35天)］。免息期内套现资金使用权的价格与循环消费信用付款交易手续费之间的差额，也就是通过套现获取现金信用比通过其他途径获取现金信用所节省的利息费用，即为套现行为对于自买自卖消费者（或商户）而言的"获利"，约在套现金额的0.14%-4.37%之间。

若在套现行为中消费者与商户是不同的民事主体，则消费者需向为其提供套现服务的商户另外支付套现手续费。首先，对于消费者而言，套现成本是商户收取的套现手续费。按照套现的数额、安全性以及具体服务内容的不同，套现手续费在套现金额的0.5%-3%之间。其中普通信用卡套现手续费为套现金额的0.5%-2%;❹ 多卡、多次套现的养卡服务，套现手续费为每次套现金额的2%-3%;❺ 新兴的蚂蚁花呗、京东白条套现的手续费高于信用卡套现手续费，约为套现金额的3%-5%。❻ 消费者之套现收益同样是套现资金在免息期内的使用权，同上文所述约为套现金额的1.39%-4.75%。可见，消费者以此种套现模式获取现金信用是否比通过其他正当途径获取现金信用更为便宜，将取决于为其提供套现服务的商户关于套现手续费的定价。

---

❶ 循环消费信用合同中约定的免息期通常为20-50天，本文取其中位数35天作为免息期之计算标准。

❷ 以《招商银行信用卡费用和利息标准表》为例，其中规定预借现金手续费（每笔）境内为预借现金额的1%，最低收取RMB10元；境外（含港、澳、台）为预借现金额的3%，最低收取RMB30元或USD3元。

❸ 每个消费者所适用的蚂蚁借呗利率均依据蚂蚁金服对消费者的信用评分具体确定，大致分布在日利率0.02%-0.045%之间。

❹ 参见石岩松："'全额提现手续费2%'信用卡套现公司'轻松'赚差价"，载http://bank.hexun.com/2013-07-18/156266987.html，2016年2月25日最后访问

❺ 参见"揭秘：卡奴如何利用POS机套现以卡养卡"，载http://www.youdaiw.com/news/50302.html，2016年2月25日最后访问。

❻ 曾颂："虚假赊账交易3分钟提现，网络套现产业链调查"，载《21世纪经济报道》2015年5月6日第9版。

当然，消费者自身在衡量其套现行为是否“获利”时，往往还会考虑套现相比于其他途径在资金获取上的快捷与便利。其次，对于商户而言，其套现成本是使用循环消费信用支付工具付款的交易手续费，约为套限金额的0.38%－1.25%；收益是套现手续费，约为套现金额的0.5%－3%。由于商户有套现手续费的定价权，因而其套现行为可始终保持获利，最高可达套现金额的2.62%。

综上而言，其一，不论是消费者还是商户其在套现行为中的获利均来源于信用提供者给予消费者的免息期待遇，即在一定时间内不对消费者已支出之信用计收利息。其二，大力发展小额信贷、疏导消费者的短期融资需求，以期彻底消除套现行为的主张是无效的。因为，只要有免息期的存在，套现就必然被消费者视为一种相对低成本的融资方法，不论小额信贷业务再怎么发达，消费者仍会倾向于选择看似“免费”的套现融资。正如有学者所言，“通过信用卡套现，持卡人可以暂时占用银行的信贷资金而不必支付任何利息，与从银行借贷所需支付的成本相比，有了更多的消费者剩余。虽然消费者剩余只是一种心理感觉，收入并未实际增加，但这种感觉会激励持卡人频繁地从事套现行为”❶。而互联网上关于在美国以及我国港、澳、台地区套现行为皆为合法的言论亦属不实。因为，美国的信用卡与我国信用卡一样，刷卡消费有免息期、预借现金无免息期；❷ 我国台湾地区联合信用卡中心更是指出，台湾发卡银行每年因“假消费真刷卡”而遭受的损失，均高达新台币一亿二千万元以上。❸

（二）套现行为导致信用提供者所承担的信用风险扩大

套现行为无害论者与多方共赢论者皆没有认识到，不论对于整个国家金融市场还是单个循环消费信用提供者而言，风险的扩大即已构成危害。

首先，套现行为，尤其是以多卡、多次套现为手段的套现养卡行

---

❶ 侯砚文：“信用卡套现法律规制问题研究”，山西财经大学2013年法学硕士论文，第4页。

❷ 参见“花旗银行信用卡合约”，载 https://www.citi.com/credit-cards/citi.action，2016年2月25日最后访问；“发现卡合约”，载 http://www.creditcards.com/Discover.php，2016年2月25日最后访问。

❸ 参见李忠雄：“信用卡欺诈法律问题之研究”，载《全国律师》2000年第6期。

为以及以企业经营或投资为目的的团体、大额套现行为，将导致信用提供者所承担的信用风险的扩大，亦即无法收回资金的几率的明显提高。例如，目前信用卡套现市场上存在的套现养卡（或称循环套现）——套现行为人利用多张信用卡还款日期的不同，从一张信用卡中套现偿还另一张信用卡之欠款，循环往复，从而长期免息使用信用提供者之资金。[1] 提供此项服务的“套现公司”一般对消费者收取每次2%－3%的套现手续费、套现周期需小于等于免息期，因而套现资金的折合年利率约为20.86%－31.29%，可能高于24%的民间借贷利率上限。[2] 在循环套现的过程中，消费者得以按时还款的背后是其债务累积、资金链断裂的巨大风险，而这一风险最终将由信用提供者承担。并且，消费者还款及时的假象，还可能带来其信用额度的提高，这将形成信用风险不断增长的恶性循环。[3] 再例如，某些企业无法通过正常途径办理贷款，为获得经营所需资金，以员工名义办理信用卡进行套现。此种情况下，不仅套现金额大，而且信用提供者所承担的信用风险会与企业经营状况挂钩，这显然远大于提供消费信用的信用风险。[4]

其次，不论何种套现行为，均意味着信用提供者对资金流向失去控制；并且，一般而言消费者不会将套取的现金用于消费，而是用于收益与风险都更高的其他领域。因为，在约定以消费支付作为信用支取方式的循环消费信用合同中，消费者信用消费的需求无须套现即可得到满足；从另一个角度讲，消费者的套现行为正是对信用提供者设定的只能以消费支付形式支取信用这一规则的突破。例如，通过套现

---

[1] 据笔者分析，只要能够保证两张其各自的还款日之间有足够间隔时间的信用卡在每个账单周期均套现成功，就能实现两卡之间的互相还款，持续享受免息期，不用支付循环信用利息。例如，还款日分别为每月1日和每月20日的两张信用卡。但套现养卡的难点就在于能否实现两张信用卡在每个账单周期的便捷套现，这意味着套现养卡的方案虽然简单可行，但消费者往往难于独立完成，因此消费者多将此事交给“套现公司”，由其为消费者提供套现养卡服务。

[2] 参见《最高人民法院关于审理民间借贷案件适用法律若干问题的规定》第26、28条。

[3] 参见黄珊：“信用卡套现行为剖析与防范”，载《中国信用卡》2009年第9期。

[4] 参见段锴：“信用卡违规套现的法律规制”，载北京大学金融法研究中心编：《金融法苑》（第八十一辑），中国金融出版社2010年版，第149－164页；梁林英：“信用卡套现及其风险防范”，载《中国信用卡》2008年第7期。

流出的现金可能被消费者用于民间借贷投资、偿还信用卡欠款、赌博、洗钱等高风险甚至违法的行为。[1] 这就意味着，套现行为将必然导致信用提供者所承担的信用风险的扩大。

（三）信用提供者实际损失的构成

综合以上两方面的论述，笔者认为，信用提供者因消费者与商户的套现行为所遭受的实际损失由两部分组成：一是套现资金在免息期内的利息损失；二是为检测、排查该套现行为而产生的相关损失。

首先，关于套现资金在免息期内的利息损失。对套现行为作分解性描述：商户从信用提供者处收取“消费”付款，商户将其所收之款项以现金形式提供给消费者使用，并向消费者收取套现手续费。不难发现，套现行为本质上可被视为，消费者以信用提供者为保证人，向商户借贷资金的行为；以及商户非法经营的资金借贷业务。[2] 因而，商户所收取的套现手续费实为资金借贷之利息。据上文所述，该部分利息恰来源于信用提供者给予消费者的免息期待遇，即信用提供者在免息期内放弃计收之利息。故而，商户套现行为之收益可谓对信用提供者资金之法定孳息的非法占有。换言之，信用提供者受有被套现资金在免息期内的法定孳息（即利息）的损失。此为信用提供者将资金交付予商户，因此而丧失对于该部分资金之使用、收益或处分之权能的结果。

其次，关于信用提供者为检测、排查该套现行为而产生的相关损失。套现行为以虚构交易为主要手段，实施套现行为的消费者和商户本身均具备正当的交易身份，因而对于信用提供者而言套现行为具有相当的隐秘性。信用提供者要确认实施套现行为的商户、消费者并非如确认消费者逾期还款一样简单，需付出一定的检测和排查成本。而该部分费用产生的原因是，信用提供者需规避、消除消费者与商户的套现行为给其带来的额外的信用风险。因此，该部分费用应当被认定为信用提供者因消费者、商户的套现行为而受有的实际损失。

---

[1] 参见胡学江：“信用卡套现行为法律规制制度研究”，中国政法大学 2011 年法学硕士论文。

[2] 参见柯耀程：“假消费真刷卡借贷”，载《月旦法学教室》2006 年 3 月第 41 期。

三、套现行为人违约责任与侵权责任的竞合

（一）套现行为人与信用提供者之间的法律关系

本书第二章第一节已对循环消费信用在不同信用支取方式下形成的法律关系作了专门的阐明和论证，在此仅就其中与套现行为相关的法律关系予以特别说明。

关于套现行为，历来就有利用 POS 机套现和基于第三方支付平台套现的区分。存在此种分类的原因在于，目前以消费支付的形式支取循环消费信用，可依托于不同的支付体系来完成，包括：以商业银行“网上银行为”代表的由单个信用提供者独自建立的封闭式支付体系、以银联为代表的由众多信用提供者共同参与运营而构成的线下支付体系以及以支付宝为代表的第三方支付平台。虽然在不同支付体系之下，套现行为人与信用提供者之间的法律关系会略有不同，但基本的法律架构是一致的，即由消费信用法律关系与支付服务法律关系构成的双层法律关系。

首先，消费者与信用提供者之间签订有循环消费信用合同，消费者依据合同支取循环消费信用、信用提供者履行提供消费信用之义务，两者之间形成消费借贷法律关系。信用提供者对消费者套现行为的禁止即属于该循环消费信用合同的内容。因而消费者有义务遵守合同的约定，不通过虚构交易等方式套取现金信用。

其次，关于商户与信用提供者之间的法律关系，需区分不同的支付体系分别进行说明。其一，在后两种支付体系之下，商户与信用提供者之间不存在直接的合同关系，两者仅在消费信用法律关系层面存在无因债务约束关系。该关系是消费者与信用提供者之间法律关系的副产品，即双方约定信用提供者应将消费者欲支取之信用直接对第三方（即商户）为支付。在支付服务法律关系层面，商户与支付服务的提供者存在直接的合同关系。所谓支付服务的提供者，系指收单机构或第三方支付平台，是商户介入支付系统、完成收款的代理人；其与信用提供者之间是以复杂的合作协议为基础形成的混合法律关系，与商户无涉。虽然在商户与支付服务提供者所签订的合同中，通常亦有关于套现行为的禁止条款，但此项约定虚大于实。因为在实践中，代理商户完成收款服务的支付服务提供者往往对商户的套现行为并不知

情，且商户的套现行为对第三方支付平台或收单机构均不产生任何损害。其二，在由单一信用提供者独自建立的封闭式支付体系中，消费信用与支付这两个层次的法律关系合而为一。因而，支付提服务的提供者即为信用提供者本身，商户与信用提供者之间也就存在着直接的合同关系，商户对信用提供者直接负有不得实施套现行为的合同义务。

此外应予以特别说明的是，在消费者与商户为同一民事主体的自买自卖套现模式中，套现行为人有着消费者与商户的双重身份。在法律关系上，其将上述商户与信用提供者以及消费者与信用提供者之间的法律关系集于一身。

（二）消费者的违约责任

根据套现行为人与信用提供者之间的法律关系，就消费者与商户共同实施的套现行为，信用提供者仅对与其存在直接合同关系的消费者享有违约责任请求权。一方面，信用提供者应在循环消费信用合同中对消费者的套现行为规定较重的违约责任；另一方面，对于循环消费信用合同没有针对消费者的套现行为约定违约金的情形，在司法实务中应合理认定信用提供者因消费者的套现行为所遭受的实际损失，支持信用提供者对消费者提出的违约损害赔偿请求。

关于循环消费信用合同中约定的消费者套现的违约责任。以信用卡为例，相比于蚂蚁花呗套现与京东白条套现的“方兴未艾”，信用卡套现在我国已“兴盛”多年。但一直以来，各商业银行制定的信用卡领用合约对消费者套现行为违约责任的约定却鲜有不同，亦鲜有更新。如《中国银行股份有限公司信用卡领用合约》第 2 条第 15 规款定，“甲方不得利用虚假交易等手段进行信用卡套现、骗取积分或奖品等违法违规行为，如乙方（中国银行）发现甲方（持卡人）存在上述行为或疑似行为，乙方有权调减甲方的授信额度、冻结信用卡账户以及冻结甲方在乙方开立的其他账户”。据此可见，发卡银行并未约定消费者套现行为的违约金。并且在司法实践中亦没有发卡银行请求消费者就套现行为对其承担损害赔偿责任之案件。这意味着，消费者实施套现行为预计可能承担的民事责任微乎其微。对此，有研究者早有洞见，其指出目前信用卡相关文件大多并未明确约定持卡人套现的违约责任，特别是停卡之外的赔偿责任；并主张应当对达不到刑事追诉标准的套现行为，在信用卡合约中规定较重的民事责任，以有效抑制套现行为。[1]

目前《花呗消费贷款用户服务合同》对于消费者套现行为违约责任的规定即为“在合同中对套现行为约定相对较重的违约责任”这一主张的典型实践，应鼓励其他信用提供者借鉴之。其第4.2.12条规定，“若消费者利用花呗服务套现、截留应支付至交易对手账户的消费贷款……蚂蚁小贷有权自贷款发放之日起向您（消费者）收取日利率为0.05%的利息；要求您支付消费贷款本金、利息以及逾期利息总额30%的违约金”。

然而，信用提供者主张违约责任的局限性在于，其仅能对作为其合同相对人的消费者主张。而套现行为系由消费者与商户共同实施，商户是套现行为最大的获利者，并且商户显然比消费者更具备承担民事责任的经济实力。那么，信用提供者可就消费者与商户的套现行为，向商户主张怎样的民事责任呢？

（三）消费者与商户的共同侵权责任

笔者认为，消费者与商户实施套现行为构成欺诈的共同侵权，信用提供者亦可主张由消费者和商户对其承担连带侵权责任。

关于欺诈行为的法律后果多见于合同法规范，侵权责任法并无对欺诈行为的特别规定，但关于欺诈行为本身是否能引起侵权责任的问题，在学界素有讨论，多数研究者持肯定观点。王泽鉴教授认为：“受诈欺而为意思表示，通常多不利于表意人，例如受诈欺以低于市价出卖某物或贷与金钱而未有利息之约定（或约定之利息过低）者，纵有请求价金支付（或返还价款）之债权，表意人实受有损害，应得依侵权行为法规定，请求损害赔偿。”[2] 在杨立新教授2007年主持起草的《侵权责任法草案建议稿（第二稿）》中，第62条亦规定，“故意以违反善良风俗的方式欺诈他人，致受害人损害，受害人不能通过合同法获得补救的，有权依据本法要求行为人承担侵权责任。”此外，在我国目前的法律体系中也存在着有关特定行业行为主体欺诈侵权责任的法律规范，例如，经营者欺诈消费者的侵权责任、证券交易虚假陈述的侵权责任等等。

---

[1] 参见郭雳：“信用卡套现责任体系之完善”，载《法学》2010年第12期。

[2] 王泽鉴：《民法学说与判例研究》（第二册），中国政法大学出版社1998年版，第212页。

消费者与商户共同实施套现是对信用提供者的欺诈行为，满足共同侵权行为的构成要件，应当对信用提供者承担共同侵权责任。首先，消费者与商户有欺诈的共同故意。所谓欺诈是指以使他人陷于错误并因而为意思表示为目的，故意陈述虚假事实或隐瞒真实情况的行为。[1]消费者与商户在实施套现行为时，需就彼此的主观意思进行沟通并达成一致，该主观意思之内容为：使信用提供者误认为其两者之间存在真实交易，从而依据其与消费者之间的合同约定向消费者的交易相对人（商户）支付款项。此即为消费者与商户的共同欺诈故意。其次，消费者与商户有欺诈之行为。从套现的过程看，其欺诈行为的具体表现为：商户利用消费者向其提供的循环消费信用账户信息和消费者本人的签名（包括电子签名），伪造交易信息和签账单据；商户通过支付系统将交易信息、签章单据传递给信用提供者，使信用提供者在主观上认为其为真实，因此陷于错误，而为付款行为。在我国台湾地区的司法实务中，“假消费真刷卡”的行为即普遍依据台湾地区“刑法”第339条第1项之规定，被认定为欺诈取财；[2]在2009年两高发布《关于办理妨害信用卡管理刑事案件问题的解释》以前，大陆学者中亦存在将套现行为认定为持卡人与商户的共同犯罪，依信用卡诈骗罪、骗取贷款罪等罪名论处的观点。[3]再次，我国侵权责任法并未采纳侵权责任构成的违法性要件，其第6条第1款实际上采纳了以过错吸收违法性要件的制度选择。[4]因而，尽管在我国目前的法律体系中并无关于消费者与商户套现行为违法性的依据，但这并不影响该行为构成侵权。且依上文所述，信用提供者确因消费者与商户的套现行为而受有实际损失。因此，消费者与商户的套现行为显然构成欺诈的共同侵权，应承担侵权连带责任，这与消费者的违约责任构成竞合，作为受害人（守约方）的信用提供者可任择其一予以主张。

---

[1] 参见韩世远：《合同法学》，高等教育出版社2010年版，第94页。

[2] 参见台湾地区“高院花莲分院”2005年度上更（一）字第2号判决；台湾地区“高院台南分院”2004年度重上更（二）字第268号判决。

[3] 参见刘宪权：“信用卡‘养卡’、‘套现’行为的刑法定性分析”，载《法学》2012年第7期。

[4] 参见王利明：“我国《侵权责任法》采纳了违法性要件吗？”，载《中外法学》2012年第1期。

第二节　用循环消费信用支付工具为支付的交易中抗辩权的延伸

在约定直接以消费支付作为循环消费信用支取方式的合同中，均约定有抗辩切断条款，即在消费者与商户发生纠纷时，消费者不得基于对商户的抗辩权而拒绝向信用提供者还款。我国各商业银行信用卡章程、信用卡领用合约中抗辩切断条款的依据是《银行卡业务管理办法》第54条的规定，“持卡人不得以和商户发生纠纷为由拒绝支付所欠银行款项”。例如《招商银行信用卡章程》第36条第4款规定，“（持卡人）不得以与商户纠纷或与其他第三方的纠纷等为由拒绝支付所欠发卡机构款项”。在新兴的循环消费信用支付工具的合约中亦有如是之条款，如《京东白条服务协议》第5.1条规定，“用户应按时支付信用付款服务项下的应付款项，且不得以商品纠纷为由拒绝支付信用付款服务项下的应付款项。”

然而，一直以来研究者们对上述抗辩切断条款的公平性多有质疑。认为抗辩切断条款完全切断了消费者就产生于消费合同的抗辩权向专门就该消费交易向其提供资金融通的信用提供者行使的可能性，这对处于弱势地位的消费者而言显然有失公平；同时主张，应当适用德国《消费信贷法》、日本《割赋贩卖法》中的抗辩权延伸制度。[1] 但是，该制度适用于循环消费信用支付的理论基础是什么、应在何等范围内适用，尚需明确、值得探讨。

一、消费信用领域的抗辩权延伸制度

传统的信用销售是由销售者直接向消费者提供延期付款的信用，销售者亦为贷与人，仅涉及双方法律关系。20世纪50年代，西方发达国家兴起了融资分期付款销售，或称分期付款信贷买卖。其中，消费信用由消费合同当事人以外的第三人提供，产生了以

---

[1] 参见刘颖、李莉莎：“论信用卡格式合同不公平条款的法律规制”，载《现代法学》2004年第4期。

同一交易为目的的消费合同与消费信用合同的分离，即三方关系的信贷消费。[1] 依据合同相对性理论，当销售者不履行或不完全履行消费合同时，消费者无法以对销售者享有的抗辩权对抗信用提供者的还款请求（亦即价款支付请求），消费者仍有义务继续履行该消费信用合同，偿还欠款。这意味着，消费者在以现金支付的消费交易或信用销售中可享有的拒绝付款的权利，在第三方提供信用的消费交易中落空了。该情形被认为是消费合同与消费信用合同的分离给消费者带来的额外风险，引起了消费者权益保护研究者的关注。并由此提出了抗辩权延伸，或称抗辩权接续的理论构想。换句话说，抗辩权延伸所追求的制度目标是，使消费者在由第三方提供信用的消费交易中得到与在现金消费交易中相同的法律保护。[2]

具体而言，抗辩权的延伸是指，消费者在消费合同中得对销售者主张的抗辩，亦得延伸至消费信用合同而对信用提供者主张。从学理上讲，抗辩权的延伸突破了合同的相对性理论，与传统民法理论相悖。因此，为抗辩权的延伸提供正当性的理论基础，是抗辩权延伸制度的核心，亦是判断抗辩权延伸制度适用范围的根本基础。

（一）商户与信用提供者之间的法律关系

从商户（即销售者）与信用提供者之间的法律关系入手，证明抗辩权延伸在理论上的正当性的，主要有债权让与说[3]与第三人代为清偿说[4]。其一，债权让与说认为，商户与信用提供者之间，以商户依据消费合同对消费者享有的债权为标的，成立债权让与契约。信用提供者对商户付款，受让商户对消费者之债权，取代商户成为消费者新的债权人。依债权让与之一般理论，“债务人于

[1] 参见迟颖：“德国消费信贷法规中的关联合同制度——兼论《德国民法典》第358条”，载《比较法研究》2006年第3期。

[2] 参见迟颖：“关联合同中产生于买卖合同的抗辩权对贷款合同的适用性问题——从一则案例看德国消费信贷法抗辩权延伸制度”，载《法学论坛》2007年第9期。

[3] 参见毛圣霞：“对信用卡合同中抗辩权切断与接续的考量”，载《成都行政学院学报》2011年第4期。

[4] 参见陈洸岳：“信用卡交易中之抗辩的接续”，载《政大法学评论》2001年第3期。

受（债权让与）通知时，所得对抗让与人之事由，皆得以之对抗受让人”[1]。消费者作为债务人，其得对原债权人所为的抗辩，当然均得对作为债权受让人的信用提供者为之。其二，第三人代为清偿说认为，信用提供者对商户付款，乃信用提供者作为第三人代消费者清偿对商户的价金债务，信用提供者从而当然取得商户对消费者的价金债权。该主张系由我国台湾地区的学者，基于台湾地区“民法典”第313条提出的。该条规定，在债务系由与债之履行有利害关系的第三人清偿的情况下，债务人抗辩权的行使准用第299条债权让与之规定。即，若将信用提供者视为与债之履行有利害关系而代为清偿债务的第三人，其将取得与债权受让人相同的法律地位——消费者所得对抗债权人（即商户）之事由，皆得以之对抗第三人（即信用提供者）。

然而，以上两种学说皆是预先设定论证目标，进而为消费者、信用提供者、商户之间的交易关系寻找可达成该论证目标之法律关系，不仅有生搬硬套之嫌，而且确有与实际不符之处。首先，不论是债权让与还是第三人代为清偿的法律规范，均不排斥受让人（或第三人）与债务人之间约定的有效性，即不能否定信用提供者与消费者之间事先约定的抗辩切断条款的效力。其次，债权让与发生的前提是，信用提供者与商户就债权让与达成合意；但实践中的大多数情况是，信用提供者系根据其与消费者的合同约定而向商户付款，与商户之间并无合意。最后，并非所有的第三人代为清偿债务都能产生“债务人所得对抗债权人之事由，皆得以之对抗第三人”的法律效果。产生该法律效果的前提为，代债务人为债务清偿的第三人与债之履行存在利害关系；通常认为，若债务未及时清偿，第三人自身权益将遭受损失，方为有利害关系之存在。然而从实际观之，虽然信用提供者向商户付款在形式上确为第三人代消费者清偿债务，但信用提供者与消费者价金债务之履行有利害关系之要件却实难证成。

客观分析循环消费信用中信用提供者与商户之间的法律关系，如前文所述，其应为无因债务约束关系——由消费者与信用提供者

---

[1] 王泽鉴：《民法概要》，北京大学出版社2011年版，第231页。

之间的消费借贷与委托付款关系以及消费者与商户之间的消费合同关系相结合而产生，但同时又独立于这两组法律关系。换句话说，信用提供者对消费者所享有的债权源于其与消费者之间的消费借贷与委托付款关系，而并非因清偿而代为行使商户对消费者的价金请求权。可见，单纯从法律关系入手，无法为抗辩权延伸制度提供理论基础，反而只能得出抗辩权切断的结论。

因而，美国、日本、德国等国家的立法者都转而采取了“为实现保护消费者之目的，唯有针对特殊情形，先行以立法解决”[1]的办法。例如，美国《Z条例》12 C. F. R. 226. 12（c）、日本《割赋贩卖法》第30条之四、德国《消费信贷法》第9条以及《德国民法典》第359条，均以立法的形式确认了在一定条件下消费合同与信用供给合同所具有的一体性，从而确立了抗辩权延伸制度。

（二）消费合同与信用供给合同的一体性

从该角度论证抗辩权延伸制度之理论正当性的内在逻辑在于：虽然消费合同与信用供给合同在形式上是两个相互独立的合同，但两者在实质上具有一体性，两合同中当事人之间的法律关系相互关联，因而消费者产生于消费合同的抗辩权当然可延伸至信用供给合同而对信用提供者行使。此种思路在相关判例中早有应用。例如，德国联邦最高法院在BGHZ 37，94一案的判决中指出“在经济上处于一体关系之交易，以契约书分离为买卖契约与消费借贷契约……法不允许将被分离之买方的立场置于较未被分离之状态更为不利之立场（即对买方的法律保护应该相当于他仅签订一个合同所享有的法律保护）”。日本亦有判决认为“授信人与商户在经济上合为一体进行营业活动，在法律上而言，由二者平常之交易关系判断，可认为授信人默示地授予商户代理权，故消费者与商户解除买卖契约的同时，消费者与授信人之间的代为付款契约也被合意解除”[2]。

[1] 陈洸岳：“信用卡交易中之抗辩的接续”，载《政大法学评论》2001年第3期，第178页。

[2] 桐生简判1982年9月30日判例时报496号第162页。转引自陈洸岳：“信用卡交易中之抗辩的接续”，载《政大法学评论》2001年第3期，第176页。

进一步而言，对于消费合同与信用供给合同的实质一体性，研究者一般从以下几个方面予以论证。其一，信用供给合同与消费合同有共同之目的，且两合同之当事人对此有共同的认知。信用提供者基于与商户之间的意思联络，针对特定消费合同授予消费者以消费信用：一方面，消费者与信用提供者订立信用供给合同的目的是为了支付该消费合同的价金；另一方面，消费者对该笔消费信用的使用受该目的之拘束。其二，消费合同的订立与信用供给合同的订立互为前提。若无消费合同的订立，信用供给合同便无服务之对象；若无信用供给合同的订立，则消费者缺乏订立消费者合同所需支付之价金。其三，商户与信用提供者皆因消费合同与信用供给合同共同促成之交易受有利益。商户因该交易之达成获得销售利润；信用提供者因该交易之达成获得利息收入。有学者即依此指出，“既为透过彼此（信用供给合同与消费合同）之相互依存关系而取得利益，岂可于分担损失时主张二契约为各自独立之契约”❶。

反过来说，消费合同与信用供给合同之间具有一体性，即应为适用抗辩权延伸制度的充分条件。但反观各国立法，其中关于抗辩权延伸制度适用条件的规定，并不仅仅是消费合同与信用供给合同的一体性，还包括交易额、交易地点、付款期限的长短等诸多其他限制条件；并且消费合同与信用供给合同一体性的判断标准均十分严苛。例如，德国《消费信贷法》第9条以“接受融资之交易额超过400德国马克”作为抗辩权延伸的适用条件之一；日本《割赋贩卖法》第30条之四将“分期付款购入斡旋”作为抗辩权延伸的适用范围，在该法第2条对“分期付款购入斡旋”的界定中，“以逾二月以上之期间且分割为三期以上方法，受领由该购买人支付之金额”系为构成要件之一；在美国《Z条例》12 C. F. R. 226. 12（c）中，“用以购买商品或服务的信用金额超过50美元”，且“产生争议的消费信用交易之发生地与持卡人提供之住址在同一个州，或者，如不在同一个州，相距在100英里以

❶ 陈洸岳：“信用卡交易中之抗辩的接续”，载《政大法学评论》2001年第3期，第169页。

内”均为抗辩权延伸制度的适用条件。

这些限制条件的存在说明：其一，抗辩权延伸制度的具体设计，除以达到“使消费者在由第三方提供信用的消费交易中得到与在现金消费交易中相同的法律保护”这一制度目标为宗旨外，还应考虑其他因素对其适用的限制；其二，各国立法关于抗辩权延伸制度适用范围的规定均在一定程度上体现了所涉各方的利益博弈。

二、抗辩权延伸制度对循环消费信用不具有普遍适用性

据上文之分析，就抗辩权延伸制度可得如下三点结论：其追求的制度目标为，使消费者在由第三方提供信用的消费交易中得到与在现金消费交易中相同的法律保护；其理论上的正当性源于消费合同与信用供给合同实质上的一体性；其适用范围，并非基于理论上之逻辑必然所生，而是立法者综合考量其他现实因素以及所涉各方利益博弈的产物。以该三点结论为基础分析抗辩权延伸制度对循环消费信用的适用性，笔者认为，并非所有循环消费信用皆应适用抗辩权延伸制度。盲目地以保护消费者权益的名义主张循环消费信用普遍适用抗辩权延伸制度，不具有现实可行性，甚至可能抹杀循环消费信用本身的制度优势、阻碍其发展。

（一）消费者无法行使抗辩权的风险并非绝对存在

如前文所述，抗辩权延伸制度是为了消除消费合同与信用供给合同的分离给消费者带来的额外风险，使消费者在由第三方提供信用的消费交易中得到与在现金消费交易中相同的法律保护。所谓额外之风险系指，在没有信用供给合同介入的现金交易或信用销售中，消费者原本可通过拒绝支付价金的形式对抗商户之债务不履行；但如果消费合同与信用供给合同分离，消费者将承担在商户不履行或不完全履行债务时，仍需支付价金（即向信用提供者还款）的风险。

然而，消费者对信用提供者所负有的绝对还款义务并非都是相对于现金交易的额外风险。因为，在现金交易中亦存在销售者不履行或不完全履行债务而消费者无法拒绝支付价金（即无法行使抗辩权）的情形。例如，消费者已经履行了价金的先给付义务，或者消费者与商

户负有同时履行义务，消费者于事后才发现商户所为给付存在瑕疵。换句话说，消费者原本可享有的抗辩权因消费合同与信用供给合同的分离而被剥夺的现象，仅确定地存在于商户负有先给付义务的情形或者消费者分期付款的情形。恰恰抗辩权延伸制度最初就是关于融资性分期付款买卖的特殊法律规定，例如日本《割赋贩卖法》就仅以“分期付款购入斡旋”为适用对象规定了抗辩权延伸制度。

对于现金交易中消费者无法以拒绝付款方式抗辩的情形，实践中已经发展出第三方支付、预授权、退货退款手续等保护消费者权益的途径和方法。而消费者使用循环消费信用支付工具进行消费支付，在流程上可与现金交易无异，例如信用卡刷卡消费与借记卡刷卡消费即具有完全相同的支付流程；因此也就同样可以通过以上途径来规避无法以拒绝付款方式为抗辩的风险，而无须适用抗辩权延伸制度。例如，消费者可通过支付宝平台使用信用卡进行消费支付，商户要实际收到货款需以消费者确认收货为前提；若消费者未能收到商品或收到的商品存在瑕疵，货款则直接由支付宝退回消费者的循环消费信用账户，消费者自然无还款之义务。

（二）支付服务提供者的介入减弱了商户与信用提供者之间的关联性

消费合同与信用供给合同的一体性，同商户与信用提供者之间的关联性息息相关。《德国民法典》第 358 条以及德国《消费信贷法》第 9 条，就是从信用提供者与商户之间的关联性的角度来界定消费合同与信用供给合同一体性的认定标准的。具体而言，《德国民法典》第 358 条第 3 款规定，如果商户参与了信用提供者准备和签订信用供给合同的过程，或消费者用于支付价金的消费信用系由商户本人向其提供的，则可以判断消费合同与信用供给合同具有一体性；德国《消费信贷法》第 9 条第 1 款规定，信用提供者于准备或缔结信用供给合同时，利用商户之协助者，尤具经济上之一体性。这主要可概括为两点：信用提供者与商户分工合作，例如信用提供者与商户签订有框架合作协议；或商户与信用提供者系同一民事主体。[1]

但在循环消费信用中，支付服务提供者的介入明显减弱了商户与

---

[1] 参见迟颖：“关联合同中产生于买卖合同的抗辩权对贷款合同的适用性问题——从一则案例看德国消费信贷法抗辩权延伸制度”，载《法学论坛》2007 年第 9 期。

信用提供者之间的关联性。商户得接受某种循环消费信用支付工具付款的路径，一般是由信用提供者与支付服务提供者之间的合作协议、商户与支付服务提供者之间的服务协议构建的，商户与信用提供者之间往往并不存在直接的关联。因而，仅根据消费者支取循环消费信用之目的是用以支付消费合同中之价金这一条件，并不能认定消费合同与循环消费信用合同具有普遍的一体性，从而也就不能认定抗辩权延伸制度应适用于所有的循环消费信用。

（三）抗辩权延伸有悖于提高交易效率的目的

如前文所述，与固定数额的消费信用不同，循环消费信用从来就与消费者的支付便利需求紧密相连：其运作模式能够满足消费者对支付便利的需求，是其产生和发展的原动力；而其与各种支付工具相结合亦是因为此种结合能够提高交易效率，满足消费者在信用消费中对支付便利的需求。

信用提供者与商户之间的无因债务约束关系，是循环消费信用支付工具得以实现目前之高交易效率的前提。具体而言，循环消费信用与支付工具相结合，若要达到在最大程度上便利消费者信用支付的目的，就必须使尽可能多的商户愿意接受该支付工具，并给予通过该支付工具支付的消费者与现金支付的消费者同样的待遇。而商户的配合，必然需要以商户能够在尽可能短的时间内确定地收到价金为前提。这就要求循环消费信用的提供者，在接到商户与消费者的交易信息后立即履行付款义务，此即为信用提供者与商户之间无因债务约束关系之根源。信用提供者与商户之间的无因债务约束关系，决定了信用提供者既没有义务也没有可能在对商户履行每一笔付款义务前核实商户与消费者之间的交易情况。信用提供者对商户信息、交易情况的掌握，仅可能发生在两者具有实质关联的情形下（下文将详述），例如，商户与信用提供者是母子公司关系、商户与信用提供者进行联合销售等。

而抗辩权延伸制度在多方面均与无因债务约束关系相悖，过度适用抗辩权延伸制度会减损消费者在交易效率、支付便利方面的权益。首先，抗辩权延伸制度的适用，必然要求消费者在拒绝履行还款义务时证明抗辩事由的存在，要求信用提供者在对消费者再次主张债权时证明抗辩事由不存在或已消灭。这就在实质上让信用提供者承担了审查、核实消费者与商户之间交易情况的义务。这显然将导致交易效率的降低和交易成本的增加，与循环消费信用直连支付工具所追求的提高交易效率的目的相悖。其次，抗辩权延伸制度的适用，还将使商户面临信用提供者请求其返还已收价金的风险，而商户为规避该风险，会选择拒绝接受消费者通过循环消费信用支付工具的支付。这将极大地阻碍循环消费信用支付工具的市场拓展，进而减损消费者所能享受的支付便利。就此，有学者指出，“毕竟授信技能与贩卖技能之分化乃配合社会之需求而衍生，故适度地修正因分化而引发之问题确有其必要，但如因此而使机能的分化丧失其意义，则有矫枉过正之嫌”。[1]

三、循环消费信用中抗辩权延伸制度的具体适用

（一）以信用提供者与商户之间存在实质关联为条件

据上文所述，消费合同与信用供给合同的一体性是抗辩权延伸制度的理论基础。在循环消费信用提供者与商户之间存在实质关联的情况下，循环消费信用的支取与消费合同之间的一体性不容否认。因而，尽管抗辩权延伸制度对于循环消费信用不具有普遍适用性，但在循环消费信用的支取满足信用提供者与商户之间存在实质关联这一条件的情况下，应有抗辩权延伸制度的适用。

所谓信用提供者与商户之间存在实质性的关联，主要是指以下三种情况。其一，信用提供者与商户为同一民事主体，或者虽为不同民事主体但在经营或资本控制上具有关联关系，例如京东商城（自营部分）用自有资金推出京东白条，其本身既是商户又是信用提供者；其二，信用提供者与商户有联合销售行为，如信用卡发卡银行联合商户开展优惠促销活动；其三，信用提供者对商户故意或反复的违约、违法行为明知或可得而知的其他情形。

信用提供者与商户之间存在实质性的关联，则信用提供者有能力在事先充分了解该商户的经营状况、诚信指数，掌握其向消费者提供的商品或服务的相关信息。这一方面意味着，信用提供者对该商户与消费者之间消费合同纠纷的产生有一定的预见性和控制力。此时若坚持抗辩切断，让对商户故意或反复的违约、违法行为明知或可得而知

[1] 陈洸岳：“信用卡交易中之抗辩的接续”，载《政大法学评论》2001 年第 3 期，第 188 页。

的信用提供者，继续享有对消费者因此交易而生的债权请求权，则明显有违诚实信用原则。另一方面意味着，信用提供者无须在收到交易信息后、履行付款义务前的极短时间内再对消费者与商户的交易情况进行审查、核实。因而，此时适用抗辩权延伸制度，并不会对循环消费信用支付工具的交易效率产生太大的影响。美国《Z 条例》12C. F. R. 226. 12（c）中即规定，只要商户“（1）与发卡人（即信用提供者）为同一人，或（2）受发卡人支配，或（3）与发卡人直接或间接受共同之支配，或（4）为发卡人授予商品或服务销售权的经营者，或（5）接受由持卡人基于发卡人之劝诱，而使用发卡人所发行之信用卡为订购的”，即有抗辩权延伸制度之适用，不受交易数额、交易地点等其他条件的限制。

（二）以消费者已向商户充分寻求救济为前提

消费者就产生于消费合同的抗辩事由对信用提供者主张抗辩，需要以消费者已经向作为该消费合同之对方当事人的商户充分寻求救济为前提，这是各国立法的普遍规定。例如，德国《消费信贷法》第 9 条规定，“消费者之抗辩系因所供给之物品的瑕疵而生、且该消费者基于契约或法律规定得请求修补或补正者，该消费者于修补或补正未成就时，始得拒绝清偿信用供与额”；《德国民法典》第 359 条规定，“消费者必须首先请求销售者继续履行买卖合同，而只有当该请求权的行使未达到其目的时，消费者才可以向贷款人行使其抗辩权，即拒绝支付贷款”；美国《Z 条例》12C. F. R. 226. 12（c）规定，“信用卡持卡人对解决其与商户之间的纠纷已经作出了善意的努力”，持卡人方可将其对商户享有的抗辩权对发卡人行使。

将消费者向商户充分寻求救济作为适用抗辩权延伸制度的前提，是降低抗辩权延伸制度对循环消费信用支付工具交易效率的不利影响的必然要求。依据《合同法》第 66 条至第 68 条，在当事人互负债务的合同中，一方当事人抗辩权的产生，是因为对方当事人未履行债务、履行债务不符合约定或有丧失履行债务能力的可能。而在这些情形下，享有抗辩权的合同一方当事人除可行使其抗辩权外，还可通过请求对方当事人继续履行合同、修补履行瑕疵、支付违约金、返还已付价金等形式寻求救济。要求消费者在与商户发生纠纷时，首先向商户寻求以上形式之救济，能够将大量可在消费合同内部予以解决的纠纷排除在抗辩权延伸制度的适用范围之外，从而使信用提供者尽可能少地介入到消费者与商户之间的纠纷之中，提高交易效率、降低交易成本。

（三）以拒绝还款为抗辩权的唯一行使方式

抗辩权延伸制度的目的是克服因消费合同与信用供给合同在形式上之分离给消费者造成的不利影响，并非使信用提供者因此而与商户处于完全相同的履约地位。抗辩权延伸制度的适用，仅表示消费者得拒绝信用提供者的还款请求，不表示消费者对信用提供者有积极请求交付商品、替代物、修补或损害赔偿等权利。

首先，信用提供者对消费者仅享有欠款偿还请求权，相应的，消费者对信用提供者的抗辩只能是拒绝偿还欠款。抗辩权是对抗请求权的权利，即在请求权人行使权利时，义务人得基于抗辩权而拒绝履行其给付义务。在消费者支取循环消费信用进行消费支付的过程中，信用提供者仅就价金支付部分有所参与，本身不具备进行商品交付、修补或提供服务的能力。换言之，信用提供者与消费者之间仅为金钱借贷法律关系，信用提供者对消费者自始至终仅享有基于该法律关系的欠款偿还请求权。因而，消费者产生于消费合同的抗辩权在延伸至信用供给合同后，以对信用提供者的履约请求加以拒绝的方式行使，就只能是拒绝还款。其次，从抗辩权行使的法律效果上来讲，消费者基于抗辩权而拒绝还款不负迟延履行的责任；但如果消费者主张抗辩权的时间或抗辩事由的发生时间是在约定的到期还款日之后，则就该笔欠款，信用提供者仍有权向消费者计收自到期还款之日至主张抗辩权之日的逾期利息。

第三节　循环消费信用被未经授权之第三人支取的损失负担

通过与循环消费信用账户直接关联的支付工具，消费者可在其账户的信用额度内小额、多次、不定时地支取信用。在目前各类支付系统近乎无死角覆盖日常生活各领域、支付工具的使用空前便利的背景下，循环消费信用账户的安全问题也就变得更为严峻——账户内的消费信用被非法盗取的几率明显增大。以信用卡为例，目前信用卡以各种形式被冒用、复制的新闻屡见报端，异地盗刷、网络盗刷等屡见不鲜。由于循环信用账户中的信用额度数额往往较大，甚至超过有些消费者当下的可支配资金，因而循环消费账户的安全对消费者而言关系重大。

消费者以外的第三人通过对联通消费者账户的支付工具的非法使用，盗取消费者账户中的消费信用的行为，在学理上可被称为未经授权支取（使用）循环消费信用。“未经授权使用”这一概念源自美国法，我国法律并没有使用这一概念。美国《Z条例》与《E条例》分别规定了“信用卡未经授权的使用”和“未经授权的电子资金划拨”两个概念，“未经授权使用”这一行为本身的含义在两条例中是一致的。[1] 即：除消费者本人、金融机构或其工作人员以外的第三人，非与消费者合谋且非利于消费者利益，未经消费者任何实质的、默示的或者表面的授权，利用银行卡、账号、密码等介质或其他任何途径进入消费者的账户进行交易。“未经授权使用”并没有限定使用或者交易的方式，也就是说未经授权使用人不论通过ATM、POS还是电话、互联网进行的交易都可能构成未经授权的使用。我国相关法律法规和循环消费信用合同中与之相关的表述主要有：冒用，盗用，伪卡交易，因卡片、密码或账户等信息保管不善发生的损失，以及转借或交由他人使用造成的损失。以上这些概念或者表述都在未经授权使用的范畴之内，未经授权使用可谓之其统称，并有着更宽泛的外延。可以说，“未经授权使用”这一用语能够确切地表达以上所有概念或表述的核心含义。

第三人未经授权支取循环消费信用所产生的损失，在无法得到未经授权使用人赔偿的情况下应由谁负担的问题，以信用卡纠纷为表现

---

[1] See 12C. F. R. 226. 12（b）, 12C. F. R. 205. 2（m）, 12 C. F. R. SUPPLEMENT – I 205. 2（m）.《Z条例》中规定：“所谓信用卡未经授权的使用，是指除持卡人本人以外的其他人使用信用卡，该使用未得到任何实质的、默示的或者表面上的授权，持卡人并未因该使用行为获得任何利益。”《E条例》定义了未经授权的电子资金划拨：“除消费者本人之外，未得到实际的资金划拨授权的他人发起的，从该消费者账户上进行的电子资金划拨。但不包括以下几种情形：1. 消费者曾经授权他人使用自己的账户，他人超过授权范围进行资金划拨的，除非消费者已经通知金融机构此人发起的资金划拨不再是被授权的；2. 以消费者本人利益为目的或者与消费者本人合谋进行的资金划拨；3. 金融机构或其工作人员发起的电子资金划拨。”《E条例》的官方解释还进一步明确，未经授权的使用应当包括，通过欺诈或者抢劫等非法途径获得银行卡或者密码等能够进入消费者账户的介质后，利用该介质发起的资金划拨。

形式，在我国已存在多年。根据《银行卡业务管理办法》《商业银行信用卡业务监督管理办法》以及各发卡银行的信用卡章程、合约，信用卡挂失前的全部损失将由持卡人自行承担。由于持卡人往往难以从直接侵权人那里获得赔偿，于是持卡人选择起诉发卡银行或者特约商户要求其承担赔偿责任，以减轻自己的损失。对于此类案件，法院通常审查持卡人是否尽到了妥善保管信用卡及其账号、密码的义务，发卡银行是否尽到了识别伪卡、维护交易环境及交易系统安全的义务，若涉及刷卡消费还审查特约商户是否尽到了对持卡人签名的审查义务，并判决由没有尽到义务的当事人承担责任。然而，各法院在判决发卡银行、特约商户承担赔偿责任时，在适用违约请求权还是侵权请求权的问题上，以及裁判尺度的问题上存在混乱和不一致的现象。此外，实践中很多与此类案件相关的刑事案件无法或者短期内无法侦破，且涉及金额在5000元以下的甚至无法获得刑事立案，持卡人自身将很难举证证明发卡银行或者特约商户没有尽其义务。持卡人作为举证责任的承担者往往不得不接受败诉的结果，自行承担损失。

上述情况绝非信用卡所特有，同样可能会发生在近一年多来刚刚兴起的其他循环消费信用支付工具身上。因而对于该问题，笔者将首先分析信用提供者与消费者之间的格式合同中对损失负担条款的效力，而后对信用提供者与消费者各自应当负担的损失及其依据进行讨论，以期得出合乎民事法律规范以及民事法律理论，并且能够充分保护消费者利益，有助于推动当事人提高注意义务的损失负担方案。

一、循环消费信用格式合同中关于损失负担之条款的效力

循环消费信用合同中有关未经授权使用的损失负担的条款，一般包括两类：一是挂失责任条款；二是关于交易中使用密码的效力的约定。

（一）关于挂失责任条款的效力

《银行卡业务管理办法》第52条中规定，“发卡银行应当向持卡人提供银行卡挂失服务……并在章程或有关协议中明确发卡银行与持卡人之间的挂失责任”。我国各商业银行信用卡领用合约中的挂失责任条款一般规定，信用卡遗失、被窃或被他人占有时，持卡人应当及时办理挂失手续，挂失自正式挂失手续办理完毕时生效，持卡人对挂

失生效前发生的交易承担责任，对挂失生效后发生的交易不承担责任。例如，《中国银行股份有限公司信用卡领用合约》第 11 条约定："挂失自挂失手续办理完毕时生效。除另有约定外，甲方对挂失生效前发生的交易承担责任，对挂失生效后发生的交易不承担责任"。虽然目前并无法律规范强制信用卡以外的其他循环消费信用支付工具，在其合同中约定挂失责任条款。但在蚂蚁花呗、京东白条、微粒贷等循环消费信用工具的合同中，均有类似挂失责任条款的约款，且实质内容与信用卡挂失责任条款如出一辙。例如，《花呗消费贷款用户服务合同》第 3. 1. 3 规定："如您发现有他人冒用或盗用您的支付宝账户及密码或任何其他未经合法授权之情形时，应立即以有效方式通知蚂蚁小贷，要求蚂蚁小贷暂停本服务（即为挂失）。同时，您理解蚂蚁小贷对您的请求采取行动需要合理的期限，在此之前，蚂蚁小贷对已执行的指令及（或）所导致的您的损失不承担任何责任。"

具体可作以下几点分析。其一，消费者只能对挂失正式生效以后发生的交易不承担责任，而对此前的交易要承担责任。然而，一般而言，一旦挂失生效也就意味着信用提供者已经对挂失的循环消费信用支付工具进行了止付，在挂失期间将不会发生任何交易。也就是说，这一约定实质上让信用提供者对循环消费信用未经授权的使用不承担任何风险和责任，消费者是唯一的风险承担者——即便消费者根本无法预防和阻止未经授权使用的发生，对于损害结果的发生也不存在过错。其二，消费者发出挂失通知并不意味着挂失立即生效，挂失自正式挂失手续办理完毕时方能生效。正式挂失手续的办理受制于各种因素，手续办理完毕所需的时间并不确定。显然，通过上述约定，信用提供者为自己撇清了在办理挂失手续这段时间内的风险责任。

但是，从预防能力方面讲，消费者能够采取的措施只有妥善保管和及时通知两项；而信用提供者作为支付体系的具体运营者或者选择者，能够采取的预防措施显然更为丰富。因此，类似消费者对挂失生效前发生的交易负责、信用提供者对挂失生效前发生的交易不承担任何责任的合同约定，无疑是信用提供者逃避义务、加重消费者责任的条款，依据我国《合同法》第 40 条的规定应属无效。

从比较法上看，我国台湾地区"台北地方法院"早在 1997 年度简上字第 582 号判决中就已认定，使消费者承担挂失前 24 小时以前的损失，是违反诚信原则，显失公平的。其判决中运用了法经济学的分析方法阐述了理由，十分具有说服力：依“优势之风险承担原则”，应将风险分配于支付最少成本即可防阻风险发生之人，信用提供者显然较之消费者更有能力避免此等损失；从专业能力和经济能力上来讲，信用提供者的预防能力、风险承受和风险转嫁能力都更强，由信用提供者承担冒用的风险，更符合效益与经济成本之考量。[1] 德国联邦法院先后在 BGH NJW 1991，1886 和 OLS Bamberg，NJW 1993，2813 两个案件的判决中分别认定“（信用卡）持卡人就挂失前所生冒用损失应负责”之约款无效，“持卡人于信用卡遗失后未即时挂失，应就所生损失负责”之约款无效。其认为，行为人仅于有故意或过失时方负损害赔偿责任，此种约款让持卡人承担无过失责任有违诚信原则，应属无效。持卡人不应对非因其行为造成之损失或非其所能控制之风险负责。[2]

信用提供者是以盈利为目的的商主体，信用提供者制定类似上述的损失负担条款系出于其本能。而否认循环消费信用格式合同中的损失负担条款的效力，是保障消费者权益的第一步。

（二）关于交易中使用密码之效力约定的效力

连接支付工具的循环消费信用合同，必然约定消费者对支付工具及其账户、密码的保管义务，且明确说明“凡使用密码进行的交易均视为消费者本人所为并由消费者承担交易后果”。[3] 这无疑是将循环消费信用未经授权使用的民事责任更大程度且更大可能地推给了消费者。

循环消费信用合同中的此种约定，是基于私人密码的使用效力规则，即本人行为原则：只要客观上在交易中使用了私人密码，则视为交易者本人使用私人密码从事了交易行为，本人对此交易应当承担相

---

[1] 参见王泽鉴：《民法概要》，北京大学出版社 2011 年版，第 147 页。

[2] 参见杨淑文：《新型契约与消费者保护法》，中国政法大学出版社 2002 年版，第 158 页。

[3] 例如，《中国银行股份有限公司信用卡领用合约》第 7 条约定：“因密码保管不善、将密码告知他人或供他人使用而造成的一切损失由甲方承担。凡使用密码进行的交易均视为甲方本人所为并由甲方承担交易后果。”《微粒贷借款额度合同》第 2.1 条约定：“您须亲自通过贷款人线上服务平台向贷款人提出借款申请，同时务必通过腾讯手机 QQ 或微信密码、财付通支付密码等方式校验验证您的身份。凡校验通过的，视为您本人申请。”

应的责任。[1] 然而，现实中并非所有使用密码进行的交易都是消费者本人或者消费者授权的人所为，未经授权使用人获得支付工具或其账号、密码也并非都是消费者保管不善的结果。有些不法分子获取支付工具或账户信息的方式让消费者难以防备，比如说在信用卡持卡人刷卡的过程中通过特殊设备复制信用卡信息、超市柜员在 POS 机上安装摄像头获知消费者的信用卡密码、一些网站或机构由于管理不善造成客户个人信息的泄露等等。同时，也应该看到，支付工具的交易设备、交易系统、交易的操作人员都是由信用提供者或支付服务提供者掌控的，密码不但记忆在用户的大脑中，还存储在信用提供者与支付服务提供者的计算机系统里。[2] 如此看来，一方面，交易系统的漏洞亦可能是密码泄露的原因；另一方面，消费者泄露密码并不必然导致循环消费信用未经授权使用的发生。此外，随着科技的发展，应当对信用提供者、支付服务提供者课以更为严格的识别消费者身份的义务，不能仅依据密码就判定交易的发起人为消费者本人。因此，笔者认为应当对密码的本人行为效力原则进行一定的限制。依据《合同法》第 40 条，循环消费信用合同中“凡使用密码进行的交易均视为持卡人（消费者）本人所为并由持卡人承担交易后果”的约定，应属无效。

二、未经授权支取循环消费信用直接侵害的是信用提供者的权利

确认未经授权支取循环消费信用的损失应由何方直接承受，决定于这一行为直接侵害的是何方的权利。对此可以从以下两方面分析。

（一）信用额度及账户余额所代表的货币的所有权归属

美国实施电子资金划拨法案的《E 条例》中有 Access device 这一概念，是指卡片、账号、密码或者其他进入消费者账户的介质，或者是各种介质的结合；消费者通过这些介质发起电子资金划拨。[3] 因而，不论是支付工具本身还是与循环消费信用各项业务相关的各种密码，都是消费者进入其循环消费信用账户的介质或工具。支付工具不是所

---

[1] 参见王朝弟、孔令学：《金融民事法律法规例解与适用》，中国方正出版社 2006 年版，第 66 页。

[2] 参见张德芬：《小额电子资金划拨法研究》，郑州大学出版社 2006 年版，第 107 页。

[3] See 12 C. F. R. 205. 2（a）（1）.

有权凭证，其本身亦不归消费者所有。相反，正如有些信用卡背面所标注的，“本卡所有权属于××银行”——信用卡属于作为信用提供者的发卡银行所有。

依据货币“占有与所有一致”的原则，消费者账户中的信用额度以及余额（所代表的货币）均属信用提供者所有。因为，当货币的占有丧失后，原所有人只有请求返还等额货币的权利，而此请求权为债权请求权。[1] 例如，银行账务采用借贷记账法，其中借方登记资产的增加或负债的减少，贷方登记负债的增加或资产的减少。在银行的账务中，贷款应当记入借方，表示银行应收资产的增加；存款应当记入贷方，表示银行负债的增加。再如，近期发生的塞浦路斯银行危机，有方案即称要强行减记10万欧元以上存款储户的账户，以分担银行的损失。[2] 此外，我国中农信、海发行、广国投等非银行金融机构、商业银行关闭、破产清算时，如果存款人享有对存款的所有权，那么根据《中华人民共和国破产法》第29条的规定，应允许存款人行使取回权，但实际上由于货币的特殊性，存款人已根本没有行使取回权的可能。[3] 因此，信用提供者实际占有消费者账户中的信用额度以及余额所代表的货币，是所有权人；信用额度及余额对于消费者而言，仅为附条件的贷款承诺和一定数额的债权请求权。

（二）信用提供者支付行为的法律效果

循环消费信用系先消费后还款，消费者委托信用提供者向商户或其他第三人付款，信用提供者在消费者信用额度内垫付款项，同时消费者与信用提供者之间形成消费借贷关系，消费者于还款日还款系为债务清偿。因此，未经授权支取循环消费信用并造成损失的行为，直接侵害的是信用提供者还是消费者的财产权的问题，关键在于信用提供者所为的支付行为对于消费者而言是否与之形成了消费借贷关系。

首先，从消费者委托信用提供者向商户或其他第三人付款这一委

---

[1] 参见钱明星：《物权法原理》，北京大学出版社1994年版，第235页；刘保玉：《物权法学》，中国法制出版社2007年版，第243页。

[2] 参见王龙云：“欧盟救助银行拟让存款10万欧元以上储户将分担损失”，载http://jjckb.xinhuanet.com/2013-05/22/content_446172.htm，2016年2月25日最后访问。

[3] 参见石慧昉：“银行卡盗刷法律问题探析”，载《山东审判》2010年第1期。

托关系上来看。依据《合同法》第399条的规定，“受托人应当按照委托人的指示处理委托事务”。消费者作出指示，信用提供者接收、识别指示，并依据消费者的指示完成付款，才能在消费者与信用提供者之间形成消费借贷关系。在第三人未经授权支取循环消费信用的情形下，作为受托人的信用提供者所为支付行为欠缺消费者的指示，并不对消费者产生效力。信用提供者如果无法举证证明指示的存在与真实，就应当承担未经授权第三人支取循环消费信用所造成的损失。

但有学者主张，第三人未经授权支取循环消费信用的行为可能构成表见代理——信用提供者有理由相信第三人有代理权，此时信用提供者所为的支付行为对消费者有效，应当由消费者承担消费信用被未经授权的第三人支取的损失。[1] 然而笔者认为，此种主张不甚合理。依此主张，如若不法分子的盗用技术足够高超，就会促成未经授权使用行为构成表见代理，成为信用提供者免于承担直接损失的事由。一方面，盗用技术高超最终导致消费者承担全部损失，这明显有失公允。另一方面，表见代理制度的目的是保护相对人的信赖和交易安全。如果将未经授权使用行为认定为表见代理，那么这一制度保护的相对人实际是信用提供者，而非相比之下更需要法律予以保护的消费者。因此，笔者认为没有适用表见代理的必要。

其次，根据《中华人民共和国刑法》第196条的规定，冒用他人信用卡、使用伪造的信用卡等行为皆属于信用卡诈骗罪。而从民法上来讲，最高人民法院《关于贯彻执行〈中华人民共和国民法通则〉若干问题的意见》第68条规定，“一方当事人故意告知对方虚假情况，或者故意隐瞒真实情况，诱使对方当事人作出错误意思表示的，可以认定为欺诈行为”。第三人未经授权支取循环消费信用的行为，实际是非消费者本人且未经消费者授权的第三人，利用消费者的支付工具或账户信息、密码，使信用提供者陷入对其身份的错误认识而依其指示为支付的欺诈行为。一方面，信用提供者因受欺诈而为付款行为，其风险应当由其自行承担；另一方面，虽然信用提供者有付款行为，但从交易对象和交易结果上来看，其在实质上并未与消费者形成消费借贷关系。因此，第三人未经授权支取循环消费信用直接侵害的是信

---

[1] 参见侯春雷：《信用卡交易的民法分析》，法律出版社2010年版，第94页。

用提供者的财产权，应当由信用提供者作为原告，对未经授权的第三人行使损害赔偿请求权。

三、确认信用提供者为损失直接承担者的意义

综上所述，第三人未经授权支取循环消费信用的损失应由信用提供者直接承担。确认这一规则不仅有理论根据，并有重要的实践意义。

（一）保护消费者权益：信用提供者成为求偿主体

关于第三人未经授权支取循环消费信用的损失负担问题，在实践中有大量信用卡纠纷可供研究；近一年多刚刚兴起的循环消费信用工具，尚未有大量此类案件产生，在此不作讨论。就信用卡未经授权使用的损失负担问题而言，其多是以持卡人作为原告请求发卡银行或者特约商户承担赔偿责任的民事诉讼进入司法程序。然而，持卡人作为求偿主体，存在诉讼成本过高、诉讼动力不足以及举证困难等问题，不仅不利于持卡人权益的保护，甚至可以说是对持卡人的不公平待遇。

现实中有很多与未经授权使用银行卡相关的刑事案件难以侦破，持卡人自身难以举证证明发卡银行或特约商户未尽注意义务，而不得不承担败诉的结果。即便发卡银行或特约商户明显未尽注意义务，例如伪卡交易、签名明显不符等情形，由于法院往往考虑到银行卡的丢失、被盗或信息泄露等与持卡人妥善保管义务的履行情况直接相关，很多持卡人因难以证明自己的清白而不能获得全额赔偿。由此也在一定程度上导致了持卡人诉讼动力不足的问题。损失额较小的情况下，有的持卡人在考量诉讼成本和诉讼结果后，选择自担损失，怠于通过诉讼维护自己的权益。

信用提供者代替消费者成为求偿的主体，能够避免以上问题的发生，维护消费者的权益。首先，信用提供者作为求偿主体，根据“谁主张，谁举证”的诉讼规则，若其不能举证证明消费者存在违约或侵权行为，消费者无须承担损失。由此消费者的举证责任大大减轻。一方面，不用再为了解决消费者举证难的问题，像有些学者主张的那样，特别规定此种案件适用严格责任原则、举证责任倒置等异于一般民事

案件的特殊规则。[1] 另一方面，信用提供者较之消费者在搜集证据上具有天然的便利和更强的能力，理应让信用提供者承担较重的举证责任。其次，信用提供者直接承担损失，作为求偿主体其掌握是否发起诉讼的主动权。信用提供者可以通过保险、适当的收费等途径转移损失，放弃通过诉讼的方式对小额损失进行求偿，能够有效减少此类纠纷的案件数量，并有效保护缺乏诉讼动力的消费者的权益。

（二）有利于督促信用提供者加强风险防范

对于第三人未经授权支取循环消费信用的损失分担问题，“不仅要考虑分担公平，还要考虑如何分担才能有助于加强责任对当事人提高注意义务的推进作用，从根源上减少损害的发生”[2]。从风险防范的角度来讲，消费者除了妥善保管实体支付工具、账户、密码及校验信息，按照安全操作规范进行交易，并在发现相关风险后及时挂失以外，几乎不具有其他防范未经授权的第三人支取循环消费信用的能力。相反信用提供者更具有防范风险和通过保险转嫁风险的能力。

在由单一的信用提供者独立构建的封闭式支付体系，以及由众多信用提供者共同参与运营而构成的支付体系中，信用提供者直接掌控交易设备、交易系统以及交易的操作人员，相应地就能从多方面采取防范风险的措施；信用提供者虽不参与运营的第三方支付平台，但有权选择第三方支付平台，这意味着信用提供者对风险防范的需求是第三方支付平台不断提高其消费者身份验证系统安全性的引擎。例如，信用卡系统升级对防范信用卡未经授权的使用至关重要。“早在2003年，EUROPAY、VISA和MASTERCARD三个国际信用卡组织就设计出了EMV标准IC卡，用以替换容易被复制的磁条卡，并在国际上推行。按照国际惯例，如果银行发行的是磁条卡，那么一旦客户银行卡被盗发生损失，银行需要承担全部的责任。”[3] 然而，我国的IC卡推广才刚刚起步，且一直进展缓慢，距离大规模进入公众的日常生活还相差很远。不得不说我国发卡银行对信用卡未经授权的使用几乎不承担风

---

[1] 参见何颖：“信用卡冒用案件中特约商户赔偿责任承担的困境与出路”，载《政治与法律》2009年第12期。

[2] 吴志攀：《金融法概论》，北京大学出版社2011年版，第277页。

[3] 华明：“银行卡为何要‘换芯’”，载 http://finance.qq.com/a/20110409/000380.htm，2016年2月25日最后访问。.

险的现状，在一定程度上导致了发卡银行对推行 IC 卡的怠惰。让具备更强风险防范能力的信用提供者承担较多的风险，才能够让信用提供者在成本效益的考量下充分发挥其防范风险的能力，提高注意义务，不断升级或督促第三方升级支付系统，有效地防止未经授权的第三方支取循环消费信用的发生。

四、消费者应当承担的责任

（一）法定限额责任

消费者对实体支付工具、账号、密码具有妥善保管的义务，在得知循环消费信用有被未经授权的第三人支取的风险时有及时通知信用提供者的义务，此两项义务的履行是有效防范未经授权使用风险的成本最小的方式。应当对消费者课以一定的责任，以督促消费者充分履行保管和通知义务。

首先，消费者的责任应当法定。消费者为享受金融服务的金融消费者，信用提供者、支付服务提供者以及商户作为一个整体是金融服务的提供方。信用提供者、支付服务提供者以及商户乃是势均力敌可以相互讨价还价的商主体，各自之间的法律关系靠体现意思自治的合同予以约束即可，无须法律对其中任何一个主体进行特别保护。例如，发卡银行与收单机构同为金融机构且往往互为收单，各方均遵循行业内部的规范和行业惯例，如银联制定的《中国银联 POS 终端规范》《银联卡争议处理实施细则》《银联卡业务运作规章》等。如若各方有违约的情形，可各自依照合同行使其违约请求权。然而，消费者虽与信用提供者之间有合同之签订，但难逃格式条款的不公正待遇。法律应当对消费者的权益予以特别保护。例如，美国《诚实借贷法案》即规定其只适用于信用卡持有人和发行人之间的法律关系，信用卡制度其他当事人之间的权利义务由发卡机构与销售商签订的合同以及信用卡结算规范进行约束。[1] 此外，消费者责任法定，也就明确了消费者与信用提供者关于未经授权第三人支取循环消费信用的损失分担，可以大量减少诉讼，节约社会成本。

---

[1] ［美］简·考夫曼·温、本杰明·赖特：《电子商务法》，张楚、董涛、洪永文译，北京邮电大学出版社 2002 年版，第 174 页。

第二，以信用提供者与支付服务提供者均无过错为前提，让消费者承担一定限额的无过错责任。美国《Z条例》详细规定了信用卡持卡人（即消费者）的责任限额制度。《Z条例》规定："在以下条件满足的情况下，持卡人应当对信用卡未经授权的使用承担责任：(1) 信用卡是已经被持卡人接受的信用卡；(2) 发卡人已充分告知持卡人可能承担的最大限度的责任以及通知发卡人信用卡丢失或被盗的有效途径。告知内容应当包括，持卡人仅承担不超过50美元（或更少）的责任，以及持卡人可以以口头或书面的形式为通知，并且提供一种通知的具体方法（例如联系电话、地址或者两者兼备）；此外 (3) 发卡人提供一种方法，用于识别账户持卡人或者被授权使用人的身份。"❶在关于《E条例》的官方解释中还强调，"在联邦法中，消费者对未经授权使用承担责任与消费者是否存在过失没有关系，消费者承担责任的依据是其是否将进入账户的介质被盗或丢失这一事实向金融机构作出了及时的告知。"❷ 笔者认为，以上制度值得借鉴，经济分析能够证明其有效性。首先，消费者的注意程度与消费者的责任在一定范围内成正比，即如果加重消费者的责任，消费者出于成本效益的考量，必然会提高对实体支付工具及其账号、密码保管的注意程度。但是消费者作为自然人其能力有限，其注意程度达到极限后，即便继续加重消费者的责任，也不会再产生消费者提高注意程度的效果。此时，加重消费者责任对防止未经授权使用的风险不再有效。其次，经济学中收益必然与风险并存。未经授权的第三人支取循环消费信用的风险是消费者享受便捷服务所应承担的风险之一。消费者愿意为此种便捷服务支付的价格，即愿意承担的风险，是有上限的。如果超出这一风险限度，作为理性人的消费者会选择放弃这种便捷的消费方式，以免使自己承担过大的损失。如日本学者所言，如果信用卡未经授权划拨的责任，完全由持有者负担，那么信用卡就可能成为比现金更危险的支付手段，使广大消费者无法接受。❸ 因此，应当为消费者的责任设置一定的限额。再次，消费者持有实体支付工具、知晓账号和密码，其保管义务的履行是防止支付工具被第三人占有的唯一途径，也是防止

---

❶ See 12C. F. R. 226. 12 (b).

❷ See 12C. F. R. SUPPLEMENT - I 205. 12 (b) ii.

❸ 参见张德芬：《小额电子资金划拨法研究》，郑州大学出版社2006年版，第102页。

账户信息泄露的重要一环。即使在其他环节花费巨额的预防成本也无法减少消费者粗心大意所带来的损失。然而，消费者保管义务的履行一般表现为消费者独自进行的细小的日常行为，对于消费者是否尽到妥善保管义务这一事实，信用提供者难以举证证明、消费者也难以作出抗辩。查明每个消费者是否尽到妥善保管义务，再由未尽义务的消费者承担责任，这样的模式所耗费的社会成本过高。因此笔者认为，以信用提供者与支付服务提供者尽到注意义务为前提，让消费者依法承担一定限额的无过错责任，是有效率的制度选择。

第三，以消费者是否及时通知信用提供者为标准，对消费者课以不同限额的责任。消费者在发现其账单载有未经其授权的交易或其账户有被未经授权使用的风险的第一时间通知信用提供者，是消费者防范循环消费信用被未经授权的第三人支取的另一有效途径。从风险开始存在到消费者通知信用提供者之间的这段时间即为第三人未经授权支取信用的有效时间，其长短直接关系到该行为造成损失的大小。为激励消费者及早通知信用提供者，防止消费者因责任限额的保障而怠于履行通知义务，应当让及时通知信用提供者的消费者承担较少的责任，未及时通知的承担较多的责任。什么样的通知才能算及时通知？根据每个消费者发现风险存在时所处的不同境况判断其通知是否及时，几乎是一个不可能完成的任务，因此“及时通知”只能是一个模糊的、统一的、执行较为宽松的标准。如《E条例》中规定，消费者在得知风险存在后两个工作日内通知金融机构，即为及时通知。[1] 笔者认为，鉴于通信手段必然渐趋便利，应允许依据通信手段之进步缩短“及时通知”的时间标准。此外，通知应当于信用提供者收到或应当收到通知时生效，而不是目前大多数循环消费信用合同中约定的，挂失手续办理完成时生效。信用提供者收到通知，消费者的义务即已履行完毕，挂失手续办理过程中的风险应由信用提供者承担，亦可以此督促信用提供者高效办理止付，减少损失的发生。

---

[1] See 12C. F. R. 205. 6 (b) (1)..

笔者借鉴《E 条例》的规定，[1] 对以上论证作一总结：在信用提供者与支付服务提供者均尽到注意义务的前提下，消费者应就未经其授权的第三人支取循环消费信用造成的损失承担一定限额（N 元）的责任；消费者在发现其账户存在被第三人未经授权使用的风险后 T 时间内通知信用提供者的，对通知前发生的未经授权的交易承担不超过 N 元的责任；未及时通知的，对通知前发生的未经授权的交易承担不超过（N + M）元的责任（M 为 T 时间届满后到消费者为通知前发生的损失）；消费者在应当知道未经授权的交易已经发生后仍怠于通知信用提供者的，对所有未经授权的交易承担责任。

（二）消费者的侵权责任

若信用提供者能够证明第三人发起的交易是经过消费者授权的，则不构成“未经授权的使用”。此时，信用提供者所为的支付，将使其与消费者形成消费借贷关系。但如果消费者与第三人串通，伪造第三人未经授权支取信用的表象，恶意欺诈信用提供者，给其造成财产损失的，消费者与第三人的行为构成共同侵权，数额较大的还可能构成犯罪。信用提供者既可以请求法院认定交易经过授权而有效，亦可请求法院判决消费者与第三人对其承担侵权连带责任。

以上两种情形自无争议。但除此之外，笔者认为，信用提供者能够证明消费者故意或重大过失将实体支付工具交由第三人占有或将账户信息泄露给第三人，例如，持卡人在信用卡上记载密码或与密码有关的个人信息，持卡人将信用卡交给儿童玩耍而不慎丢失等等，并造成信用卡未经授权使用发生的，持卡人亦应对发卡银行承担侵权责任。

---

[1] 《E 条例》规定：“消费者对未经授权的电子资金划拨或者一系列相关的未经授权的划拨按照以下规定承担责任：如果消费者在得知银行卡或密码等介质丢失或被盗后两个工作日内通知了金融机构这一事实，消费者承担最多 50 美元或者在通知金融机构以前发生的小于 50 美元的未经授权划拨数额的责任；如果消费者未能在得知银行卡或密码等介质被盗或丢失后两个工作日内通知金融机构，消费者所承担的责任不应超过 500 美元或者小于 500 美元的以下两项数额总和的责任，（1）50 美元或者在两个工作日内发生的小于 50 美元的未经授权划拨的数额，（2）在金融机构能够证明如果消费者能够在两个工作日内及时通知金融机构，这些转账就不会发生的情况下，两个工作日结束后、通知金融机构前发生的未经授权的划拨数额；消费者必须在金融机构将免除此后发生的转账的责任的对账单邮寄到后 60 日内将出现在定期账单上的未经授权的电子资金划拨通知金融机构，如果消费者未能在 60 日内及时通知金融机构，并且金融机构能够证明如果消费者及时通知损失不会发生，消费者将承担 60 日以后到通知金融机构之前发生的未经授权的划拨数额的责任。”

我国一般侵权责任采过错责任原则，通说认为有四个构成要件：损害事实、加害人过错、行为的违法性和行为与损害之间的因果关系。首先，信用提供者的财产损失即为损害事实。其次，过错是指行为人主观上的故意或过失。由于过失认定标准的客观化，[1] 侵权责任的构成也要从客观上考察行为人是否尽到了一定的注意义务，以确认其有无主观过错。消费者将支付工具交由第三人占有或将账户信息泄漏给第三人的行为表明其显然没有尽到一般理性人的注意，属重大过失。再次，如前文所述，消费者循环消费信用账户中的余额以及信用额度所代表的货币亦属于信用提供者所有。消费者的此种行为及其导致的未经授权交易的发生无疑是对信用提供者的财产权的侵害。“侵害权利即被推定为违法”[2]，因此消费者的行为满足违法性要件。最后，关于行为与损害结果之间的因果关系。第三人未经授权支取循环消费信用的行为是导致信用提供者遭受财产损失的直接原因。但如果信用提供者能够举证证明，消费者的行为为第三人的侵权行为提供了必要条件，第三人系利用了消费者提供的这一条件实施了侵权行为，若没有消费者的这一行为损害结果不会发生。则消费者的行为与第三人的行为均是导致损害结果发生的原因，属于无意思联络的数人侵权。按照《中华人民共和国侵权责任法》第 12 条的规定，信用提供者可请求消费者承担侵权责任。

结　语

在我国，有关消费信用立法的研究和呼声早已有之[3]，但并未得到更为广泛的响应。而消费信用特别立法作为世界各主要国家的立法

[1] 参见田士城、杨婧：“过错与违法性关系辨析”，载《国家检察官学院学报》2012 年第 3 期。

[2] 陈现杰：“《侵权责任法》一般条款中的违法性判断要件”，载《法律适用》2010 年第 7 期。

[3] 参见周显志：“消费信用立法初论”，载《财经理论与实践》1997 年第 1 期；张理：“消费信用立法几个问题的探讨”，载《南京大学法律评论》1998 年春季号；周显志、夏少敏：“英美消费信贷法律制度的历史考察”，载《消费经济》2000 年第 2 期；曹诗权、龚瑞：“论消费信用中的消费者权益保护”，载《法商研究》2002 年第 4 期；鞠晔：“澳大利亚消费信贷法律制度及其启示”，载《商业研究》2013 年第 4 期；李凌燕：《消费信用法律研究》，法律出版社 2000 年版；夏少敏：《消费信用法新论》，知识产权出版社 2008 年版。

选择，[1] 应成为我国当下消费信用市场迅猛发展、国家政策鼓励消费信贷产品创新背景下的立法借鉴。2016 年《政府工作报告》指出，要“在全国开展消费金融公司试点，鼓励金融机构创新消费信贷产品”。这必当有保护金融消费者权益、防范消费金融风险的法律规范作为保障。

在自 2014 年以来新兴消费信用产品集中涌现的浪潮中，循环消费信用大放异彩。可供消费者小额、多次、不定时支取的特性是其获得市场青睐的原因，同时这也使其具有了与传统固定数额的消费信用完全不同的法律特征。但不论是在消费信用市场上还是在我国现行的法律体系中，循环消费信用都并非完全的新生事物。信用卡提供循环消费信用已是共识，对循环消费信用的特殊法律规范亦存在于金融监管机构针对商业银行信用卡业务所制定的行政规章之中。面对同样提供循环消费信用的新兴消费信用产品却无该特殊法律规范之适用的现实状况，以美、英、澳三国的消费信用立法为借鉴，对循环消费信用予以统一规范，当为法律应对经济创新的必然选择。

基于循环消费信用的法律特征，应当首先从提供循环消费信用之合同入手，对信用提供者课以法定的信息披露义务、会计义务、变更合同内容的通知义务以及以防止消费者过度负债为目的的特殊义务，合理限制消费者逾期还款的违约责任，保护消费者的知情权、公平交易权以及在合同内容变更过中的合法权益，防范消费者过度负债的风险。

而循环消费信用与消费支付密不可分的关系决定了，与其相关的民事法律问题并不仅仅局限于循环消费信用合同的内部。实践中还大量存在着利用循环消费信用支付工具套现的问题、用循环消费信用支付工具为支付的交易中抗辩权的延伸问题以及循环消费信用被未经授权第三人支取的损失负担问题等。对于这些问题，认为应无条件遵守信用提供者拟定之规则的认识惯性和合同自由原则的庇护，都导致了一些不良现象的屡禁不止和消费者责任被不适当的加重。而立足于我国现行民事法律规范、以规范分析的方法重新审视和分析这些问题，

[1] 如美国的《消费信用保护法典》、英国的《消费信用法案》、澳大利亚的《消费信用保护条例》以及德国的《消费信贷法》、日本的《割赋贩卖法》。

是能够给出更为公平、有效的解答的。

然而，对于循环消费信用所涉及的民事法律问题，本书的研究并非面面俱到，而是仅针对循环消费信用的特殊性和实践中已经大量存在的相关问题进行了探讨。当然，与循环消费信用相关的民事法律规范还应存在于消费信用法规范、合同法规范以及其他民事一般法规范之中；提供循环消费信用的新兴消费信用产品还可能潜藏着其他的法律问题尚未在实践中凸显，此类消费信用产品的不断创新还可能会引发新的法律问题。以上种种都值得我们持续关注、继续研究。

参考文献

一、相关性专著

[1] 沈达明，郑淑芳．英法银行业务法［M］．北京：中信出版社，1992.

[2] 马春峰．商业银行信用卡业务运作［M］．北京：中国财政经济出版社，1998.

[3] 凌燕．消费信用法律研究［M］．北京：法律出版社，2000.

[4] 杨淑文．新型契约与消费者保护法［M］．北京：中国政法大学出版社，2002.

[5] 张德芬．小额电子资金划拨法研究［M］．郑州：郑州大学出版社，2006.

[6] 夏少敏．消费信用法新论［M］．北京：知识产权出版社，2008.

[7] 侯春雷．信用卡交易的民法分析［M］．北京：法律出版社，2010.

二、基础性专著

[8] 史尚宽．债法各论［M］．台北：台湾荣泰印书馆，1981.

[9] 梁慧星．中国民法经济法诸问题［M］．北京：法律出版社，1991 .

[10] 傅静坤．二十一世纪契约法［M］．北京：法律出版社，1997.

[11] 王泽鉴．民法学说与判例研究（第二册）［M］．北京：中国政法大学出版社，1998.

[12] 史尚宽．债法总论［M］．北京：中国政法大学出版社，2000.

[13] 黄立．民法债编总论［M］．北京：中国政法大学出版社，2002 .

[14] 王泽鉴．王泽鉴法学全集第十二卷·债法原理［M］．北京：中国政法大学出版社，2003.

[15] 黄茂荣．债法总论［M］．北京：中国政法大学出版社，2003.

[16] 韩世远．合同法总论［M］．北京：法律出版社，2004.

[17] 王朝弟，孔令学．金融民事法律法规例解与适用［M］．北京：中国方正出版社，2006.

[18] 方虹主编．货币银行学［M］．北京：人民邮电出版社，2007.

[19] 王利明，房绍坤，王轶．合同法［M］．北京：中国人民大学出版社，2009.

[20] 韩世远．合同法学［M］．北京：高等教育出版社，2010.

[21] 吴志攀. 金融法概论 [M]. 北京: 北京大学出版社, 2011.
[22] 王泽鉴. 民法概要 [M]. 北京: 北京大学出版社, 2011.
[23] 杨立新. 合同法 [M]. 北京: 北京大学出版社, 2013.

三、译著

[24] [美] 马尔库塞, 弗洛姆. 痛苦中的安乐: 马尔库塞、弗洛姆论消费主义 [M]. 陈学明等, 编译. 昆明: 云南人民出版社, 1998.
[25] [美] 弗雷德里克·詹姆逊. 晚期资本主义的文化逻辑 [M]. 陈清侨, 等译. 北京: 三联书店, 1997.
[26] [法] 让·波德里亚. 消费社会 [M]. 刘成富, 全志钢, 译. 南京: 南京大学出版社, 2000.
[27] [英] 迈克·费瑟斯通. 消费文化与后现代主义 [M]. 刘精明, 译. 北京: 译林出版社, 2000.
[28] [美] 简·考夫蔓·温, 本杰明·赖特. 电子商务法 [M]. 张楚, 董涛, 洪永文, 译. 北京: 北京邮电大学出版社, 2002.
[29] [德] 迪特尔·梅迪库斯. 德国债法总论 [M]. 杜景林, 卢谌, 译. 北京: 法律出版社, 2004 .
[30] [德] 卡尔·拉伦茨. 德国民法通论 [M]. 王晓晔, 邵建东, 程建英, 徐国建, 谢怀栻, 译. 北京: 法律出版社, 2013.

四、学位论文

[31] 张允祯. 信用卡法律制度研究 [D]. 中国人民大学法学博士论文, 2005.
[32] 何桂梅. 台湾地区信用卡法律关系之管制 [D]. 北京大学法学博士论文, 2007.
[33] 侯春雷. 信用卡交易的民法分析 [D]. 武汉大学法学博士论文, 2008.
[34] 杨振东. 信用卡民商法律问题研究 [D]. 中国政法大学法学博士论文, 2011.
[35] 张奎. 银行卡对消费促进作用的实证研究 [D]. 武汉大学经济学博士论文, 2009.
[36] 郭丹. 金融消费者权利法律保护 [D]. 吉林大学法学博士论文, 2009.
[37] 曲一凡. 金融消费者保护法律制度比较研究 [D]. 中国政法大学法学博士论文, 2011.
[38] 颜苏. 金融消费者保护比较研究 [D]. 中国人民大学法学博士论文, 2011.
[39] 李沛. 金融消费者保护制度研究 [D]. 复旦大学法学博士论文, 2011.
[40] 刘媛. 金融消费者法律保护机制的比较研究 [D]. 中国人民大学法学博士论文, 2011.
[41] 盛钰. 继续性债之关系 [D]. 台湾大学法学硕士论文, 1988.

［42］金震华. 论独立担保的法律性质——以独立性与从属性为中心［D］. 华东政法大学法学硕士论文，2004.

［43］毕经纬. 继续性债务关系研究［D］. 清华大学法学硕士论文，2005.

［44］欧阳胜嘉. 定型化违约金条款之法律问题［D］. 台湾“国立政治大学”法律研究所硕士论文，2006.

［45］胡学江. 信用卡套现行为法律规制制度研究［D］. 中国政法大学法学硕士论文，2011.

［46］李娟. 迈克·费瑟斯通后现代消费文化思想研究［D］. 兰州大学新闻传播学硕士论文，2011.

［47］王亮. 论我国信用卡套现行为的法律规制［D］. 北京交通大学法学硕士论文，2012.

［48］侯砚文. 信用卡套现法律规制问题研究［D］. 山西财经大学法学硕士论文，2013.

五、期刊论文

［49］杜士平. 银行信用卡风险管理初探［J］. 国际金融研究，1996（7）.

［50］［日］星野英一. 私法中的人［M］//王闯，译. 梁慧星主编. 民商法论丛（第8卷）. 北京：法律出版社，1997.

［51］张德芬. 论信用卡发卡银行与持卡人之间的法律关系［J］. 金融理论与实践，1998（1）.

［52］张理. 消费信用立法几个问题的探讨［J］. 南京大学法律评论，1998年春季号.

［53］范建平，向书坚. 论当前经济增长中的消费需求［J］. 经济学家，1998（3）.

［54］詹学真. 对商业银行经营表外业务的思考［J］. 商业经济与管理，1998（5）.

［55］汪渝. 论商业银行的中间业务［J］. 经济问题，1998（7）.

［56］王宇. 论票据抗辩切断制度［J］. 法律科学，1999（4）.

［57］杨松才. 略论美国消费信用制度的法律原则［J］. 消费经济，1999（4）.

［58］黄小军. 美国消费信贷的发展历史和现状［J］. 国际金融研究，1999（5）.

［59］朱仁友，朱淑蓉. 对美国消费信贷形式发展历程的考察［J］. 商业研究，1999（11）.

［60］英航. 英国银行消费信贷业务及风险评定介绍［J］. 国际金融研究，1999（5）.

［61］彭雷清. 消费信贷与扩大内需［J］. 消费经济，2000（1）.

［62］周显志，夏少敏. 英美消费信贷法律制度的历史考察［J］. 消费经济，

2000 (2).
[63] 李忠雄. 信用卡欺诈法律问题之研究 [J]. 全国律师, 2000 (6).
[64] 覃有土, 邓娟润. 论信用卡持卡人的抗辩权 [J]. 法学, 2000 (7).
[65] 李新成. 对防范和化解信用卡业务风险的思考 [J]. 金融理论与实践, 2000 (8).
[66] 王明华. 个人消费信贷发放模式考察报告 [J]. 财贸经济, 2000 (11).
[67] 周显志. 英国消费信贷法律制度探论 [J]. 国外财经, 2001 (3).
[68] 陈洸岳. 信用卡交易中之抗辩的接续 [J]. 政大法学评论, 2001 (3).
[69] 李玉雪. 论合同自由的限制 [J]. 法制与社会发展, 2001 (4).
[70] 黎明, 杨翠玉. 市场主体的观念变革与扩大内需 [J]. 江汉论坛, 2001 (5).
[71] 周显志, 陈小龙. 消费信用合同的不公平约定条款探论 [J]. 消费经济, 2001 (6).
[72] 王慧敏, 周国元. 我国信用卡业务的法律关系 [J]. 中国信用卡, 2001 (7).
[73] 张宝亚. 对信用卡法律关系及相关问题的探讨 [J]. 统计与信息论坛, 2001 (7).
[74] [日] 山本敬三. 民法中的"动态系统论" [M] //解旦, 译. 梁慧星主编. 民商法论丛 (第 23 卷). 香港: 金桥文化出版社 (香港) 有限公司, 2002.
[75] 曹诗权, 龚瑞. 论消费信用中的消费者权益保护 [J]. 法商研究, 2002 (4).
[76] 钟光正. 如何构建个人信用体系 [J]. 亚太经济, 2003 (1).
[77] 王利明. 论合同法的新发展 [J]. 江海学刊, 2003 (2).
[78] 韩世远. 违约金的理论问题——以合同法第 114 条为中心的解释论 [J]. 法学研究, 2003 (4).
[79] 楼芳. 我国银行信用卡业务的风险管理 [J]. 上海金融, 2004 (2).
[80] 刘颖, 李莉莎. 论信用卡格式合同不公平条款的法律规制 [J]. 现代法学, 2004 (4).
[81] 陈俐茹. 论信用卡交易制度及其法律关系 [J]. 比较法研究, 2004 (5).
[82] 刘林森. 韩国信用卡: 拔苗助长酿危机 [J]. 经济导刊, 2004 (7).
[83] 胥莉, 陈宏民. 美国和日本信用卡产业的比较研究 [J]. 国际金融研究, 2004 (8).
[84] 马腾. 商业银行信用卡业务经营战略研究 [J]. 金融研究, 2004 (12).
[85] 张德芬. 论银行卡信息披露的法律规制 [J]. 当代法学, 2005 (3).

[86] 张德芬. 论信用卡法律关系的独立性与牵连性 [J]. 河北法学，2005 (4).
[87] 建奎，李军峰，文启湘. 美国信用消费方式、特征及启示 [J]. 经济纵横，2005 (5).
[88] 孙祥芳. 信用卡业务风险控制探析 [J]. 金融理论与实践，2005 (7).
[89] 周德勇. 试论善意推定在银行卡风险防范中的运用 [J]. 南方金融，2005 (10).
[90] 钱辉，蒲舟军. 信用卡被伪造并刷卡消费后的法律分析 [J]. 上海金融，2005 (12).
[91] 柯耀程. 假消费真刷卡借贷 [J]. 月旦法学教室，2006 (3).
[92] 迟颖. 德国消费信贷法规中的关联合同制度——兼论〈德国民法典〉第358条 [J]. 比较法研究，2006 (3).
[93] 杨青龙. 论信用卡持卡人在资金偿还中对发卡银行的抗辩权 [J]. 山东审判，2006 (5).
[94] 陈宝森. 美国消费信贷和金融工具创新——简介美国的支付卡行业 [J]. 世界经济与政治论坛，2006 (6).
[95] 束景明. 也论信用卡发卡行与持卡人之间的法律关系 [J]. 经济经纬，2007 (1).
[96] 杨淑文. 消费者借款债务（双卡债务）之清偿不能 [J]. 政大法学评论，2007 (8).
[97] 迟颖. 关联合同中产生于买卖合同的抗辩权对贷款合同的适用性问题——从一则案例看德国消费信贷法抗辩权延伸制度 [J]. 法学论坛，2007 (9).
[98] 林其屏. 台湾家庭负债高的原因与影响 [J]. 亚太经济，2008 (4).
[99] 袁道强. 信用卡套现成本的博弈分析及其监管探讨 [J]. 金融理论与实践，2008 (12).
[100] 周文君. 信用卡套现行为模式及其法律规制 [M] //北京大学金融法研究中心编. 金融法苑（第七十九辑）. 中国金融出版社，2009.
[101] 陈燕，曹文涛. 国家助学贷款回收方式研究 [J]. 技术与创新管理，2009 (1).
[102] 谢晖. 论规范分析方法 [J]. 中国法学，2009 (2).
[103] 贾有姣. 信用卡业务的风险与防范 [J]. 征信，2009 (2).
[104] 任丽丽. 如何防范信用卡“套现” [J]. 山西财经大学学报，2009 (2).
[105] 陈承堂. 论信用卡滞纳金的性质及其治理 [J]. 法律科学，2009 (4).
[106] 夏少敏，陈真亮. 消费信用法研究的回顾、反思与展望 [J]. 时代法学，2009 (4).
[107] 张腊梅. 完善合同变更法律规定的思考 [J]. 安徽警官职业学院学报，

2009 (5).
[108] 吴晶妹，董晓辉. 基于中美立法比较的我国信用卡套现治理研究 [J]. 消费经济，2009 (6).
[109] 卫磊. 信用卡套现行为的罪名认定及其处理 [J]. 政治与法律，2009 (7).
[110] 张倩，张云志，席秉琼，洪郑冲. 从美国信用卡新法案看金融消费者权益保护 [J]. 中国信用卡，2009 (8).
[111] 黄珊. 信用卡套现行为剖析与防范 [J]. 中国信用卡，2009 (9).
[112] 孟银芳. 信用卡发行及使用中的民事法律关系解析 [J]. 中国信用卡，2009 (11).
[113] 柯建飞. 中介机构信用卡套现问题研究 [J]. 金融论坛，2009 (11).
[114] 何颖. 信用卡冒用案件中特约商户赔偿责任承担的困境与出路 [J]. 政治与法律，2009 (12).
[115] 许罗德. 完善消费信贷服务体系，促进消费持续增长 [J]. 中国金融，2009 (12).
[116] 张倩，张云志. 美国《2009 年信用卡业务相关责任和信息披露法案》节译 [J]. 中国信用卡，2009 (12).
[117] 段锴. 信用卡违规套现的法律规制 [M] //北京大学金融法研究中心编. 金融法苑(第八十一辑). 北京：中国金融出版社，2010.
[118] 石慧昉. 银行卡盗刷法律问题探析 [J]. 山东审判，2010 (1).
[119] 杨巍. 略论欺诈的侵权责任——以合同法、侵权法对欺诈的不同规制为角度 [J]. 暨南学报(哲学社会科学版)，2010 (3).
[120] 谢世清. 我国消费金融公司发展的困境与出路 [J]. 上海金融，2010 (4).
[121] 屈茂辉、张红. 继续性合同基于合同法理与立法技术的多重考量 [J]. 中国法学，2010 (5).
[122] 陈靓. 信用卡套现的成因与对策 [J]. 中国信用卡，2010 (6).
[123] 林辉芳，杨磊. 论信用卡冒用损害赔偿的法律机理以交易流程和法律关系为视角 [J]. 法律适用，2010 (7).
[124] 陈现杰. 《侵权责任法》一般条款中的违法性判断要件 [J]. 法律适用，2010 (7).
[125] 郑伟. 我国信用卡消费者权益保护研究——以美国《2009 信用卡业务相关责任和信息披露法案》为视角 [J]. 南方金融，2010 (9).
[126] 叶良芳. 将信用卡套现入罪是司法“造法” [J]. 法学，2010 (9).
[127] 侯艳蕾. 对我国信用卡非法套现的理性思考 [J]. 现代财经，2010 (10).

[128] 郭雳. 信用卡套现责任体系之完善 [J]. 法学, 2010 (12).
[129] 卜强. 消费金融公司的国际经验及对中国的启示 [J]. 中国金融, 2010 (17).
[130] 赵杰. 我国商业银行信用卡风险管理研究 [J]. 中国经贸导刊, 2011 (2).
[131] 徐君, 桂詠评. 关于大学生信用卡功能定制的探索 [J]. 江苏商论, 2011 (2).
[132] 钱玉文, 刘永宝. 消费者概念的法律解析——兼论我国《消法》第2条的修改 [J]. 西南政法大学学报, 2011 (2).
[133] 毛圣霞. 对信用卡合同中抗辩权切断与接续的考量 [J]. 成都行政学院学报, 2011 (4).
[134] 崔建远. 合同解除探微 [J]. 江淮论坛, 2011 (6).
[135] 沈飞. 信用卡法律关系及责任分担探究 [J]. 中国信用卡, 2011 (9).
[136] 杨军. 我国信用卡消费金融运行的案例研究 [J]. 上海金融, 2011 (10).
[137] 王利明. 我国《侵权责任法》采纳了违法性要件吗? [J]. 中外法学, 2012 (1).
[138] 王大海, 刘建华、申成霖. 信用卡信贷使用行为成因及营销策略研究 [J]. 软科学, 2012 (3).
[139] 田士城, 杨婧. 过错与违法性关系辨析 [J]. 国家检察官学院学报, 2012 (3).
[140] 李莉莎. 第三方电子支付风险的法律分析 [J]. 暨南学报 (哲学社会科学版), 2012 (6).
[141] 刘寅. 价格幻觉与信用卡定价 [J]. 金融评论, 2012 (6).
[142] 张红. 论继续性合同终止制度的法律构造 [J]. 财经理论与实践, 2012 (6).
[143] 刘宪权. 信用卡"养卡"、"套现"行为的刑法定性分析 [J]. 法学, 2012 (7).
[144] 陈岩, 史建平. 消费信贷与消费者行为研究述评: 基于多科学视角 [J]. 探索, 2013 (1).
[145] 曹荣, 赵建玲. 美国支持科技型小企业融资模式及对我国的启示 [J]. 河北大学学报, 2013 (2).
[146] 王军明. 利用POS犯罪之类型化研究 [J]. 当代法学, 2013 (4).
[147] 陈宏卫. 浅析信用卡套现行为 [J]. 武汉金融, 2013 (7).
[148] 王婷婷. 消费过度负债的治理对策研究 [J]. 河北法学, 2013 (8).
[149] 龙卫球. 现今民商法的社会基础与变化趋势 [M] //龙卫球, 王文杰主

编. 两岸民商法前沿（第三辑）. 北京：中国法制出版社，2014.
[150] 王洪亮. 违约金功能定位的反思 [J]. 法律科学，2014（2）.
[151] 李峰. 基于第三方支付平台的信用卡套现流程、特征及监管建议 [J]. 上海金融，2014（4）.
[152] 黄纯纯，吴元珍. 有限理性与信用卡消费：一个一般性讨论 [J]. 教学与研究，2014（5）.
[153] 章希. 商业银行信用卡业务在利率市场化背景下应对策略研究 [J]. 上海金融，2014（7）.
[154] 邢振明，罗东华. 防范信用卡网上套现 [J]. 中国金融，2014（9）.
[155] 杨立新，王玲芳. 债法视角下的信用卡冒用损害责任 [J]. 求是学刊，2015（1）.
[156] 高民. 信用卡业务的国际比较 [J]. 中国金融，2015（2）.
[157] 庞淑娟. 大数据在银行信用风险管理中的应用 [J]. 征信，2015（3）.
[158] 樊刚. 外界刺激对循环信用使用行为的影响研究——信用卡态度和物质主义价值观的调节 [J]. 暨南学报（哲学社会科学版），2015（4）.
[159] 王一鹤. 论信用卡预授权的法律性质及持卡人保护 [J]. 暨南学报（哲学社会科学版），2015（5）.
[160] 任超. 网上支付金融消费者权益保护制度的完善 [J]. 法学，2015（5）.
[161] 杨梦梅，蔡士博. 信用卡全额罚息相关法律问题探讨 [J]. 西南金融，2015（7）.
[162] 王华伟. 恶意透支的法理考察与司法适用 [J]. 法学，2015（8）.

六、英文专著

[163] Frank H. Knight. Risk, Uncertainty, and Profit [M]. Boston: Hougthon Mifflin Company, 1921.
[164] Lawrence M. Friedman, Contract Law in America: A Social and Economic Case Study [M]. Madison: University of Wisconsin Press, 1965.
[165] Lewis Mandell, The Credit Card Industry: A History [M]. Boston: Twayne Publishers, 1990.
[166] Lendol G. Calder, Financing the American Dream: A cultural History of Consumer Credit [M]. Princeton: Princeton University Press, 1999.
[167] Lloyd Klein, It's in the Card: Consumer Credit and the American Experience [M]. Westport: Praeger, 1999.
[168] Sujit Chakvorti, Who Pays for Credit Cards? [M]. Chicago: Federal Reserve Bank of Chicago, 2001.
[169] David S. Evans, Paying with Plastic: the Digital Revolution in Buying and Bor-

rowing [M]. Cambridge: MIT Press, c2005.

[170] Dee Pridgen, Consumer Credit and the Law [M]. Danvers: Thomson/West, 2006.

[171] Ronald J. Mann, Charging Ahead: the Growth and Regulation of Payment Card Markets [M]. New York: Cambridge University Press, 2006.

[172] Margaret C. Jasper, Credit Cards and the Law [M]. New York: Oxford University Press, 2007.

[173] Alvin C. Harrell, The Law of Truth in Lending [M]. Chicago: ABA Business Law Section, 2014.

七、英文论文

[174] Peter W. Martona, *Credit Cards: The Liability of the Card Holder for Unauthorized Purchases* [J]. 23 Wash. & Lee L. Rev. 125 (1966).

[175] Stephen D. Annand, *Price Fixing and Tying Arrangements between Credit Card Issuers and Retailers* [J]. 28 Wash. & Lee L. Rev. 371 (1971).

[176] Thomas K. Hyatt, *Error Resolution and Disputes over the Quality of Goods under the Fair Credit Billing Act and the Electronic Fund Transfer Act* [J]. 1 J. L. & Com. 143 (1981).

[177] Christopher C. DeMuth, *Case against Credit Card Interest Rate Regulation* [J]. 3 Yale J. on Reg. 201 (1985 - 1986).

[178] Christopher C. DeMuth. *The Case Against the Credit Card Interest Rate Regulation* [J]. 3 Yale L. J. 201 (1986).

[179] Glenn B. Canner, James T. Fergus, *Economic Effects of Proposed Ceilings on Credit Card Interest Rates* [J]. 73 Fed. Res. Bull. 1 (1987).

[180] Lawrence M. Ausubel, *Credit Card Defaults, Credit Card Profits, and Bankruptcy* [J]. 71 Am. Bankr. L. J. 249 (1997).

[181] David F. Snow, *Dischargeability of Credit Card Debt: New Developments and the Need for a New Direction* [J]. 72 Am. Bankr. L. J. 63 (1998).

[182] Daniel M. Mroz, *Credit or Debit - Unauthorized Use and Consumer Liability under Federal Consumer Protection Legislation* [J]. 19 N. Ill. U. L. Rev. 589 (1998 - 1999).

[183] Mark Furletti, *Credit Card Pricing Developments and Their Disclosure* [J]. Federal Reserve Bank of Philadelphia, Payment Cards Center Discussion Paper (2003).

[184] Creola Johnson, *Maxed our College Students: A Call to Limit Credit Card Solicitations on College Campuses* [J]. 8 N. Y. U. J. Legis. & Pub. Pol'y 191 (2004 -

2005).

[185] Seana V. Shiffrin. *Are Credit Card Late Fees Unconstitutional?* [J]. 15 WM. & MARY BILL RTS. J. 457 (2006).

[186] Zachary J. Luck, *Bringing Change to Credit Cards: Did the Credit CARD Act Create a New Era of Federal Credit Card Consumer Protection* [J]. 5 Harv. L. & Polý Rev. 205 (2011).

[187] Oren Bar - Gill & Ryan Bubb, *Credit Card Pricing: The Card Act and Beyond* [J]. 97 Cornell L. Rev. 967 (2011 - 2012).

[188] Eboni S. Nelson, *From the Schoolhouse to the Poorhouse: The Credit Card Act's Failure to Adequately Protect Young Consumers* [J]. 56 Vill. L. Rev. 1 (2011 - 2012).

[189] Jonathan Slowik, *Credit Card Act II: Expanding Credit Card Reform by Targeting Behavioral Biases* [J]. 59 UCLA L. Rev. 1292 (2011 - 2012).

图表索引

玛珈山法政文丛书目

第一辑

1. 孙希尧　　著　　国际海事私法统一研究：条约角度
2. 弭　维　　著　　道德之维：自然法和法律实证主义视角下的德法关系研究
3. 刘　洋　　著　　现代政治价值体系建构：西方国家的探索之路
4. 孙卓华　　著　　乔治·弗雷德里克森的公共行政思想研究——以社会公平思想为主线
5. 范广垠　　著　　政府管理主体的行为互动逻辑
6. 马艳朝　　著　　制度规则与公共秩序：当代中国信访违规行为的惩罚问题研究
7. 张景明　　著　　和谐理念下环境法律关系研究
8. 武　飞　等著　　社会主义法治理念与法律方法研究
9. 赵　沛　　著　　政治与社会互动：西汉政治史的视角
10. 孙光宁　等著　　网络民主在中国：互联网政治的表现形式与发展趋势

第二辑

11. 王瑞君　　著　　量刑情节的规范识别和适用研究
12. 刘　军　　著　　性犯罪记录制度的体系性构建——兼论危险评估与危险治理
13. 张传新　　著　　实现法治的逻辑基础研究
14. 姜世波　　著　　跨境救灾的国际法问题研究
15. 贾乾初　　著　　主动的臣民：明代泰州学派平民儒学之政治文化研究

16. 周　颖　　著　循环消费信用民法问题研究
17. 程婕婷　　著　道德之重：社会群体刻板印象内容的维度变化
18. 赵　沛　　著　秦汉胶东：行政制度与社会经济
19. 孙光宁　等著　中国法律方法论研究报告（2011—2016）
20. 刘　军　　著　网络犯罪治理刑事政策研究

第三辑

21. 张传新　　著　自适应道义逻辑研究
22. 吴丙新
　　苏　凯　等著　法律概念的解释
23. 安玉萍　　著　劳动合同理论与操作实务
24. 张伟强　　著　法律制度的信息费用问题